大夏合规
Great China Compliance

Compliance Higher Education
and its Curriculum Design

合规学高等教育及其课程设计

周万里　主编

法律出版社
LAW PRESS·CHINA
北京

图书在版编目（CIP）数据

合规学高等教育及其课程设计 / 周万里主编. -- 北京：法律出版社，2021
ISBN 978 -7 -5197 -5884 -4

Ⅰ. ①合… Ⅱ. ①周… Ⅲ. ①规章制度－专业－课程设计－研究－高等学校 Ⅳ. ①C936

中国版本图书馆 CIP 数据核字(2021)第 173963 号

合规学高等教育及其课程设计
HEGUIXUE GAODENG JIAOYU JIQI KECHENG SHEJI

周万里 主编

策划编辑 蒋 橙
责任编辑 蒋 橙
装帧设计 李 瞻

出版发行 法律出版社
编辑统筹 法律应用出版分社
责任校对 朱海波
责任印制 吕亚莉
经　　销 新华书店

开本 710 毫米×1000 毫米 1/16
印张 20 **字数** 306 千
版本 2021 年 10 月第 1 版
印次 2021 年 10 月第 1 次印刷
印刷 天津嘉恒印务有限公司

地址：北京市丰台区莲花池西里 7 号(100073)
网址：www. lawpress. com. cn
投稿邮箱：info@ lawpress. com. cn
举报盗版邮箱：jbwq@ lawpress. com. cn

销售电话：010－83938349
客服电话：010－83938350
咨询电话：010－63939796

书号：ISBN 978－7－5197－5884－4
定价：78. 00 元
凡购买本社图书，如有印装错误，我社负责退换。电话：010－83938349

“大夏合规丛书”序言

大夏源自“光大华夏”，其英文“Great China”也被直译为“伟大的中国”。中国之伟大，不仅在于国力，更在于人心。悠悠历史，谦谦君子，中国人自古便崇尚德行，深知“不以规矩，不能成方圆”。在利字当头的市场经济环境中，诚实守信变成了稀有品德，合规文化更是参差不齐。在这样的大环境下，合规与道德越来越受到国家和社会的重视。为了传播合规文化、合规理念和合规学知识，“大夏合规丛书”(*Great China Compliance*)应运而生。

合规无处不在，以至于我们几乎感受不到它的存在。自 2018 年 4 月中兴通讯出口管制案以来，合规受到我们国家前所未有的重视。从国家标准化管理委员会于 2017 年制定的《合规管理体系指南》和国务院国资委于 2018 年发布的《中央企业合规管理指引(试行)》，到国家发展改革委等七部门于 2018 年发布的《企业境外经营合规管理指引》和国务院反垄断委员会于 2020 年发布的《经营者反垄断合规指南》，再到最高人民检察院 2020 年 3 月试点企业合规不起诉制度和 2021 年 3 月人力资源社会保障部办公厅等三部门公布的新职业“企业合规师”，我们可以看到合规的制度化、职业化和科学化的发展趋势。随着合规“春天”的到来，合规学也在兴起。在省、直辖市层面，江苏、上海、深圳等发达地区的地方政府和司法机关也颁布了诸如江苏省《省属企业合规管理指引(试行)》(2019 年)、上海市《国资委监管企业合规管理指引(试行)》(2019 年)和《经营者竞争合规指南》(2021 年)及深圳市《反贿赂管理体系》(2017 年)等合规规范。在金融行业，合规法律的制定更早。

国际上的合规研究由来已久。目前，美国、英国、欧盟、德国、国际标准化组织、经合组织、联合国和世界银行集团等国家和组织力推合规的制度建设。例如，美国的《反海外腐败法》(1977 年)对反腐败合规提出了要求、英国的《反贿赂法》(2010 年)规定了“商业组织预防贿赂失职罪”、欧盟的《通用数据保护条例》(2018 年)及世界银行集团的《诚信合规指南》(2010 年)等我们也耳熟能详。

我国不合规案件的发生、国际上日益成熟的合规法律法规及合规标准,对我国的合规科学提出了莫大的挑战,同时也带来前所未有的机遇。目前,我国的高等教育体系中还没有哪个学科能够完全涵盖合规科学。从当前研究成果和实践运用来看,合规学是一门以合规为研究对象的交叉学科。它不仅涉及法学和管理学,还与经济学、心理学及伦理学有着密切的联系。因此,“大夏合规丛书”本着交叉学科的视角,试图向读者展现合规学的全貌。

合规虽无处不在,但有效的合规需要系统化和科学化的合规专业知识。“大夏合规丛书”是传播和分享合规专业知识的媒介。只有全社会认识到合规和道德在商业社会中的重要价值,并践行合规要求和道德规范,才能形成“联合行动”的氛围和效果。

祝愿读者知行合一,行稳致远。

以此为序。

周万里

2021 年 4 月 14 日

本书序言

合规是组织预防和处理其员工及第三人不合规的体系化措施。在规则越来越复杂、越来越全球化的背景下,组织体尤其是企业,需要大量的合规专业人才,科学地预防和处理不合规的行为。不仅是企业,事业单位、非营利机构、政府部门及行业协会,都需要专业的合规人才来处理日常的合规管理事务。2021年3月,作为合规职业的“企业合规师”进入国家职业大典,成为一种法定的职业,顺应了国家和社会对合规人才的需要。

在我国目前的高等教育体系中,并没有合规学及与之类似的专业,这给培养专业的企业合规师带来了障碍。与合规学联系最为紧密的法学专业和管理学专业,都不能满足企业合规师的职业培养需要。合规人才市场需求旺盛,但高等教育又不能提供足够的职业合规人才。对此,使合规学成为独立的学科并在高等教育体系中立足,是合规职业化和专业化的重要路径。

本书作为“大夏合规丛书”的第一本即是深入探讨合规学高等教育及合规学课程设计的作品。书中论述的“合规学的定位”“合规学高等教育的构思”“合规与管理学的关系”及合规学高等教育项目比较,都是国内第一次系统论述合规学这门学科的内容。为了便于查阅,本书的附录部分收录了目前我国的与合规有着密切关系的规范。

合规是一门科学。如法学、经济法、管理学等社会科学,合规学也有特定的研究对象、方法及思维。本书的目的是阐述合规学的基础理论、合规学高等教育体系及其具体的落实方案。

周万里

2021年4月14日

参编人员分工

第一编第一章	合规学的定位及内容	刘红霞
第一编第二章	合规学高等教育的构思	周万里
第一编第三章	合规与管理学的关系	胡国辉
第二编第四章	合规人才能力模型及培养	胡国辉
第二编第五章	合规学专业培养方案	李建星
第二编第六章	合规律师的能力建设	胡国辉
第三编第七章	美国企业合规专业学位教育内容及形式	刘红霞
第三编第八章	美国纽约大学外国腐败犯罪的规制课程系列	张伟、李建星、张林兰
第三编第九章	德国雷根斯堡大学“合规法律硕士”项目	周万里
第三编第十章	德国奥格斯堡大学合规课程	李建星
第三编第十一章	德国法兰克福金融和管理学院合规证书	朱思禹
第三编第十二章	瑞士圣加伦大学合规证书项目	孙培岳
第三编第十三章	瑞士弗里堡大学合规高等教育	孙培岳
第三编第十四章	国际反腐败学院合规课程	张伟、李建星、张林兰
第四编第十五章	合规学导论	周万里
第四编第十六章	合规管理体系	胡国辉
第四编第十七章	反贿赂合规	刘红霞
第四编第十八章	合规与监管	于林洋
第四编第十九章	刑事合规	张伟
第四编第二十章	示范案例——雀巢公司涉嫌侵犯公民个人信息案	周万里

参编人员简介

刘红霞

中国投资协会品牌投资促进中心主任、联合国全球契约组织中国区副秘书长及国务院国资委央企合规管理体系建设专家组成员。美国福特姆大学法学院企业合规管理专业 LLM，中山大学法学院法学硕士。

周万里

法学博士、经济学学士，华东师范大学法学院晨晖学者，律师。西门子集团与世界银行第三期诚信计划“大夏合规项目”负责人。

胡国辉

国际标准化组织治理技术委员会注册专家、研究领域企业治理、合规管理、风险管理、主要成果：《企业合规概论》，电子工业出版社 2017 年出版。《合规管理体系指南》国家标准主要起草人。北京大学法学硕士。

李建星

华东师范大学法学院副教授，法学博士（后）、硕士研究生导师。研究方向为民商法。

张　伟

华东师范大学法学院副教授、法学博士（后）、硕士研究生导师。主要研究方向为刑法教义学、企业刑事合规；在核心刊物发表论文三十余篇，出版专著一部，主持国家社科基金项目等各级项目十余项。

于林洋

法学博士，华东师范大学法学院副教授，硕士生导师，主要从事经济法、民商法研究，主持国家社科基金等省部级以上项目五项，出版专著二部，在《法商研究》《法学》《光明日报》等发表论文二十余篇。

孙培岳

大夏合规项目高级研究员，新西兰 VODAFONE 通讯奥克兰地区客户关系部门前总助，曾任新西兰 Farmers 集团视觉营销执行经理，新西兰梅西大学管理科学与工程硕士。

张林兰

文学硕士，研究领域（系统功能语言学），研究成果《系统功能语法视角下的中美高校官网新闻分析》。

朱思禹

华东师范大学哲学本科、法律硕士，西门子集团与世界银行第三期诚信计划“大夏合规项目”项目助理。

目录

Contents

第一编　合规学的定位及内容

第二编 合规人才培养

第三编　合规学高等教育项目比较

第四编　合规课程设计示范

附录

第一编　合规学的定位及内容

第一章　合规学的定位

一、合规学科的定位依据

基于不同的应用目的，我国有不同学科分类体系。在对合规学进行定位之前，了解与之有关的学科分类体系及相关发展是必要的。

一是高等院校、科研院所等学位授予单位为学位授予和人才培养而设立的学科类别，即由国务院学位委员会、教育部颁发的《学位授予和人才培养学科目录》，其作用对象是高等教育中的职业学习者。2009 年，为进一步发挥学科专业目录在人才培养和学科建设中的指导作用，规范学科专业的设置与管理，依据我国《学位条例》和《高等教育法》，国务院学位委员会、教育部制定并印发《学位授予和人才培养学科目录设置与管理办法》（学位〔2009〕10 号）。2011 年，对其学科目录设置与管理机制进行了改革，颁布了《学位授予和人才培养学科目录》并将我国学科门类划分为哲学、经济学、法学、教育学、文学、历史学、理学、工学、农学、医学、军事学、管理学、艺术学共 13 类。为适应我国经济、社会、科技和高等教育的发展，2021 年 3 月，国务院学位委员会和教育部再次修订颁布新版《学位授予和人才培养学科目录》，增添"交叉学科"为第 14 个学科门类。

二是国家相关机关单位直接为科技政策和科技发展规划以及科研项目、科研成果统计和管理服务而建立的学科分类体系，即由中华人民共和国国家质量监督检验检疫总局、中国国家标准化管理委员会发布的《国家标准学科分类与代码》（GB/T 13745）。《国家标准学科分类与代码》（GB/T 13745）最早于 1993 年 7 月实施（GB/T 13745—1992）（废止），2009 年进行了修订（GB/T 13745—2009）（现行），2011 年和 2016 年先后发布了两项修改单。《国家标准学科分类与代码》（GB/T 13745）依据学科研究对象、研究特征、研究方法、学科的派生来源、研究目的和目标五方面进行划分，规定了学科分类原则、学科分类依据、编码方法,以及学科的分类体系和代码,其作用对象是从事课题研发的专家、学者和相关管理部门,适用于国家宏观管理和科技统计。不同于《学位授予和人才培养学科目录》14 个学位学科门类,《国家标准学科分类与代码》(GB/T 13745)将我国学科门类分为自然科学、农业科学、医药科学、工程与技术科学、人文与社会科学共 5 个学术门类。

三是由原劳动和社会保障部、原国家质量监督检验检疫总局、国家统计局联合组织编制的《中华人民共和国职业分类大典》(以下简称《职业大典》)。我国第一部《职业大典》颁布于 1999 年。由于经济社会的不断发展、社会职业构成发生的变化,《职业大典》分别于 2010 年、2015 年、2021 年进行了修订。职业标准引导着职业教育、职业培训、鉴定考核、技能竞赛等活动,一个统一的、符合劳动力市场目标和企业发展目标的职业标准体系对国家职业技能开发事业的发展有决定性的意义和影响。2021 年 3 月 18 日,人力资源社会保障部、国家市场监督管理总局和国家统计局联合发布,"企业合规师"正式纳入《职业大典》。中共中央、国务院 50 多个部门以及有关研究机构、大专院校和部分企业的近千名专家、学者参加了《职业大典》的编制工作,并根据职业功能分析法,将新型职业标准设计为职业名称、职业功能模块、职业技能模块、操作规范、活动领域、知识内容、证明方式、考评指导 8 个基本理论框架。

四是界定合规管理体系的国际标准和国家标准。国际标准化组织(International Organization for Standardization, ISO)于 2016 年 9 月特别组建公司治理委员会(ISO/TC 309 Governance of organizations),旨在解决"与组织的指导、控制和问责等方面有关的治理领域的标准化问题"。2014 年 11 月,ISO/TC309 发布了《合规管理体系指南》(*ISO* 19600:2014 *Compliance management systems—Guidelines*)以及 2016 年发布的《反贿赂管理体系》(*ISO* 37001 *Anti-bribery Management Systems*)、2017 年 9 月起开始制定的《组织治理指南》(*ISO* 37000 *Guidance for the Governance of Organizations*)、2018 年 9 月起制定的《举报管理系统指南》(*ISO/FDIS* 37002 *Whistleblowing management systems—Guidelines*)。2021 年 4 月,ISO/TC309 对《合规管理体系指南》进一步修订,发布了《合规管理体系要求及使用指南》(*ISO* 37301 *Compliance management systems—Requirements with guidance for use*)。2017 年 12 月,中国国家质量监

督检验检疫总局、中国国家标准化管理委员会发布了合规管理的国家标准[《合规管理体系指南》(GB/T 35770—2017)]。

学科不仅是一种知识理论体系,也是一种社会建制。在学科定位的这个关键问题没有解决之前,从事和研究合规的学者们也很难有清晰的研究方向和研究方略。本章依据上述学术分类、研究内容、职业实践、知识体系,并结合合规管理的来源与发展、性质与功能、与相关专业学科的关系与定位,分析将合规专业设立为合规学科的必要性和价值,并建议将合规学纳入交叉学科的一级学科门类。

二、合规学科的产生与发展

合规理论的提出及现代意义上的合规管理都起源于美国,企业合规专业也率先进入欧美国家高等院校教育体系。在此说明的是,根据《合规管理体系指南》国家标准(GB/T 35770—2017),合规,即履行组织的全部合规义务。在这里组织的概念包括但不限于个体经营者、公司、集团、商行、企事业单位、权力机构、合伙企业、慈善机构或研究机构,或上述组织的部分或组合,无论是否为法人组织,公有的或私有的。本章所阐述的合规,是指企业合规。企业合规,泛指企业及员工在行为上要遵守:(1)法规:遵守公司总部所在国和经营所在国的法律法规及监管规定;(2)规制:遵守企业内部规章包括企业价值观、商业行为准则及行业性规定、职业操守等;(3)规范:遵守公序良俗、道德规范等。

20世纪五六十年代,美国的经济发展促进了现代管理文化和组织结构的发展,当时,阿米特·埃奇奥尼等社会经济学家开始研究和确定合规管控的管理结构和权力来源,[1]并于20世纪70年代中期将这种组织结构方法命名为"合规理论"(Compliance Theory)。随着美国《反海外腐败法》(*Foreign Corrupt Practices Act*)[2]长臂管辖、《联邦量刑指南》(*Federal Sentencing Guidelines*)修正实施,透明国际(Transparency International)、经济合作与发展组织(Organisation

---

〔1〕 参见[美]阿米特·埃奇奥尼:《复杂组织的一种比较分析:关于权力、参与与它们之间的关联》,格伦科自由出版社1961年版。

〔2〕 期间经1988年、1994年和1998年三次修改。截至2020年3月,根据《反海外腐败法》通过的40项最大的反海外腐败法案,总计已处以超过171亿美元的罚款。

For Economic Co-operation And Development, OECD)、联合国全球契约组织(United Nations Global Compact)、世界银行(The World Bank Group)等国际上对合规监管的加强,80 年代,不同的合规专业组织、合规官协会等蔚然成立,并开始进行合规专业领域的培训教育。例如,通用电气(General Electric)的杰克·韦尔奇(Jack Welch)与国防部其他 17 家承包商的高级管理人员共同自愿创建了"国防工业关于商业道德和行为的倡议"组织(Defense Industry Initiative on Business Ethics and Conduct)并起草了五项核心准则(以下简称 DII 准则)[1]。到 1986 年 7 月,32 家主要国防承包商已承诺采用 DII 准则。

1991 年,来自德雷福德集团(Dreiford Group)的克雷格·德雷林格(Craig Dreilinger)和迈克(Mike)一起为一些公司提供咨询服务。两人很快意识到,如果能号召当地不同的大公司的道德合规官就各自在公司里所做的工作一起进行交流,必将信息互补、彼此受益。他们集合了 15 名道德合规官在当地的雷神(Raytheon)公司举行了第一次会议交流并成立了道德与合规官协会(Ethics and Compliance Officer Association, EOA)。[2] 本次会议认为道德合规官的职位对公司的道德健康及合规管理建设至关重要,他们也决定后期将用不同形式继续这些讨论。雷神公司名誉董事长汤姆·菲利普斯(Tom Phillips)将这一时刻称为"美国工业界一种新职业"的开端。

在此背景下,美国高校也率先在校内设立企业合规专业学位教育,培训合规专才、培养合规人才。美国福特姆大学(Fordham University)是美国第一所设立企业合规专业学位的大学。英国伦敦大学(University College London)、德国奥格斯堡大学(Universitat Augsburg)、德国洪堡 – 维亚德里纳管理学院

---

[1] 五项准则是:(1)在与美国政府的所有业务往来中,我们都应诚实守信,保护纳税人的资源,为美国军人提供高质量的产品和服务;(2)我们应推广商业行为的书面准则所表达的最高道德价值观,通过沟通、培训和其他方式培育道德文化、遵守和尊重所有相关的法律法规;(3)我们应当建立和维持有效的商业道德与合规计划,以反映我们对公司治理的承诺,鼓励员工报告可疑的不当行为,禁止对报告人打击报复,并确保有流程能够对违法违规行为进行强制和自愿披露;(4)我们将分享商业道德和合规方面的最佳实践,并参与年度 DII 最佳实践论坛;(5)我们将通过公共论坛,包括 DII 官方网站(www. dii. org)定期分享和报告我们的活动、对公众负责。我们的报告会描述 DII 成员为建立和维持强大的商业道德和合规文化所做的努力。

[2] 原名为"道德官协会"(the Ethics Officer Association)。

(Humboldt-Viadrina School of Governance)、法国格勒诺布尔－阿尔卑斯大学(Université Grenoble Alpes,UGA)、日本名城大学(Meijo University)、摩洛哥伊芙兰大学(Al Akhawayn University in Ifrane)、维也纳经济和工商管理大学(Vienna University of Economics and Business Administration)、匈牙利中欧大学(Central European University)、阿根廷圣安德烈大学(Universidad de San Andrés)、埃及开罗大学经济与政治科学学院经济与金融研究中心(The Center for Economic and Financial Research and Studies of Economics and Political Science of Cairo University)等40多所大学也相继开设企业合规专业学位课程。

除上述企业合规专业高等教育学位学科的设立外,还有丰富的非学历教育培训项目。例如,斯坦福大学法学院《反海外腐败法》信息交换所(The Foreign Corrupt Practices Act Clearinghouse of Stanford Law School),为投资者、政策制定者、学者、法官、律师、媒体和广大公众提供与美国《反海外腐败法》原始资料与数据的综合网站。在这里,用户可以查阅相关法律、阅读有关《反海外腐败法》遵守和执行的文章,并根据个人需要和兴趣分类搜索查看有关《反海外腐败法》调查和执行案件的情况。

中国高校正在尝试开设合规专业学位的设置,并同时开展非学历合规专业课程教育。华东师范大学法学院于2017年设立企业合规研究中心(Research Center for Corporate Compliance),整合法学院及其他学院的研究和教学资源,有针对性地进行企业合规领域的基础和应用研究,为学生及合规从业人员提供专业的合规课程和培训。2020年5月,深圳市纪委监委、深圳市司法局与深圳大学三方合作共建深圳大学合规研究院,并开始设置企业合规专业学位(非法学学位)硕士研究生课程。北京大学法学院、中国政法大学、对外经贸大学、中央财经大学、上海财经大学等也相继开设了企业合规实务相关课程与培训。

高校合规专业学科的设立及合规培训教育项目的产生是基于合规管理实践的需求。在全球知名的职场社交平台,领英(LinkedIn)官网每天有200～1000个与企业合规职能相关的职位虚位以待。2021年3月,“企业合规师”作为一种新职业被正式纳入《职业大典》。至此,对合规专业的学习已经成为从事或有志于从事合规管理工作人员不可缺少的一部分。

三、合规学科的性质与功能

《国家标准学科分类与代码》(GB/T 13745—2009)对“学科”的定义进行了界定,认为:“人类的活动产生经验,经验的积累和消化形成认识,认识通过思考、归纳、理解、抽象而上升成为知识,知识在经过运用并得到验证后进一步发展到科学层面上形成知识体系,处于不断发展和演进的知识体系根据某些共性特征进行划分而成学科。”

本章从高等院校学位授予和人才培养为目的的《学位授予和人才培养学科目录》、适用于国家宏观管理和科技统计(而非学位授予和人才培养)的《国家标准学科分类与代码》、符合劳动力市场目标和企业发展目标的职业标准体系《职业大典》及合规管理的国际标准和国家标准体系四个维度衡量和界定合规专业的学科性质。

以美国第一所设立企业合规专业学位的福特姆大学为例。企业合规专业教育在福特姆大学以不同形式进行,既有法学学位企业合规专业方向的项目(LLM),也有非法学学位合规专业方向项目(MSL),二者都设立在福特姆大学法学院。其中,LLM 课程内容包括企业法务人员的角色和定位、企业合规部门的职能、合规管理的要素、合规风险评估、美国反海外腐败法、全球行为准则、危机管理、延迟起诉和不起诉协议,以及企业社会责任等。学生将学习基本的监管框架,特别是在银行和金融监管行业如何有效地应对新的、复杂的监管要求,并在学习合规知识的同时接受作为一名合规专业人士所必需的技能培训。MSL 是为非法学学位但从事或有志于从事企业合规管理的学生而设计。该课程要求学生学习、了解政府监管基本框架、企业合规部门所扮演的角色,并学习如何设计和实施企业合规管理体系、如何建立公司合规部、如何建立和实施合规培训、如何设计适当的激励框架、如何实施强有力的合规调查、如何建立合规审计、监控和报告系统。在上述课程中,除了指定的必修课、合规基础课程以外,供 LLM 和 MSL 学生选修的专项领域课程多达 200 多门,专项领域课程讲师大部分由行业内具有实践经验的在职工作人员兼任。另外,福特姆大学盖贝利商学院(The Gabelli School of Business)还设有企业合规研究所,进行企业合规研究，提供中短期合规交流与培训。企业合规专业课程在不同项目条件要求下对在校所有学生开放，有在校面授和在线远程教学两种方式，在线课程与校园面授具有同等学位修学要求，二者都可授予学位证书。美国福特姆大学还为在职学习企业合规管理专业的学生开设了在职夜校课程。

基于上述衡量学科性质的四个维度，结合合规学科的来源与发展、高校合规专业学位设置及学科内容状况，可以看出：

第一个维度：学术分类。学科是与知识相联系的一个学术概念，分为社会科学、自然科学、人文科学三大知识系统。从合规理论的源起来看，它发源于社会经济的发展和变革，是一种社会科学，即它是一种外在于个人、以人类社会为研究对象的科学；从合规知识内容来看，它不仅包含了法学、经济学、社会学、政治学内容，在技术合规层面还包含了与工学、理学、医学、农学、化学等自然科学相关联的内容；从合规管理目标来看，合规管理是培育全社会合规文化、规范社会良性秩序运行，涉及宗教学、哲学、语言学、文艺学、历史学、传播学、人际关系学等，以及合规运行机制中对个体行为内在的研究。

第二个维度：科目架构。从高校教学、科研业务、人才培养的目标来看，专业学位的授予和学科的设置是为了发挥专业学科在人才培养和学科建设中的引导作用，要符合学科发展和人才培养的需要。根据我国《学位授予和人才培养学科目录设置与管理办法》，学科目录用学科门类、一、二、三级学科来表示。学科门类和一级学科是国家进行学位授权审核与学科管理、学位授予单位开展学位授予与人才培养工作的基本依据。合规专业科目的构成满足了《学位授予和人才培养学科目录》一、二、三级所有学科分类的要素标准。

第三个维度：职业实践。《职业大典》对"企业合规师"的定义是："从事企业合规建设、管理和监督工作，使企业及企业内部成员行为符合法律法规、监管要求、行业规定和道德规范的人员。"合规师的主要工作任务有：(1)制订企业合规管理战略规划和管理计划；(2)识别、评估合规风险与管理企业的合规义务；(3)制定并实施企业内部合规管理制度和流程；(4)开展企业合规咨询、合规调查，处理合规举报；(5)监控企业合规管理体系运行有效性，开展评价、审计、优化等工作；(6)处理与外部监管方、合作方相关的合规事务；(7)开展企业合规培训、合规考核、合规宣传及合规文化建设。从合规专业在职业实践涉及的技能来看,这些技能属性多元,各职能相互交叉、相互融合、相互渗透,企业合规师是具有专门知识的复合型人才。

第四个维度:知识体系。从国际标准化组织发布的《合规管理体系指南》《反贿赂管理体系》《组织治理指南》《举报管理系统指南》《合规管理体系要求及使用指南》、中国合规管理的国家标准及合规管理体系的建设步骤来看,合规管理已经形成了包含组织环境、领导作用、策划、支持、运行、绩效评价和改进等过程的闭环的知识体系。同时,合规管理体系又与质量体系、企业可持续发展标准、风险管理体系等休戚相关。各体系板块中的组织架构、制度构成、运行机制、流程与工具以及根据企业规模、业务不同涉及的专项领域,又可以自成体系。各体系既独立又与整体体系协同。

从以上四个维度来看,合规专业已经具备相对独立的知识体系特征。“学科是相对独立的知识体系。”在这里,“相对”“独立”“知识体系”三个概念是从学科标准定义一个学科的基础。合规专业的“相对”,彰显了合规这一专业具有学科分类不同的角度和侧面;合规专业技能的“独立”,表明了合规学科目前无法被其他学科所替代;合规管理自成闭环的“知识体系”,既能用一套体系支持全方位管理目标,又能促进各项管理职能的有机融合,形成集合协同优势,建立自我完善的运行机制。在这一实践中,可以提高企业整体管理效率、增强企业竞争力、促进企业战略目标的实现。

四、合规学科的定位

学科的存在基础、价值和意义在于它对自己所在领域的专业问题具有自己独到的洞察力和解释能力。合规专业理论及合规管理实践的定位不清,其原因主要来源于合规咨询研究人员,也包括合规管理工作中的一些实践者在研究合规体系、落实合规管理办法时尚未形成统一的认识。也有一些行业或专项领域人员趁着合规发展大热就来“蹭热度”,在原有专业领域的基础上随手戴一顶合规的帽子,自称合规研究,从而造成诸多困惑,自乱阵脚。这种缺少相互沟通整合和相互批判的研究开端,造成合规管理专业难于在理论架构、研究假设、研究方法与逻辑上实现统一,因而也很难明确合规专业与其他学科的研究分工。

在这种研究分工不明确的情况下，如果各自在合规体系上戴帽穿衣，导致对合规专业的研究散落于其他学科及各个专项领域之间，将会影响合规管理自身的独立性，也会造成合规专业研究与其他学科研究的边界越发模糊。笔者认为，目前对合规专业的定位不清的原因主要源自五个方面：(1)对"合规"概念理解的诸多歧义；(2)对合规管理理论缺乏研究；(3)对合规管理的来源、发展、演变缺少系统的研究；(4)合规管理主体、客体、目标及体系自身的模糊；(5)中国企业与国际企业、中国规则与国际规则、中国文化与国际文化的差异造成中国企业合规管理的特殊路径。

因此，对合规专业和合规专业学科的定位首先要确立定位依据。基于本书的适用对象和使用目的，本章对合规专业的定位依据是《学位授予和人才培养学科目录》《国家标准学科分类与代码》《职业大典》《合规管理体系指南》等国际标准和国家标准。但对"合规学科"的定位主要依据国务院学位委员会、教育部颁发的《学位授予和人才培养学科目录》对学科的界定和分类。

综和本章第一、二、三节所述，根据合规管理领域的交叉性、合规技能的多元性、合规职能的融合性、合规研究内容的综合性，笔者建议将合规专业纳入交叉学科的一级学科门类。

交叉学科是我国专业学科分类中新设立的一个学科门类。2021 年之前，我国《学位授予和人才培养学科目录》下设有哲学、经济学、法学、教育学、文学、历史学、理学、工学、农学、医学、军事学、管理学、艺术学共 13 类学科门类。近些年，随着社会新一轮科技革命和产业变革加速演进，一些重要科学问题、管理问题、新的科学分支和新的增长点不断涌现，专业知识的深度交叉融合，社会上对高层次复合型、应用型人才的需求也更为迫切。为适应这种状况的发展，2021 年 3 月，国务院学位委员会和教育部再次修订我国《学位授予和人才培养学科目录》，在既有 13 个学科门类的基础上又增添"交叉学科"为第 14 个学科门类。综观国际国内合规专业教育的设置，虽然大部分高校将合规专业学习设置在"法学院"或"管理学院"(工商管理学院或行政管理学院)进行，但合规专业内容的本身已经超越了"法学"或"管理学"范畴。法学与管理学目前都是独立的学科门类，各自有五个一级学科。法学门类下，有政治学、社会学、民族学、马克思主义理论与公安学。管理学下面五个一级学科分别是管理科学与工程、工商管理类、公共管理、农业经济管理、图书馆档案学。很显然,合规专业内容包含并超越了目前法学门类和管理学门类的内容,如果将合规专业设置为学科教育,合规学科不属于二者任何一个门类。

另外,根据《学位授予和人才培养学科目录》解释,一级学科是具有共同理论基础或研究领域相对一致的学科集合。一级学科原则上按学科属性进行设置,须符合以下基本条件:

第一,具有确定的研究对象,形成了相对独立、自成体系的理论、知识基础和研究方法。

第二,一般应有若干可归属的二级学科。

第三,已得到学术界的普遍认同。在构成本学科的领域或方向内,有一定数量的学位授予单位已开展了较长时间的科学研究和人才培养工作。

第四,社会对该学科人才有较稳定和一定规模的需求。

合规学已经突破了社会科学、人文科学的一般框架,不隶属学术分类的任何一个单一研究领域,而是一个自成体系的多领域研究集合,因此,将合规学科列为任何二级学科已不能适应合规管理体系的知识发展需要,合规学需发展成为独立于现有其他学科的一级学科,且合规学已经满足一级学科设置原则及条件。

第一,合规学科的教学内容已经具有确定的研究对象,形成了相对独立、自成体系的理论、知识基础和研究方法。

第二,合规专业内容涉及的转向领域也有若干可归属的二级学科。

第三,国内合规领域虽然在合规理论研究上还不成熟,合规管理体系的实践建设也尚需完善,但无论是华东师范大学的企业合规研究中心,还是深圳大学的合规研究院、北京大学、对外经贸大学、中央财经大学、上海财经大学等进行的合规课程教育及培训,这些具备学位授予资质的单位已事实开展了较长时间的合规专业研究和人才培养工作。

第四,2016 年国务院国资委第一批合规试点央企工作的启动、2017 年合规管理中国标准的发布、2018 年国务院国资委印发《中央企业合规管理指引(试行)》和国家发展改革委、外交部、商务部、人民银行、国资委、外汇局、全国工商联联合发布的《企业境外经营合规管理指引》,以及国际合规监管的加强,国际上其他国家对合规专业教育的发展，企业合规管理职能岗位的大量空缺，都说明了社会对合规学科人才已经有比较稳定和一定规模的需求。

将合规专业纳入学科教育无疑具有一般学科教育的传统价值。将合规专业定位于交叉学科门类下的一级学科更能凸显合规管理的实践价值和现实意义。

首先，将合规学设立为交叉学科门类下的一级学科，有助于合规学形成自有的概念系统和运用这些概念进行逻辑推理、自证的命题，丰富和完善目前尚不成熟的合规理论体系。

其次，将合规学设立为交叉学科门类，在学科专业目录上进行直接体现，可以增强学术界、行业企业、社会公众对合规专业学科的认同度，为合规管理实践发展提供更好的研究资源和发展平台。

再次，将合规学设立为交叉学科门类下的一级学科，可以及时构建支撑企业合规领域高速发展的人才培养体系，从数量上和质量上培养满足企业合规管理发展急需的合规专才，为我国企业合规管理发展提供强有力的智力支撑。

最后，将合规学设立为交叉学科门类下的一级学科，有助于在理论支持下建立多元的交叉融合机制和资源配置模式，促进合规管理实践与相关职能管理的工作协同。

学科的存在和发展更多的是为了知识精确性的进步。为推动交叉学科的科学有序发展，国务院学位委员会正在研究制定交叉学科设置与管理的相关办法，进一步明确什么是交叉学科、交叉学科如何建设发展、依托交叉学科如何开展人才培养等问题，并在交叉学科设置条件、设置程序、学位授权与授予等方面作出具体规定，探索具有中国特色的交叉学科设置与目录管理制度。相信未来对合规专业学科的定位会有更明确的参照标准和管理办法。

第二章　合规学高等教育的构思

备受关注的作为合规专业人员的“企业合规师”在2021年3月终于得以明确。[1] 企业合规师作为一种被国家明确的新职业从此走向了专业化和职业化。这次的合规职业法定化，给合规研究、合规教学、合规培训及资格考试等带来了很大的挑战。除个别的情况以外，这主要是因为合规教研在我国目前的高等教学体系中还不存在，在高等教育专业中，也没有关注合规本科、硕士及硕士的专业方向。企业合规师的职业地位确定后，以后续教育的形式呈现的合规培训等方式，在过渡阶段承担了培养企业合规师的职能，但脱离不了后续教育存在重技能轻理论、重实务轻理念及重点轻面等缺乏系统化和专业的弊端。尤其是企业合规师这样存在价值导向的合规管理职业，更为关注诚信和道德在职业工作中的地位。而在后续教育中，培训机构和培训学员关注的是“立竿见影”的效果，而诚信和道德起到的是潜移默化的作用，很难在有限的培训时间内真正呈现出来。

要想从根本上解决合规人才短缺问题，培养高素质的新一代的合规人才，就应当重视建立合规高等教育，即将合规学确立为独立的一门学科，开展合规学学士、硕士甚至是博士的项目，引导我国的高等教研机构开展合规学的教学和研究工作。基于此，本书从合规学的概念、专业必要性、培养目标等的角度，论述合规学高等教育的细节。

---

〔1〕 参见人力资源社会保障部办公厅、市场监管总局办公厅、统计局办公室：《关于发布集成电路工程技术人员等职业信息的通知》（人社厅发〔2021〕17号），2021年3月9日，载http://www.mohrss.gov.cn//xxgk2020/fdzdgknr/zcfg/gfxwj/rcrs/202103/t20210318_411360.html，最后访问日期：2021年4月11日。

一、合规学的概念

合规是指组织实施的为确保其遵守法律法规、内部规章制度和道德规范的管理行为。[1] 因此,合规是组织实施的管理行为。针对企业的合规,合规和企业合规被当作相同的意思来使用。在界定合规的概念时,主要有"规则论""责任论""管理论"三种观点。规则论关注规则的多样化和类型。责任论强调合规的目的是避免责任。管理论重点关注点管理行为。本书的定义采取的是"规则管理论",即综合"规则论"和"管理论"的观点。责任论过于强调避免责任的行为,忽视了合规中最为重要的价值导向的管理行为。

合规学是以合规为研究对象的科学,其目的是揭示有效合规的机制和运作方式。合规学作为一门新兴的学科,是因为实践的需要而产生的新学科。合规的行为无处不在。重大的不合规案例的发生,促使国家从法律政策层面引导企业建立和实施有效的合规管理体系,尤其是在国家推动和改善营商环境的背景之下。合规学的产生是企业经营管理和国家经济政策相互作用的结果。如果国家对合规没有对应的规制,大部分合规行为仅是企业自治的范畴。仅在少数情况下,合规天然地与公司治理及高管责任有着密切的联系。

政府的监管不仅有国内的执法,还有国外的执法。最为典型的例子是美国的《反海外腐败法》执法、英国的《反贿赂法》执法及欧盟的《通用数据保护条例》执法。这些法律法规落实的重要路径是合规。受调查的企业在建立和运行有效合规管理体系的情况下,可以被免除或减轻处罚。合规产生了正向激励的效果。

通过近十年的国内法执法活动,合规已经成为政府做市场监管的手段。最高人民检察院在学术界的推动下,2020 年 3 月在多家地方检察院试点企业合规不起诉制度。这种以合规为手段的市场监管方式,属于一种新型的政府监管市场的手段。相较于传统额惩罚型监管,合规型监管是一种市场友好型的高效率的监管模式。

---

〔1〕 华东师范大学企业合规研究中心编:《企业合规讲义》,中国法制出版社 2018 年版,第 2 页。

除企业自身和政府监管以外，社会自治组织在合规学的产生中也起到了重要作用。例如，国际标准化组织制定的《合规管理体系指南》（ISO 19600）及其“升级版”《合规管理体系要求及使用指南》（ISO 37301）、《反贿赂管理体系》（ISO 37001）和《举报管理系统指南》（ISO 37002），在我国已经被转化为国内标准或在转化的过程中。2021 年，中国化学制药工业协会等六家行业协会联合编制的《医药行业合规管理规范》在推进行业合规方面起到重要的作用。

在合规职业化方面，2021 年诞生的企业合规师作为一种新职业应当是掌握合规学专业知识和积累合规管理经验的专业人士。对企业合规师的培养和考核，合规学的专业知识必不可少。

所有这些的企业活动、政府活动、行业自治组织活动及企业合规师的产生，共同推动了合规的制度化和科学化，使合规学这门学科逐渐形成体系化的结构。

二、合规学的学科地位

在现有的高等教育体制中，合规学作为一种新事物，并没有明确归属。合规学与法学及管理学的联系最为紧密。法学和管理学都是一级学科，将合规学归属于法学或管理学的二级学科，是一种可行的安排。这种安排丰富了学科的方法论、研究对象和学科范围。但如果对合规学的研究对象、内容及课程体系做深入的研究，这种二级学科划分的做法，可能会限制人们对合规的科学认识，影响合规学的发展。

如果将合规学归属于法学二级学科，可能使人产生合规学的本质是法学的印象和误解。合规中的“规则”其实是“要求”，包括义务和承诺。具体而言，这样的要求不仅包括法学研究对象的“法”，即习惯法和实在法、行政决定和司法裁判，还包括组织内部的规制制度及道德规范。另外，将合规学归属于法学，忽视了合规学中的管理基因。因此，将合规学归属于法学既不科学，也限制了人们对合规的认识及合规的发展。

如果将合规学归属于管理学二级学科。合规学与“管理科学与工程”及“工商管理”下的二级学科接近，尤其是二级学科“企业管理学”。这样的划分，虽然强调了合规的管理基因,凸显了合规管理在合规学中权重,但会弱化对规则的认识和处理,限制了人们对合规风险的认识。在企业中,重要的合规风险与法律有着紧密的联系,尤其是反腐败合规、反垄断合规及刑事合规。

另外,将合规学归属于法学或管理学,也会限制人们对合规的心理学、经济学、行为经济学及政治学方面的认识。

综合而言,合规学应当成为一门独立的一级学科。只有这样,人们才能正确认识合规学的本质和规律,并有助于合规学的健康发展。当然,在现有的高等教育制度中,作为一种折中路径,合规学可以归于法学或管理学的二级学科,但同时需要明确合规学的特别之处。

三、合规学高等教育的目标

合规学作为一种独立的学科,在高等教育中应当占有一席地位。合规学高等教育的目标是培养合规专业人才,使其掌握合规学的专业知识,培养其合规分析能力,具有合规职业道德。合规高等教育应当有两个维度:一个是职业维度,以培养合格的企业合规师为目标;二是学术维度,以培养从事合规研究的学术性人才为目标。

合规学职位教育应当是合规学高等教育的主体。合规职业职业教育主要是满足社会对企业合规师的需求。尤其是在2018年中兴通讯出口管制案后,国有企业、大型民营企业及出口型企业急切需要合规专业人才。目前合规工作人员主要是通过转岗的途径实现,多数是法务、内控、风控及人事的工作人员的转岗,并且是企业通过后续培训来培养合规从业人员。这种临时的、过渡的和非标准化的合规人才培养,并不能保证合规从业人员的能力和素质。合规学高等教育在"前端"从根本上解决了企业合规师的培养问题。

合规学高等教育也应当同时培养和发现学术人才。重点是在硕士阶段和博士阶段,合规学术人才的培养应该得到重视。大致而言,在接受合规高等教育的人群中,未来从事合规学术研究的比例应当不超过5%。

四、课程方案

以本科的课程方案为例，高等教育的课程一般分为专业必修课和专业选修课。此外，课程体系中一般会有通识教育（包括通识必修课和通识选修课）及学科基础课。如果合规学本科得以认可，合规学本科高等教育可以采用类似的模式，即学科基础课程、专业必修课和专业选修课。

（一）学科基础课程

合规学基础课程体现合规的基础理论和基本框架，是学生继续深入学习合规学的基础。基于该理解，基础课程应当包括“合规学导论”“管理学”及“法学导论”。合规学导论的课程，为学生展现合规学的基础理论、方法论、合规思维及总体框架。管理学课程涉及管理的基本理论和思想，为深入学习合规管理体系奠定基础。法学导论课程涉及法学的基础知识、法律规则及法律体系。

（二）专业必修课

合规学专业必修课安排的目的是合规专业人士应当掌握的知识和理论，并以合规管理体系为核心展开相关的话题。专业必修课应当包括合规管理体系、合规组织、合规文化、合规风险、内部调查、合规监督、合规审计及合规职业道德。

（三）专业选修课

专业选修课的安排一方面可以依据合规风险领域的特点，另一方面可以依据合规的跨学科的特定。按照合规风险领域划分，开设的专业选修课可以有反腐败合规（包括反舞弊合规和反贿赂合规）、反垄断合规、劳动人事合规、公司治理合规、证券合规、金融合规、数据保护合规、知识产权合规、反不正当竞争法合规、环境合规及刑事合规；基于合规的跨学科的特点，开设的专业选修课可以有合规心理学、合规经济学、合规行为经济学、合规政治学及商业伦理学。

（四）毕业论文

合规学的本科毕业论文或硕士毕业论文检验的是学生使用合规方法论和合规思维解决合规问题的能力。

五、教　科　书

合规学高等教育需要相应的教材。目前市场上只有为数不多的可以作为合规学教学的教科书。比如，华东师范大学企业合规研究中心编的《企业合规讲义》[1]及胡国辉先生的专著《企业合规概论》[2]。可以作为合规理论学习的是陈瑞华教授的专著《企业合规基本理论》[3]。郭青红先生的《企业合规管理体系实务指南》可以作为合规管理体系研习及了解实务的参考用书。[4]

合规高等教育教材目前比较匮乏，在合规学的核心领域都缺乏具有理论深度的教科书和专著。市场上的很多合规书籍，实质上是法律解读书或合规管理经验总结，并没有形成体系化和学术化的论述。教科书的匮乏阻碍了合规高等教育的发展。我国的高校或研究机构应当组织编写适合大学生阅读的合规学教材。

六、总结与展望

2018 年以来，合规的价值不断得到国家和社会的认可。在政府优化营商环境的政策推动下，合规型监管初具雏形。企业合规师作为一种新职业，呼唤合规高等教育为合规人才培养做出贡献。不过，目前我国学术界对于合规、合规学及其学科定位的认识，还处在起步阶段。本书提出的合规学高等教育是一种理想化的构思，在实践中，这种构思的实现也需要过程和时间。

目前，最需要的是学界加强对合规、合规学及其学科定位做深入研究，并组织撰写合规学教科书系列，支持出版以合规为研究对象的专著。另外，合规学是一门实践性极强的学科，合规学高等教育也需要合规从业人员的参与。合规共同体的成员联合行动，才能推动合规高等教育更快地发展。

---

〔1〕 参见华东师范大学企业合规研究中心编：《企业合规讲义》，中国法制出版社 2018 年版。该书的第二版《企业合规学》正在作大幅度地修订，将于 2021 年出版。

〔2〕 参见胡国辉：《企业合规概论》，电子工业出版社 2018 年版。

〔3〕 参见陈瑞华：《企业合规基本理论》，法律出版社 2020 年版。

〔4〕 参见郭青红：《企业合规管理体系实务指南》，人民法院出版社 2020 年版。

附件1:全球合规学高等教育一览表

国家/地区	大学	项目名称	网址
中国	华东师大/企业合规研究中心	合规研习证书	https://mp. weixin. qq. com/s/hi5vqKWTL3a81p5yVBO2ug
中国香港	香港大学	合规与监管法学硕士	https://llm. law. hku. hk/cr/
	香港浸会大学	公司治理与合规法学硕士	https://bus. hkbu. edu. hk/eng/msccgd/main/Index
美国	福特姆大学	企业合规法律硕士、企业合规法学硕士	https://www. fordham. edu/info/23048/compliance_programs
	纽约大学	企业合规与执行课程系列	https://www. law. nyu. edu/centers/corporatecompliance
	康涅狄格大学	企业与监管合规法律硕士	https://www. law. uconn. edu/academics/llm-certificate-programs/corporate-and-regulatory-compliance-certificate-llm
	德雷塞尔大学	医疗和制药合规法律硕士	https://drexel. edu/law/academics/llm-programs/llm-healthcare-pharmaceutical-compliance/
	美利坚大学	医疗合规法律学习项目	https://onlinelaw. wcl. american. edu/legal-studies/curriculum/health-care-compliance-specialization/
	圣玛丽大学	合规、商法与风险集中法学硕士	https://law. stmarytx. edu/academics/programs/master-of-jurisprudence/compliance-law/
	维克森林大学	法律研究硕士——商法与合规追踪	https://msl. law. wfu. edu/degree/businesslawcompliance/

续表

国家/地区	大学	项目名称	网址
美国	奥尔巴尼法学院	财务合规与风险管理法律硕士	https://graduate.albanylaw.edu/online-graduate-programs/financial-compliance-and-risk-management
	佛罗里达州立大学	财务管理与合规法律硕士	https://law.fsu.edu/academics/academic-programs/juris-master-online-program/financial-regulation-and-compliance
	芝加哥洛约拉大学	合规与企业风险管理法律硕士	https://www.luc.edu/law/academics/degreeprograms/mjdegrees/mjincomplianceandenterpriseriskmanagement/
	托马斯杰斐逊法学院	财务合规与风险管理法律硕士	http://www.tjslgraduateprograms.com/masters-degrees/fin-comp-risk-mgmt/index.html
	利伯缇大学	合规专业法律硕士	https://www.liberty.edu/online/law/masters/juris-master/compliance/
英国	伦敦女王玛丽学院	监管与合规法律硕士	https://www.qmul.ac.uk/postgraduate/taught/coursefinder/courses/regulation-and-compliance-llm/
	雷丁大学	资本市场、法规与合规硕士	https://www.icmacentre.ac.uk/study/masters/masters-in-capital-markets-regulation-and-compliance
德国	奥格斯堡大学	合规官大学证书	http://www.zww.uni-augsburg.de/fuer-fach-und-fuehrungskraeftesie-kommen-zu-uns/compliance/compliance-officer-univ/
	雷根斯堡大学	合规法律硕士	https://www.uni-regensburg.de/rechtswissenschaft/buergerliches-recht/arbeitsrecht/masterstudiengang/index.html

续表

国家/地区	大学	项目名称	网址
德国	法兰克福金融和管理学院	欧洲认证合规专业人士证书	https://execed. frankfurt-school. de/en/home/individuals/compliance-forensics-audit/zertifikatsstudiengang-european-certified-compliance-professional
瑞士	圣加伦大学	合规管理高级研究证书、金融服务合规高级研究证书	https://www. es. unisg. ch/de/programme/compliance-management-cas
	弗里堡大学	合规法律硕士、合规高级证书	https://www. unifr. ch/ius/llm/en/programs/compliance/llm. html
	苏黎世应用科学大学	合规师证书、国际合规高级研究证书	https://www. zhaw. ch/en/sml/continuing-education/detail/course/cas-compliance-officer/
	卢塞恩应用技术大学	合规管理高级研究证书、治理、风险与合规高级研究证书	https://www. hslu. ch/de-ch/wirtschaft/weiterbildung/das/ifz/compliance-management/
	卡理多斯应用技术大学	风险管理和合规(工商管理硕士)	https://www. kalaidos-fh. ch/de-CH/Studiengaenge/CAS-Certificate-of-Advanced-Studies-Compliance-Regulations
	应用技术远程大学	合规与公司治理高级研究证书	https://www. ffhs. ch/de/weiterbildung/cas-compliance-and-corporate-governance
	列支敦士登大学	合规师证书	https://www. uni. li/de/weiterbildung/themen/recht/diplom-und-zertifikatsstudiengaenge/zertifikatsstudiengang-compliance-officer? set_language = de

续表

国家/地区	大学	项目名称	网址
奥地利	国际反腐败学院	合规学硕士系列	https://www. iaca. int/iaca-programmes/academic-programmes/master-in-anti-corruption-studies. html
澳大利亚	莫纳什大学	法规与合规硕士	https://www. monash. edu/study/courses/find-a-course/2021/regulation-and-compliance-b6020？ domestic = true

第三章　合规与管理学的关系

一、管理与合规

作为一项古老的人类活动，管理是人们有意识地对相关要素施加影响的过程。在管理中，管理者出于特定的目的或者目标，通过获取并加工资源，来实现结果或者效果。

早期的管理强调个人在管理中的主导作用。《礼记·大学》中记载了孔子的主张，“物格而后知至，知至而后意诚，意诚而后心正，心正而后身修，身修而后家齐，家齐而后国治，国治而后天下平”。“格物致知修齐治平”是朴素的管理思想，强调基于个人的世界观、价值观和方法论进行自我管理、紧密型组织管理、半松散型和松散型组织管理。这种思想被运用于科层制官僚机构和军事组织的管理，在历史上创造了一个又一个强大的帝国，君主或宗教领袖是帝国的最高管理者。

随着商业活动的发展，以平等个体为对象的管理活动开始上升。1596 年，荷兰商人浩特曼带领 4 艘商船到达爪哇岛，并满载胡椒返航，获利超过 400%，于是更多的荷兰商船前往东印度群岛。1595～1602 年，荷兰人在亚洲建立了 14 家贸易公司，彼此竞争，竞相提价收购胡椒，然后在母国压价收购，导致利润持续下滑。1602 年，这些荷兰公司进行了合并，形成了联合东印度公司，聚集了约 650 万盾的资本，成为历史上第一家股份制公司。联合东印度公司以每 10 年为一个清算周期，在此期间，投资者不得加入或退出。同时，公司采取了有限责任制，即股东仅以出资的形式向公司做出贡献，实现了股东个人主体与公司主体在人格和财产上的分离。这种先进的组织形式对以家族经营为主的亚洲本地商人形成了压倒性的竞争优势。

1600 年 12 月 31 日，英国女王伊丽莎白向英国东印度公司颁发了皇家特许状。1602 年,英国东印度公司凑足了资本金,派遣第一批商船启航前往苏门答腊,并在次年满载胡椒返航。英国东印度公司不仅在资本规模上只有荷兰联合东印度公司的 1/10,而且每次返航后会进行清算,把本金和利润分配给股东,再下次启航前重新募集资本金。这种不稳定的结构使其在与荷兰联合东印度公司的竞争中处于劣势。两家公司之间的商业竞争最终演化成两国之间的军事对抗,荷兰派遣的东印度总督动用武力驱逐了英国和其他国家的商人,残酷镇压原住民的反抗,使荷兰联合东印度公司形成了对香料群岛贸易的垄断。从这些贸易中获得的利润推动了荷兰本土经济的发展和繁荣。1700 年前后,香料贸易的规模和利润开始下跌,英国东印度公司控制下的印度向欧洲大量输出棉织物、茶和咖啡,向股东派出丰厚的分红,吸引了大量的投资。英国东印度公司也进行了法人化改组,建立了股东有限责任制度,不再重新分配资本,而是仅分配红利,股份变成可以自由买卖的证券。从那时起,围绕公司的各项法律规定被不断提出和修订,现代公司的各项组织和运行机制得以建立,这个过程今天仍然在持续。

除荷兰和英国外,17 世纪初,法国、丹麦、瑞典、普鲁士等国也纷纷设立了东印度公司,这些公司的共同点是都由本国皇帝或者国王颁发了特许令状。诞生之初,公司是君权的附庸,不被允许独立于君权自行其是。这种情况在工业革命后发生了变化。伴随着君权衰落,民族国家兴起,公司的数量急剧增加,公司规模越来越大,公司的经营开始对国家的经济命脉产生重要影响。

美国在独立战争胜利后即不受君权的控制,防止君权复辟是政治家们在立法和行政中的共识,亚当·斯密的经济自由主义被作为政府制定经济政策的主要依据,国家的作用仅限于维护公共安全和提供私人难以经营的公共工程和服务。1906 年,美国现实主义小说家厄普顿·辛克莱的长篇小说《屠场》出版。辛克莱曾经在芝加哥的屠宰场卧底 7 周,这本书是他真实见闻的记录。书中描写了屠宰场糟糕的卫生状况,这在现实中引起了公众的担忧,肉类食品的销量急剧下降。此前,美国法律禁止政府官员进入企业进行现场检查,但《屠场》改变了参与立法的议员们的观念,《纯净食品及药物管理法》在当年被通过。随后,西奥多·罗斯福总统任命哈维·威利为农业部化学局局长,威利组织了一个专家委员会,这就是美国食品药品监督管理局的前身。

1933年,西奥多·罗斯福的侄子富兰克林·罗斯福就任美国总统,开始实施“罗斯福新政”,抛弃了传统的自由放任主义,加强政府对经济领域的干预。第二次世界大战期间,美国在参战的五年时间里总计建造了3000多艘货轮,并在一年时间内把50艘商船改造成护航航空母舰。第二次世界大战后期,美国政府组织十多万人参加了研制原子弹的“曼哈顿”计划,历时三年,是项目管理的巅峰成果,同时也使人类具备了自我毁灭的能力。战争结束后,新自由主义抬头,反对政府对经济的不必要干预,强调自由市场的重要性,强调开放国际市场,支持全球性的自由贸易和国际分工。

20世纪70年代,公司经营出现了全球化趋势。公司开始超脱单一政府的控制,在不同国家的政府之间博弈,甚至对这些国家的立法、执法和司法活动指手画脚。当政府试图追究公司的责任时,发现自己面对的是一个不熟悉的怪物,它似乎无处不在,却又无影无形,它能完成复杂的任务,却很难顺藤摸瓜地找到指挥中心,更不要说跨境执法带来的困难。20世纪末以来,公司出现了新的特点。在创业潮中,公司的数量巨幅增加。出现了像苹果公司这样市值超过2万亿美元的巨型私营企业。脸书、推特、油管等公司甚至被认为影响了颜色革命。

以上概括可能被认为是过度简化。当然,不同国家、不同类型的组织、在不同阶段面临的管理问题有巨大差异,管理学研究已经形成了庞大的跨学科体系,有着丰富的理论和广泛的实践,但是现代管理有两条交织的主线:一条主线是政府对公共事务的管理,另一条主线是营利和非营利组织对自身的管理。当前管理学研究有两个主要领域——公共管理和组织管理。合规把这两个领域联系在一起,在下文以反行贿合规为例稍作分析。

在讨论合规时,一般会提及美国在1977年颁布的《反海外腐败法》。水门事件之后,美国证券交易委员会在一份调查报告中提及,超过400家美国企业承认曾经向其他国家的公职人员支付过涉嫌贿赂的付款,美国舆论为此一片哗然。美国国会成立了专门委员会讨论是否应当干预企业在其他国家的行贿行为。反对者主张行贿在国际贸易中是一种常见现象,禁止美国企业行贿会使本国企业处于不利的竞争地位,而且政府不应该干预企业的经营行为。支持者认为行贿本身是不道德的,美国企业在其他国家的行贿行为可能波及美国国内,而且这些行贿企业主要是在跟其他美国企业竞争。最终,国会通过了《反海外腐败法》,把海外行贿行为确定为非法行为,行贿的企业和个人将受到刑事处罚、罚款和其他形式的制裁。

《反海外腐败法》颁布后,遭到众多美国企业的质疑,因为其他国家大多并未立法禁止本国企业贿赂外国公职人员,即使有这样的法律也没有被严格执行。这种情况持续到2006年,在此期间鲜有企业因为违反《反海外腐败法》遭到处罚,没有严厉处罚的记录,更没有知名企业遭到处罚。

2006年11月15日,德国警方搜查了西门子公司在德国的近30间办公室,以及部分员工的居所。德国警方还以涉嫌挪用和在其他国家行贿的罪名,拘捕了数名西门子公司员工。事件的导火索是周边国家向德国发来的协助调查的要求。2003年,意大利警方在对意大利国有电信公司Italtel一笔交易的调查中发现,西门子公司将近1000万德国马克(当时相当于670多万美元)支付给一家设立在波多黎各的公司,而这家壳公司由前意大利通信及电信部监察主管拥有。意大利检方后来发现,意大利电信公司交易中的资金来自开设在奥地利英斯布鲁克市(Innsbruck)的一个账户。该账户在1995~1999年共支付了超过7000万欧元的资金。该账户由一名匿名的西门子公司员工持有并处理交易。此后,瑞士检方注意到,西门子公司在瑞士的一家分支机构利用其中一个银行账号,在数年时间里向可疑的接收者共转账了1000万欧元。同时,希腊雅典检方也在调查西门子公司电信部门希腊分公司的一名高管。该高管被指控使用非法账户向雅典政府官员行贿,以获取雅典2004年奥运会的有关项目合同,包括安全系统的主要订单以及其他主要项目,甚至包括雅典地铁系统的订单。随着德国司法部门调查的深入,案件涉及的范围不断扩大。美国司法部和美国证券交易委员会随即也开始对西门子公司行贿案展开正式调查。2008年12月,西门子公司支付了总额超过17亿美元的罚款,与美国和德国的执法机构达成和解。在与美国司法部的和解协议中,西门子公司承诺在三年内建成合规管理体系,并接受独立第三方的监督和评价。

西门子公司被调查和其后的巨额罚款震惊了欧美跨国企业,这些企业纷纷开始建立反行贿的合规管理体系。2007年以来,美国司法部和证券交易委员会单独和联合发起《反海外腐败法》案件调查超过600起,罚款总额超过100亿美元,其中不乏著名的跨国公司。在这些调查过程中,如果不能否认发生了行贿行为,跨国公司一般以建立了合规管理体系进行抗辩,而调查中辩诉双方争议的焦点通常是企业的合规管理体系是否被有效地设计、运行并达成其效果——已经不再是案件事实与法律适用的问题,而是企业管理的问题。为此,美国司法部特别聘请企业合规从业人员为内部和外部专家,对企业合规管理的有效性进行评价。经过这些调查和处罚案件的反复塑造,欧美跨国企业中普遍建立了反行贿的合规管理体系,其管理实践形成了比较清晰的框架和具体做法。2016年,国际标准化组织发布了 ISO 37001:2016《反贿赂管理体系——要求及使用指南》。

除反行贿外,在金融机构监管、反财务舞弊、反洗钱、反垄断、个人信息保护、出口管制和经济制裁等话题上,合规都发挥着桥梁的作用,使法律和监管要求被转化为企业的管理活动。

二、公共管理中的合规

公共管理学研究的核心问题之一是政府与企业的关系问题,即政府应当在多大程度上介入企业的内部事务,以何种方式介入。这个问题经常引发激烈的冲突。当前,公共管理与合规的结合点主要在于政府机构促使企业主动遵守法律规定和监管要求,并希望在这个过程中降低公共管理成本,改善管理效果。

遵守法律规定和监管要求,这是企业很容易理解的常识,但是作为营利机构,守法目标与经营目标之间存在天然的冲突。有人戏言,赚钱的手段大部分写在刑法里。不仅是刑法,守法意味着放弃一部分交易机会和竞争优势。尽管追求这些机会和优势可能使企业和个人遭受处罚,但由于监管和执法无法做到没有遗漏,总是有企业愿意铤而走险。

2018 年 7 月,国家药品监督管理局组织对长春长生生物科技有限责任公司开展飞行检查,发现该企业冻干人用狂犬病疫苗生产存在记录造假等严重违反《药品生产质量管理规范》行为。随后,该企业被收回药品生产 GMP 证书,责令停止狂犬疫苗的生产,召回有效期内所有批次的冻干人用狂犬病疫苗产品。2019 年 11 月 7 日,该企业被法院裁定破产。该企业上市母公司的财务报告显示，公司在2017年直接材料成本为1.33亿元，毛利率为86%，公司的销售团队有25人，而销售费用为5.83亿元，其中推广服务费4.42亿元，占比为76%。企业为什么不压缩4.42亿元的推广服务费，而在生产成本上动脑筋？是否因为推广服务费的支出更刚性，而生产成本反而有更大的弹性？推广服务费去向了哪里？长生生物这样的情况究竟有多普遍？如何保证未来注射到人体里的新冠疫苗是无害且有效的？如何重树公众对国产疫苗的信心？在案件发生后，这一系列问题都是监管机构需要考虑的。

腐败法在公共管理中引入合规概念，欧美国家经历了一个艰难的过程。仍然以美国《反海外腐败法》为例，从1977年这部法律颁布，到2006年依据这部法律进行的执法行动首次引起广泛关注，该法长时间处于有法不依、执法不严、违法不究的状态。从2007年开始，这种情况发生了显著变化。西门子公司被调查固然是一个诱发因素，更重要的是这30年间的两个重要发展。

第一个发展是反行贿方面的国际合作。1997年，在美国的影响下，经济合作与发展组织通过了《国际商务交易活动反对行贿外国公职人员公约》。2003年，43个国家签署了《联合国反腐败公约》，该公约要求各缔约国采取立法和其他措施，在本国法律中规定贿赂外国公职人员是犯罪行为。

第二个发展是合规成为法定的抗辩理由和量刑考虑因素。1991年，美国联邦量刑委员会发布了《联邦量刑指南》，明确把合规作为联邦对企业进行量刑时的重要考虑因素。依据《联邦量刑指南》，如果企业因其代理人违法而被起诉定罪，企业可以因为进行了有效的合规管理而减轻处罚。《联邦检察官手册》规定，检察官在决定是否起诉企业以及达成和解协议时，要考虑企业是否进行了合规管理。1999年，美国司法部发布了《联邦起诉商业组织备忘录》（霍尔德备忘录），明确了起诉企业的政策和标准，规定了在起诉时应当考虑的八项因素。如果联邦检察官在自由裁量权范围内认定企业进行了有效的合规管理，可以不对企业提出指控。2003年，美国司法部发布了修订后的《联邦起诉商业组织原则》（汤普森备忘录），强调对企业合规管理的关注。汤普森备忘录确定了审前分流机制，通过达成暂缓起诉协议或者免于起诉协议，减少进入常规刑事诉讼程序的案件数量，降低审判的复杂性。《联邦量刑指南》等文件在发布后经历了数次修订，又被新的规则所补充，但其原则被保留下来，而且通过反复的司法实践被运用和完善。当企业遭遇刑事指控时，辩护律师会常识性地以企业进行了合规管理进行抗辩，争取达成不起诉协议或者延迟起诉协议，并把推进合规和避免再犯写进协议中。

经过这两个发展的准备，《反海外腐败法》大规模执法的时代到来了。西门子公司作为第一个引起广泛关注的案例，之后是戴姆勒、阿尔斯通、空中客车、爱立信……一系列公众耳熟能详的名字，医药行业的大型企业几乎无一幸免。美国的做法影响了其他国家。2011 年，英国《反贿赂法》生效。2016 年，法国出台了《关于提高透明度、反腐败以及促进经济生活现代化的法案》(又称为《萨宾第二法案》)。

自 2007 年以来，欧美国家在公共管理中推动企业的反行贿合规，包括五个方面的努力。

一是确定合法性基础。美国司法部认为，检察官为了公众的利益发起对涉嫌犯罪行为的调查和起诉。这些公众利益包括保护消费者、投资人和希望只通过合法手段竞争的企业。从这个角度来看，检察官与企业的领导者有共同的目标。例如，企业的董事和管理层对企业的股东、实际拥有者和投资的公众，负有信托责任。企业领导者忠诚地履行这些责任，有助于提升公众的信任和信心。

二是进行法理探讨。早期的监管思想针对的是企业里的个人，即为企业进行决策和行动的人，因为企业是法律上拟制出来的法人，既没有思想也没有意识，企业的决策和行动都是由代表企业的自然人作出的。随着代理责任理论的发展，监管部门和执法机构在遇到个人违法时，开始追究企业的责任，其基础仍然是个人与企业之间的雇佣或者代理关系。合规理论强调的是企业内部管理状况和企业文化对个人决策和行为的影响，其基本假设是个人的违法行为可能受到企业内部环境的驱使，如果仅处罚和替换发生违法行为的个人，不足以防止违法行为的再次发生，因此应当致力于通过合规改造企业内部环境。2011 年颁布的英国《反贿赂法》中有一项"商业组织预防贿赂失职罪"，规定商业组织疏于建立预防行贿机制导致行贿行为发生时，需要承担刑事责任。该罪名采取了严格责任，在发生关联人员为商业组织利益行贿的情况下，商业组织除非能提出有效抗辩，证明已经制定了充分的预防行贿程序，否则将承担刑事责任。

三是明确管理的经济价值。英国执法部门认为，商业企业处于减少甚至消除因贿赂带来的巨大危害的最佳地位。有些企业将贿赂作为建立、扩张其商业地位的手段,允许甚至鼓励其雇员行贿,无论是刑事还是民事诉讼都难以有效地打击这些企业。与其忽视这一现象,不如选择一种有效的规范模式,这对于确保在所有商业实体中贯彻一个较高的商业道德标准而言是必不可少的。从政府的角度来看,对于需要严格监管的企业,如金融企业和上市公司,如果企业只是被动地接受监管部门的监督,会造成监管成本的大量消耗,而以发现违规行为为目的的监管总是事倍功半的。如果企业主动地进行有效的合规管理,则能够节省监管成本,提升监管的效率,并且监管部门可以将有限的监管资源用于那些合规管理薄弱而更容易发生不合规事件的企业。同时,事后处罚会产生负的外部性。如果企业遭到处罚,可能给无过错的第三方造成严重的后果,如没有过错的股东和投资人、员工、供应商、客户等。

四是通过立法将合规作为企业的法定义务。美国《反海外腐败法》包括两类条款:一类是反行贿条款;另一类是会计和账簿条款。反行贿条款禁止企业以获取或保留业务为目的贿赂外国公职人员。会计和账簿条款要求企业制作并保留详细、准确的账簿,并建立和维护内部会计控制系统,确保所有的支付、费用和资产处置都按照管理权限得到批准和记录,确保公司的财务报告符合会计准则要求。如果企业违反了会计和账簿条款的要求,即使不能证实企业有行贿行为,仍然可以按照《反海外腐败法》对企业进行处罚。英国《反贿赂法》规定,如果一个商业组织的关联人员为了获取或保留该组织的业务,或者为获取或保留该组织在商业活动中的优势而向他人行贿的,则该商业组织构成本罪,除非该组织能够证明其已制定了"充分程序"以预防关联人员从事行贿行为。法国《萨宾第二法案》将建立合规管理体系作为符合相关条件的公司及其高级管理人员的法定义务——用工人数达到500人以上,或者隶属总部设在法国的公司集团且用工人数达到500人;有关营业收入超过1亿欧元。这些企业如果未建立合规管理体系,即便没有发生行贿行为,公司及其高管也将受到处罚。

五是进行制度设计。美国通过《联邦量刑指南》、霍尔德备忘录、汤普森备忘录等一系列制度设计给司法实践铺平了道路。这些制度包括对不合规行为的严厉处罚、对合规管理的正向激励和鼓励举报不合规行为。截至2021年3

月,美国《反海外腐败法》执法中,罚款数额的排名为 Odebrecht S. A. 公司的 35. 6 亿美元,高盛集团的 26. 2 亿美元,空客的 20. 9 亿美元,巴西石油的 17. 9 亿美元和爱立信的 10. 6 亿美元。高昂的罚款让财大气粗的跨国公司胆战心惊,而且还有巨额的股东索赔、诉讼费用和调查费用,以及公司管理层和违规人员可能被处以个人罚款和监禁。正向激励的手段包括在刑事调查中承认企业的合规努力,在查实个人的行贿行为时减轻或者免除企业的责任。设置观察期,要求企业在独立第三方的监督下建立有效的合规管理体系。2012 年,美国证券交易委员会依据《多德—弗兰克法案》启动了"吹哨人计划",鼓励个人向美国证券交易委员会提供违反《反海外腐败法》和其他证券欺诈行为的信息,当罚款金额超过 100 万美元时,吹哨人可以获得其中的 10% ~30% 。截至 2020 年 9 月,美国证券交易委员会共向 110 名吹哨人支付了约 7. 15 亿美元的奖金,其中单人最高奖金为 1. 14 亿美元。

除反行贿领域外,美国司法部在反垄断领域、美国商务部在出口管制领域、美国财政部在经济制裁领域、美国环境保护局在环保领域也广泛采用引导企业进行合规管理的模式。

政府机构在引导企业进行合规管理时也遇到诸多挑战,仍然有很多需要深入研究和检验的问题。例如:

1. 达到何种严厉程度的处罚,能够让企业和企业的高级管理者感到畏惧?

2. 如何抑制逃避处罚的侥幸心理?

3. 政府机构是否应当为企业的合规管理制定范式?

4. 如何识别企业在合规管理中只做表面文章?

5. 如何避免企业把不被处罚作为合规管理的目标?

6. 采用何种标准评价企业的合规管理是否有效?

7. 如何避免企业合规激励机制成为"寻租"的工具?

8. 如何选择合格的第三方监督人?

9. 如何避免第三方监督人的利益冲突?

10. 如何评价第三方监督人是否履职?

11. 如何避免合规管理给企业造成不必要的负担?

12. 如何评价政府机构的做法是否起到了降低不合规的效果?

13. 如何避免“合规做得越好,越容易被发现不合规证据”的悖论?

三、企业管理中的合规

1911 年,弗雷德里克·泰勒出版了《科学管理原理》,管理学著作通常以此为现代管理理论和实践的起点。泰勒总结了自己在钢铁厂 20 多年的工作经验,对每个工人的工作因素进行研究和计算,选拔工人并对他们进行训练、指导和培养,监督工人遵守流程、技术和工具要求,使工厂的产量稳定地提高了 200%以上。泰勒被称为“科学管理之父”,其总结的科学管理原理得到广泛认同。自泰勒以来,企业管理形成了一个庞大的包罗万象的体系,几乎可以根据任何需要进行细分和整合。常见的企业管理框架包括按照管理职能划分为计划、组织、领导、控制、创新等,按照经营活动划分为采购、物流、生产、研发、市场、销售、服务等,按照管理对象划分为人力资源、知识产权、资金、设备、场地、信息、外部关系等。

西方管理学研究者层出不穷,亨利·法约尔、马克斯·韦伯、切斯特·巴纳德、埃德加·沙因、彼得·德鲁克、亨利·明茨伯格、迈克尔·波特、彼得·圣吉等人各自建立了自己的学说,形成了诸多思想流派。

1950 年,威廉·爱德华兹·戴明受邀到日本东京授课,向 21 位大公司的总裁讲述了质量统计控制的基本原理。戴明强调,“大多数的质量问题是管理者的责任,不是工人的责任,因为整个愚蠢的生产程序是由管理者制定的,工人被排除在外”。“如果能争取一次把事情做好,不造成浪费,就可以降低成本,而无需加大投入。”戴明在日本企业界掀起了质量管理的热潮,在一定程度上帮助日本的制造业从质量到规模实现了跃升,对美国同行形成了挑战。20 世纪 80 年代,戴明开始在美国受到关注,其质量管理思想和方法被众多跨国企业接受和运用。戴明提出的 PDCA 循环(计划—执行—检查—改进)被称为“戴明环”,当前仍然被许多管理者尊为金科玉律。

1987 年,国际标准化组织颁布了 ISO 9000 质量管理系列标准中的 5 个标准,此后经过补充、修订和四次改版,形成了包括 17 项标准的标准族,当前仍然在发展中。ISO 9000 质量管理系列标准是在全球范围内获得最广泛接受的管理体系标准。到目前为止,国际标准化组织共发布了 80 多项管理体系标准,其中,ISO 14000 环境管理体系系列标准、ISO 45001 职业健康安全管理体系标准、ISO 27001 信息安全管理体系标准等得到广泛认可。2012 年以来,国际标准化组织在制定管理体系标准时,采用了相同的高层结构。按照高层结构制定的标准的章节设置是相同的,甚至在定义和用词方面都相同。这并非为了提高制定标准的效率而偷懒,而是参与国际标准化组织工作的各国专家共同努力的结果。国际标准化组织认为这有利于企业同时采用多个管理体系标准。尽管这些管理体系标准被应用于不同的领域,服务于不同的目的,但由于采取了相同的高层结构,管理体系标准之间可以很好地兼容乃至融合。这意味着,国际标准化组织的专家认为不同的管理体系之间有很高的互通性。

1987 年,美国特雷德韦委员会发布了一份报告,呼吁在管理层报告中说明公司内部控制的有效性,并强调了内部控制体系的必备要素。特雷德韦委员会曾经使用反欺诈财务报告委员会作为名字,由五名专业组织派出的代表组成,这些组织包括内部审计协会、美国注册会计师协会、财务经理人协会、美国会计协会和管理会计协会。

1992 年,特雷德韦委员会下设的发起人组织委员会(COSO)发布了《内部控制——整合框架》。与国际标准化组织发布的标准不同,《内部控制——整合框架》为内部控制提出了一个普遍适用的框架和评价控制的程序。随后几年,COSO 的内部控制框架逐渐被很多跨国公司所认可和接受。安然等公司财务丑闻被曝出后,美国颁布了《萨班斯法案》,要求上市公司的管理层评估和报告公司财务报告内部控制的有效性,并通过引用的方式,使 COSO 内部控制框架成为官方认可的评价上市公司内控控制有效性的依据。COSO 内部控制框架在 2013 年进行了修改。COSO 将内部控制定义为:由董事会成员、管理层和其他人员实施的,旨在为实现以下各类目标提供合理保证的过程——运营的效率和效果、财务报告的准确性、遵循适用的法律法规。

2004 年,COSO 发布了《企业风险管理框架》,为企业的风险管理活动提供了全面的应用指南。2017 年发布了修订后的《企业风险管理框架》。国际标准化组织也于 2009 年发布了 ISO 31000《风险管理标准》,并在 2018 年进行了修订。

2014 年,国际标准化组织发布了 ISO 19600《合规管理体系指南》。2021 年,这个标准修改为 ISO 37301《合规管理体系要求及使用指南》,标准的内容进行了部分调整,但最大的变化是成为一个可以认证的标准,尽管认证并非是强制性的。

质量管理、职业健康、安全管理、环境保护、内部控制、风险管理和合规等经常被并列提起,它们之间有一些共同点。首先,它们都涉及企业对外部相关方承担的责任或义务;其次,它们都使用全面管理的概念,即关系到企业全部人员,并贯穿全部经营管理活动;最后,这些管理都不能为企业带来直接的业务机会、收入或成本节约。

这些管理有各自的侧重点。从目的来看,质量管理是为了向市场提供符合顾客和相关方要求的产品或服务;职业健康、安全管理和环境保护是为了保护人的基本权利;内部控制是为了保证组织意志得以在企业中贯彻;风险管理是为了降低不确定性对企业经营目标的影响;合规是为了履行企业对外部相关方承担的义务。

很明显,这些目的之间有相互交叉、重叠、补充和强化的部分。职业健康、安全管理和环境保护在部分跨国公司中被列为合规管理的范畴。由于其具有比较强的科学技术属性,所以由具备相应能力的人员来管理,但是这并不意味着它们只是专业人员的工作。从定义来看,风险是不确定性对目标的影响。任何管理都是有目标的,无论大目标还是小目标,无论目标具体还是模糊。所以,任何管理都需要考虑不确定性,这导致风险管理实际上与所有的管理工作都发生关系。早期的风险管理侧重于在具体工作中应用风险管理的方法。2017 年版 COSO《风险管理框架——整合战略与绩效》把风险管理上升到企业战略和绩效管理的高度。

内部控制和合规的关系最为密切,因为内部控制的三个目标之一就是合规。早期的合规内涵限于遵守法律规定和监管要求,近年来已经扩大到遵守道德规范和企业自愿作出的承诺。理论上,得到良好设计和执行的内部控制能够实现合规,包括内涵扩大后的合规。现实中,内部控制承担了保证运营效率和效果的职责。相对于合规,企业更关注运营的效率和效果,于是内部控制工作的重点被放在如何有效获取并利用资源来实现经营目标。在很多企业里,内部控制被等同于标准化管理,通过统一制度、流程、标准、表单和工具,减少非标准化操作,从而控制风险。在这个过程中,通过内部控制实现合规处于劣后地位,在人力、预算、时间有限的情况下,合规目标会被忽略。正是在这种情况下,单纯以履行义务为内容的合规管理出现了,而且受到政府部门的欢迎。合规是一种完全利他性的管理,甚至是片面的管理,因为在合规管理中不存在合规权利的概念,更不存在合规与经济效益的平衡,所以合规管理能够得到外部相关方的信任。

四、合规管理的研究方向

在过去十余年中,合规管理得到了长足的发展。但是,对合规管理的研究仍然处于初级阶段。这表现为经验做法多,实证研究少。很多企业可以分享丰富的合规管理做法,但是对这些做法的适用条件和限制条件缺少深入研究,更缺少在不同环境下的比较研究。这导致做法的可复制性不强——在一个环境下有效的做法,在另外的环境下未必能产生效果。

合规研究可以从五个方面获得突破。

一是坚持合规经营的企业是否更有竞争力。竞争力是管理学的一个主题词,获得竞争力是企业管理活动的关键目标之一。对这个课题的研究有利于回答合规如何为企业带来价值的问题,而价值贡献是合规在企业中获得支持的基础。

二是合规与企业经营战略的关系。合规为企业经营战略服务,还是企业经营战略受到合规约束,或者二者共同为企业愿景和使命服务;企业经营战略中的权变和博弈因素与合规的关系。

三是合规与人才培养的关系。研究以约束、监督和奖惩为主线的人才培养机制的利弊;合规对企业文化多元性的影响;以价值观影响为目的的合规培训如何产生持续性效果。

四是合规与企业文化的相互影响。强文化与弱文化对合规的影响;合规在形成企业文化中的作用;时代变迁给合规与企业文化带来的挑战。

五是合规管理的一般研究方法。合规管理是非线性、小样本、一般不可量化的管理工作;如何对合规管理进行研究;采用哪些研究工具、指标和维度。

第二编　合规人才培养

第四章　合规人才能力模型及培养

一、概　　述

本章的目的在于研究合规岗位在企业中承担的职责，合规专业人员为了履行这些职责应具备的个人能力，以及在企业内部、培训机构和普通高校中如何进行合规专业人员的培养、培训和教育。

“合规专业人员”是一个新出现的提法。就国内而言，2018 年以前，对合规管理有所了解的人并不多，从事合规相关工作的专业人员更少。近年来，随着国有企业普遍建立合规管理体系和部分民营企业开始建立合规管理体系，企业对合规专业人员的需求迅速增加，各类招聘网站上公布的合规岗位数呈加速上升趋势。

遵从《巴塞尔协议》要求，银行、保险等国内外金融类企业较早开始设立合规岗位，培养和聘用合规专业人员。非金融类企业设立合规岗位则始于 2002 年美国颁布《萨班斯法案》，当时的合规专业人员主要由美国企业和在美上市的跨国公司的财务人员转职而来，职责是确保企业遵从《萨班斯法案》关于财务报告准确性的要求，这部分职责后来逐渐被企业中普遍设立的内控岗位承接。受到 2006 年西门子公司因违反美国《反海外腐败法》（*Foreign Corrupt Practices Act*）被调查和制裁影响，跨国公司开始设立以反行贿为职责的合规岗位。由于受制裁企业普遍聘请律师为己方辩护和磋商和解，与之对接的企业内部法律人员自然开始承担反行贿合规的职责，其中相当一部分人使用的头衔是“合规律师”（compliance counsel），但其职责已经不限于解读法律、应对调查和被动地提供咨询意见，而是越来越多地参与到企业日常管理活动中。随着出口管制、经济制裁、反垄断、个人信息保护等话题引起重视，跨国公司中的合规岗位开始承担更多话题的合规职责，这些新话题对合规专业人员的能力有着不同的要求，于是合规专业人员的职业背景越来越多样化，对法律专业知识的要求被逐渐淡化。2007～2017年，国内设立合规岗位的企业主要是跨国公司在华分支机构和中外合资企业。在此期间，国内的合规专业人员主要集中在北京和上海两个城市。大部分国内企业只设立少数甚至只有一个合规岗位，西门子、戴姆勒、通用电气等少数企业有数十人的合规专业人员团队。据一位经常参加各种合规专业研讨会和论坛的合规官估算，除金融类企业外，当时国内合规专业人员的总人数在3000人以下。

2018年被称为中国的"合规元年"。受到中兴通讯被制裁事件、中国标准化研究院推出《合规管理体系指南》（GB/T 35770）国家标准、国务院国有资产监督管理委员会在中央企业中试点建立合规管理体系等因素影响，合规相关概念在国内迅速普及，越来越多的企业开始重视和实施合规管理，这带来了合规岗位的迅速增加和对合规专业人员需求的急剧膨胀。当前，企业普遍面临难题，设置了合规岗位却找不到具备相应能力的专业人员。显然，原有3000人的储备远不能满足日益增长需求。

国内普通高校近年才开始开设合规课程。以中央财经大学、华东师范大学和上海对外经贸大学为代表，最早在2018年年初以法学院的硕士研究生为培养对象，开设选修类学分课程，并逐渐扩展到覆盖商学院等其他专业和本科生。目前越来越多的普通高校开始设置合规课程，华东师范大学等院校在筹备合规专业学位教育，但受制于有合规管理经验的师资不足，课程内容仍然以法学教育为主，教学效果在企业环境中的实用性仍然有待检验。

近年来，公开培训市场上的合规专业课程也在增加，其中以中国标准化研究院、中国行为法学会培训中心、北京新世纪跨国公司研究所等机构提供的培训为典型。培训时长通常在三天以内，培训内容以介绍合规管理相关概念、发展历程、分类、原理、要素和工作机制等为主，授课人大部分为在合规管理领域有一定从业经验的专业人员。这些培训起到了经验分享的作用，但培训时间较短，内容的整体设计较弱，授课人的水平良莠不齐，学员在授课过程中的参与度较低。

当企业开始进行合规管理时，等待普通高校或者培训机构输送人才显然"远水不解近渴"。企业普遍采用了外部招聘和内部转岗两种方式填充岗位。

对合规专业人员，尤其是有丰富经验的合规专业人员的挖角大战导致合规专业人员的薪酬水平迅速上升，有造成企业内部薪酬体系失衡的危险。于是企业更多地选择从具有相近从业背景的人员中转岗，如原有的法务、内控、风险、审计、财务、纪检监察、安保等专业人员。这样做的优点在于可以迅速支撑起合规管理的工作，其带来的问题也在于这些专业人员在工作思路和方法上受到原专业工作习惯的影响，把合规管理当作原专业的另外一种表现形式，造成“新瓶装旧酒”的局面。

很多企业在开展合规管理工作初期不设专职的合规岗位，而是由其他岗位兼职，比较典型的是法务人员兼职负责合规管理。这不失为一种迅速起步的方法，但面临的挑战主要是这些人员对合规管理并不熟悉，很难理解如何做出成绩和效果，于是在实际工作中偏向自己更熟悉的原专职工作，使合规管理从兼职变成闲职，这些人员通常设定比较低的工作目标，只在精力允许的情况下做一部分工作，实际工作内容流于形式。

很难对“合规专业人员”进行严格定义。狭义上，合规专业人员是指在企业的合规综合管理部门工作，致力于帮助企业实现整体合规管理目标的企业内部人员。广义的合规专业人员包括企业法务、内控、风险管理、安全、环境保护、人力资源、财务、税务、反舞弊、出口控制、型式认证、质量管理等岗位的人员，其工作目标是确保企业遵从特定的法律规定和监管要求。近年来，执业律师开始注意到这个新的领域，管理咨询机构也把合规纳入其业务范围，为企业提供服务的外部合规专业人员的队伍日益壮大。

本篇的讨论以狭义的合规专业人员为对象，讨论的内容对广义的合规专业人员也有一定适用性。

二、合规专业人员的职责

在开展合规管理工作 10 年以上的企业里，合规岗位的设置已经形成了比较清晰的序列，包括初级、中级和高级三个等级。三个等级的区别在于工作内容的不同。

初级合规专业人员在工作中一般依据明确的作业指导书，对照已有的规章制度、业务流程和工作标准进行检查、审核和判断。工作内容通常包括：

文件检查。文件是否完整,是否使用了正确的模板,文件内容是否完整、准确,签字和公章是否符合要求。

现场检查。业务活动是否真实发生,是否符合书面规则,是否与经过批准的计划相符。

流程检查。流程是否完整,是否符合书面规则,是否保留了规定的证明材料。

基础合规咨询。针对相对明确的合规咨询问题,按照明确的分类,根据书面规则作出解答和给出建议,这些解答和建议可能出自一个标准化的FAQ信息库。

中级合规专业人员在工作中有更大的灵活性,在更多的时候需要作出自主分析和判断,并根据不充分的信息得结论和给出建议。工作内容通常包括：

外部规则解读。除理解外部规则字面的含义外,还要分析外部规则出台的背景、深层次的含义和要求、对本企业的影响。

内部规则转化。分析本企业可以选择的合规措施,把外部规则转化为内部的规章制度、业务流程和工作标准。

风险监控。监控外部规则的变化情况、监管环境和社会舆论的导向、企业内部规则的执行情况,根据需要调整适用的合规措施。

深度合规咨询。根据对企业活动的深入了解,掌握其价值链条、业务逻辑、业务公式、关键成功要素,分析主要风险点和适用的合规措施。

组织和提供合规培训。征集和分析培训需求,设计培训课程,自行或者安排他人进行培训,评估培训效果。

合规疑虑管理。对在合规审查、合规尽职调查、合规案件调查等过程中发现的合规疑虑,评估其性质和潜在影响,即使不能充分获得信息,也需要作出判断并给出建议。

合规调查案件管理。对接收到的案件评估其性质、严重程度、初步信息可信度,决定是否开展调查,选择调查专家,讨论调查方案,验收调查报告,拟定和跟进补救措施。

合规绩效监测。对各项合规措施的运行情况进行实时评估。

高级合规专业人员在工作中可以参照的客观依据更少,经常要面对不确定性,并根据自己的经验和职业素养作出判断,在发现偏差时灵活地采取纠正措施。工作内容通常包括:

合规管理体系搭建。设计合规管理体系的基本要素、运行机制、有效性评估方法并进行持续改进。

资源配置。获得公司最高管理层的支持,掌握和运用公司资源,聘用有能力的合规专业人员,为合规团队赢得信任。

部门关系协调。协调合规部门与公司法务、内控、风险、审计等部门之间的分工与合作关系。

企业合规形象代表。代表企业参加与员工、业务伙伴、监管部门、行业协会等各方的会议、论坛、报告、争议解决、合规联合行动等工作。

突发合规事件处理。判断事件性质、影响后果、影响范围、与本企业关联程度、利益相关方、各方的角色和需求,从各种可选方案中挑选出最优方案,在实施中保持灵活应变。

合规管理活动创新。例如,通过信息化手段减少人工操作,降低人为失误的发生概率,提升管理效率。

表 1 显示了不同序列合规专业人员在工作内容方面的差别。

表 1 合规专业人员的工作内容对比

岗位序列	初级	中级	高级
常用头衔	合规专员	合规经理	合规官
英文对照	Compliance Specialist	Compliance Manager	Compliance Officer
工作依据	作业指导书	作业指导书和专业判断	专业判断
工作内容复杂性	一般	中等	复杂
工作过程灵活度	基本无灵活性	有一定灵活性	高度灵活性
角色特征	流程专家	内部咨询师	变革推动者

初级、中级和高级合规专业人员表现出不同的行为模式。初级合规专业人员应当严格执行作业指导书,灵活判断的空间较小,一般只有经过上级的同意才能偏离作业指导书的要求。中级合规专业人员拥有一定的自主权,可以对新情况作出判断并积极寻找解决方案。高级合规专业人员要勇于担当,在复杂的情况下作出判断,灵活地运用各种资源确保合规管理目标得以实现。中级和高级合规专业人员被认为进入了职业序列,即中级和高级合规专业人员应当从初级合规专业人员中遴选和逐步晋升,避免出现无合规工作经验、对合规工作缺乏深刻理解的人员担任重要合规工作岗位,避免扰乱企业的人事管理秩序,避免阻断合规专业人员正常的晋升路径而使合规专业人员丧失工作动力。

初级、中级和高级合规专业人员在工作中也表现出一定的角色特征,尽管这些特种很多时候是组合出现的。

初级合规专业人员的角色偏重于流程专家。近年来,很多企业强调管理制度化、制度流程化、流程表单化和表单信息化,其中流程是一个关键抓手,也是企业控制的各种资源外显的集水区。当设立专职合规岗位后,企业把部分流程的制定和监督其执行的工作交给合规岗位。被赋予这些职能的合规专业人员一般有内控方面的工作经验,其工作是建立成文制度、内部流程并进行监督检查,标志成果是大量的表格、审批流程和检查清单。

中级合规专业人员的角色偏重内部咨询师。当中级合规专业人员与企业管理层和业务团队建立起信任关系后,其在工作中更多担当伙伴的角色,分析外部形势,识别管理中的风险,发现和纠正不合规行为,结合企业合规管理的整体方针决定在具体事务中的应对措施,让管理层对企业合规管理的状况有准确的把握,帮助业务部门扫除开拓、竞争和创新过程中的后顾之忧。

高级合规专业人员是变革推动者。当合规管理从企业的价值观出发并以形成合规文化为目标时,高级合规专业人员需要设计企业价值观塑造和合规文化养成的路线图,并获取资源、克服困难,通过持续努力将设想变成现实。

三、合规专业人员的能力模型

尽管企业对初级、中级和高级合规专业人员的能力水平有不同的期望，但就类别而言，不同序列的合规专业人员之间并没有严格的能力鸿沟。下一级合规专业人员可以通过学习和训练进阶为上一级合规专业人员。

根据企业公开发布的任职要求，可以看到企业在选择合规专业人员时比较看重以下四个方面的能力。

（一）职业操守

几乎无一例外，企业在聘用合规专业人员时，首先强调职业操守。职业操守包括诚信、正义感、常理心和敬业精神等个人素养，这些素养在严格意义上不属于能力，但是坚持职业操守，尤其是在压力之下和遇到挫折时不以职业操守为交换条件，调整心态以韧劲应对，这是一项关键能力。

合规专业人员在工作中可能遇到舞弊、欺诈、贿赂等案例和负面信息。有合规专业人员表示，在这个岗位上工作三年后，看世界都是灰暗的，不敢相信别人说的话，考虑问题总是从负面结果出发。这在一定程度上反映了合规专业人员工作的真实挑战，因此合规人员要保持自身健康、积极的心态，保持信任的能力。

常理心是基于常识作出判断和选择的能力。合规专业人员对伦理、道德、公平、正义应当有深刻的理解和全面的思考，仅有嫉恶如仇的态度是不够的。合规专业人员应当有能力全面地看待问题，熟练地换位思考，否则容易被偏见和刻板印象误导甚至偏离方向。

合规工作的效果经常是隐形的，因为它更多地体现为企业内外良性的秩序和避免违规事件的发生。运动式的合规推进工作固然可以被人们关注，并取得一定效果，但更多的工作是在日常基础上平淡的积累。合规工作做不好雷霆闪电，合规工作做得好和风细雨。合规人员需要在很少得到正面确认的情况下相信自己工作的价值，并保持工作热情。

（二）通用技能

通用技能主要包括四个方面：收集信息、分析现象、设计解决方案、影响他人。

收集信息是开展后续工作的基础。收集信息主要通过主动索取、被动接收、访谈、问卷、公开渠道检索、主动测试、现场观察等方式进行。在信息收集中,应当理解收集信息的目的、信息可能存在的地点、存储形式、信息的控制者等要素。

分析现象是对所收集到的信息的运用。在分析现象时需要将复杂的现象分解为基本的要素,将要素按照有意义的方式进行分类,区分不同要素之间的差异,理解要素之间的关联关系,识别要素之间可能存在的因果关系,理解单个要素对可以观察到的结果的影响和贡献度,以及要素之间相互作用对结果造成的复合性影响。针对反复发生的问题,在进行现象分析时要分离出其中的共性特征,建立关联关系和行为模型,作为制定长效解决机制的参考。

解决方案是合规管理工作的显性结果。解决方案应当与待解决的问题在严重性上相匹配,考虑利益相关方的诉求和可能出现的行为模式,在具体的业务场景中具有可行性,其经济成本和管理成本在企业可承受的范围之内。合规专业人员可能面对不同的解决方案,需要考虑这些解决方案各自的利弊、预期效果、发挥作用所依赖的条件、可能产生的副作用,还要考虑实践中出现意外情况的应对方法,即 Plan B。解决方案中的有形成果需要明确其性质、存在形式、交付时间和验收方法。解决方案中的行动事项需要确定行动人、配合人、验收人、时间节点和结果确认方法。

合规管理以人的行为为管理对象,所以影响他人会贯穿这项工作的始终。这些影响体现在培训、沟通、说服、宣传等。影响他人是每个人在日常生活中有意识或者无意识都会做的事,但合规专业人员需要有意识地培养自己在这方面的能力。

(三)通用经验

通用技能是通过持续的学习、训练和实践形成的。尽管书本学习是必不可少的,但合规专业人员很难通过背诵书本上的知识点、进行文献研究或者撰写论文形成专业能力。合规专业人员更常见的培养模式是在工作中运用直接或者间接学习的知识解决具体的问题,尤其是通过一次次并不成功的实践发现问题的本质并积累经验。

合规专业人员可以通过十三类经验的积累提升自己的能力——深入了解业务、答复咨询、前置审查、访谈、设计问卷、培训、组织宣传活动、调查合规事件、制定规则、撰写报告、应对监管机构的问询和调查、处理危机和项目管理。

1. 深入了解业务。合规管理是与业务活动密切联系的工作,合规专业人员需要习惯于透过表面现象看到业务活动的实质,这包括理解业务活动的价值链、参与方、各方在价值链中的角色、价值链的输入要素和产出成果,影响价值链形成的因素等。合规专业人员既要高屋建瓴地看到业务的全貌,也要深入关键业务环节了解其中的诀窍,而这些诀窍很少会写在书本上,更多的是作为从业人员口传心授的隐性知识。合规专业人员如果以一种高高在上的姿态学习业务知识,往往只能获得肤浅的认知,但是合规专业人员也无法长期置身一线亲身体验,因此需要练习在短时间内抓住关键信息,把握业务本质。

2. 答复咨询。这是合规专业人员的一项日常工作,需要综合运用各项通用技能,咨询的内容从可以找到明确答案的事实性问题,如制度或流程,到涉及两难困境的权衡和取舍。有些前来咨询者可以提供充分信息,有时这些信息过于关注细节,有时信息并不充分,甚至有自相矛盾的内容。合规专业人员并不能指望咨询者每次都提供真实、准确、完整的信息,甚至很多情况下,咨询者会隐瞒关键信息,而只想让合规专业人员按照其需要给出咨询意见。更多情况下,合规专业人员需要与咨询者共同收集进一步信息,经过分析和判断找到可行的方案。

3. 前置审查。前置审查存在于合规管理的很多环节,无论是强制性合规咨询、合规尽职调查还是合规绩效考察。审查的关键是发现和处理合规疑虑,这需要合规专业人员熟悉审查事项中常见的红旗信号,并且保持好奇心,对事项内在的不合常理之处保持敏感。

4. 访谈。访谈是通过与被访谈人直接沟通获得和交换信息的过程,需要比较多的人际交往技巧。访谈一般需要进行事前准备,确定访谈的目的和对象,获取背景信息,如果涉及多个被访谈人,还要分别设定目标并排列访谈顺序。访谈过程中要控制好谈话的气氛,观察被访谈人的态度和肢体语言,灵活运用提问、倾听、沉默、重复、追问等方式使谈话顺利进行下去并从中获得有价值的信息。

5. 设计问卷。问卷可以视为以书面方式进行的访谈。问卷的优势在于效率比较高，但问卷发放之后内容就基本固定了，除非有专人在问卷填写中提供辅助，否则问卷的交互性比较差，这对问卷的设计提出了较高的要求。问卷中的问题包括人身属性问题、事实性问题、回忆性问题、态度和观点性问题，表现形式包括单选问题、多选问题、归类问题、排序问题、量表问题、书写问题等。设计一张合格的问卷有很大难度，问卷的发放、回收和整理也涉及大量的细节工作。

6. 培训。培训通常被认为是合规管理中最重要也是最容易形成成果的工作。实际上，完成一场高质量培训的难度很大，需要征集和分析培训需求、确定培训对象、设定培训目标、设计培训内容、选择培训师、管理培训现场、评估培训效果。如果合规专业人员自己担任培训师，则需要设计培训课件、选择和讲解案例、调动培训现场气氛、组织讨论和练习、总结、回答问题。

7. 组织宣传活动。很多企业通过合规宣传周、合规竞赛、合规宣传材料等形式增强员工对合规的认知和认同。合规专业人员需要设计这些活动的形式和内容，并评估其效果。在这个过程中，很多原本待在办公桌后的合规专业人员不得不走出自己的舒适区，面对更广大的员工群体。

8. 调查合规事件。当发生涉嫌不合规的事件时，合规专业人员需要对初步的线索进行评估，确定进一步收集信息的渠道和方式，采取应急措施，选择调查人员，组建团队，管理调查过程，评估调查结论。

9. 制定规则。针对企业合规管理中的缺陷和在不合规事件调查中发现的漏洞，合规专业人员通常会牵头采取补救措施，包括制定新的企业内部规则和调整已有的规则。企业内部规则的表现形式丰富多彩，但内容通常包括部门和岗位职责、工作程序和工作标准。制定规则的过程中要考虑规则的目的、适用范围、内在逻辑、运行方式和对员工行为的潜在影响。调整已有规则通常比制定新规则的难度更大，因此企业一般希望进行制度清理但经常不能落在实处。

10. 撰写报告。书面报告是对其他工作的总结。一份好的报告应当结论清晰，诉求明确，用语简洁，逻辑通顺，包括完整的支持性信息和材料。

11. 应对监管机构的问询和调查。在与监管机构的沟通中，企业经常感觉束手束脚,但这仍然是一件与人打交道的工作。在规则允许的范围内,合规专业人员仍然可以尽可能地保护企业的利益,包括确保监管机构在其权限范围之内行事、收集和使用有利于己方的证据,为企业抗辩和争取谅解。

12. 处理危机。随着移动互联网和自媒体的发展,涉及企业的不合规问题被广泛传播并形成热点事件的可能性显著增加。尽管这些热点事件可能迅速冷却并被人们遗忘,但有讽刺意味的是,由于越来越多的企业重视业务伙伴的声誉,这些热点事件在业务伙伴合规尽职调查中会被不时地重新提起,企业处理这些事件的过程也被各种媒体渠道细致地记录下来。合规专业人员在处理危机中要做到反应迅速、方式得体,对处理结果要能给出合理的解释,即使处理结果不能令相关各方全部满意。

13. 项目管理。合规管理中存在各种大大小小的项目,甚至可以把前面的每项工作都当成一个项目来管理。在管理这些项目的过程中,合规专业人员的能力得到全面锻炼,从而能够操作更大的项目。

(四)专项技能和经验

合规管理工作包括一系列的专项合规话题,如反行贿、反组织舞弊、反垄断、反洗钱、反受贿、反个人舞弊、出口管制、经济制裁、国家安全审查、个人数据保护、企业信息安全、职业健康、安全生产、环境保护等(表2)。

合规专业人员的能力中通常有自己比较擅长的专项领域。在专项领域中的技能和经验包括专业知识、对专项领域合规义务和合规风险的深度认知、对专项领域合规措施的熟练把握。这些专项技能和经验可以转化为合规专业人员就相关合规话题的声望、人脉和自信。

这些合规话题大部分偏重道德性的合规义务,合规专业人员可以通过培养自己的道德感掌握这些合规话题的精髓。少数合规话题,如安全生产、环境保护、出口管制,具有很强的科学技术属性,需要合规专业人员掌握一定的科学技术知识。

表 2　合规专业人员的能力模型

职业操守	通用技能	通用经验	专项技能和经验
诚信 正义感 常理心 敬业精神	收集信息 分析现象 设计解决方案、影响他人	深入了解业务 答复咨询 前置审查 访谈 设计问卷 培训 组织宣传活动 调查合规事件 制定规则 撰写报告 应对监管机构的问询和调查 处理危机 项目管理	反行贿 反组织舞弊 反垄断 反洗钱 反受贿 反个人舞弊 反歧视 反骚扰 反暴力 出口管制 经济制裁 个人数据保护 企业信息安全 职业健康 安全生产 环境保护等

四、合规人才的自我培养

兴趣是最好的老师。后文将讨论通过企业内部、培训机构和普通高校培养合规专业人才，但毫无疑问，合规专业人员自身的意愿是决定性因素，其他培养方式都是为了激发合规专业人员的学习热情并为其提供学习的便利条件。

合规专业人员的自我培养主要包括系统性学习和在岗学习两种方式。

（一）系统性学习

由于合规管理是一个比较新的领域，理论和实践体系有待完备，尚未形成完整的单独学科，但是从已有的学科中有大量借用。

与合规管理关系比较密切的学科包括法学、行为学、管理学、社会学、会计学等。

1. 法学。通过对法学中的法理学、法制史、法律思想史、立法学、程序法学等子学科的学习，合规专业人员可以理解法律规则的渊源和演变历史、公平和正义精神、权利和义务的平衡、程序性规则对结果的影响。民商法、刑法、行政法、环境法、劳动法、国际法等部门法，以及这些部门之下更细地区分出来的金融法、竞争法、计量法等是学习和掌握专项合规话题相关法律规则的基础。

2. 行为学。行为学通过实证研究揭示人类个体的认知、思想、情感、情绪等表象之下的规律，对个体与群体和组织的相互影响进行解释和预测。这些规律就个体行为而言并不始终适用，但是在大样本基础上具有实用价值，对合规专业人员分析现象、涉及解决方案和有意识地影响他人有很大帮助。

3. 管理学。管理学涉及管理中的计划、组织、领导、控制和创新等各个环节，目标是实现以人为中心协调配置和有效利用资源。企业管理的主要概念包括企业的愿景和使命、利益相关方模型、企业治理、战略管理、组织架构、激励、目标管理、领导力、竞争力、价值链、流程控制、反馈控制等。

4. 社会学。社会学中对伦理道德、价值观、科层制、社会群体、城市化、人口、女权、歧视现象、暴力、贫困、犯罪等问题的研究能够为合规专业人员开阔视野，并在工作提供启发。

5. 会计学。企业管理中的绝大多数问题会反映在财务结果上，合规专业人员需要掌握一定的会计学知识、能够看懂财务报表并发现财务报表中包含的关键信息。

由于合规管理的高度综合性，相关的学科很多，在此不一一列举。

表 3　系统性学习计划

	法学	行为学	管理学	社会学	会计学等
概念					
原理					
程序					
方法					
工具					

注：在单元格中填充学习的内容，注明学习目标和方法。

系统性学习的内容包括概念、原理、程序、方法和工具等内容。学习的目标可以设定为理解、记忆、练习、应用等层次。

系统性学习可以通过参加普通高校或培训机构提供的课程进行,并辅以大量的相关经典文献阅读和日常利用碎片化时间浏览高质量的期刊、网络公开课和自媒体文章。

(二)在岗学习

在岗学习是更主要的学习方式。学习方法包括模仿、应用、实践、交流、复盘等。

1. 模仿。在一个新的领域里,借鉴他人的成功做法是一条捷径,包括模仿他人在类似情况下的处理方法、工具和文档。

2. 应用。将学习到的原理和工具用于解决具体问题,从而发现其实际的适用条件和不足之处。

3. 实践。将设计的合规管理方案付诸实施,通过计划—执行—检查—处理的循环实现持续改进。

4. 交流。在企业内部,合规专业人员应当与业务人员保持交流,收集对自身工作的反馈。法务、内控、风险、人力资源、审计等非业务人员也有自己的工作方法和诀窍,合规专业人员可以通过与这些人员的交流扩大自己的知识面,并形成良好的合作关系。在企业内部,合规专业人员的团队规模总是有限的,因此与外部合规专业人员的交流也提供了开阔视野、拓展思路的机会。随着国内合规专业人员的迅速增加,各种论坛、研讨会、工作坊、学习群、讨论群为外部交流提供了更多舞台。

5. 复盘。针对事前认为有一定难度的合规管理工作,无论实际效果如何,通过复盘分析成败利弊,这既是一个良好的工作习惯,也是深度学习的途径。

五、企业培训合规人才

出于企业发展的需要,为了保证内部人才供应,形成合规专业人员梯队,拓宽员工的内部职业发展空间,企业可以制定合规人才培养方案,作为企业人才整体培养方案的组成部分。

合规人才培养方案通常由合规团队负责人和人力资源部门共同拟定,内容包括对本企业合规专业人才需求的现状的分析、对未来发展情况的预测、合规人才队伍的建设、培养方向和培养方式。

企业在合规人才培养中要考虑已经在合规岗位上工作的人员，也要考虑后备人才。很多企业建立了合规联络人网络。合规联络人是在合规部门之外承担一定合规管理职责的兼职人员，通常由部门负责人指定或者自己主动要求，后者有更强的学习主动性。

培训的方式主要包括在岗培训、企业内部脱产培训和企业外部培训。

在制订针对个人的培养计划之前，企业应先对个人的能力进行测评。测评的框架可以参照本篇前文建议的合规人才能力模型。测评的方法包括过往管理经验考察、笔试、面试和公文筐考察等。

在培养计划开始实施后，企业可以为受训人员安排合规管理全过程体验项目、伙伴计划和教练计划。

企业应定期对人才培养的效果进行考察，这项工作可以与绩效考评相结合。

由于很难以量化指标衡量合规专业人员的工作成果，因为无论是制定规则的数量、办理案件的数量还是组织培训的数量等，都不能作为合规工作效果的客观评价。企业中常用的360度评价如果用于合规专业人员的绩效考评也要慎重，因为合规专业人员的工作性质决定了合规工作包括支持和控制两个方面，合规专业人员在工作中不可避免地使用一些压力手段来实现合规目标。如果合规专业人员认为自己的绩效考评结果取决于人际关系和谐程度，则可能出现牺牲合规工作力度的局面，而这是企业不希望看到的。

对合规专业人员的绩效考评应当采用量化与非量化相结合的方式。在绩效考评周期开始前，合规专业人员与其上级经理应当共同确认本周期要完成的工作目标。这些工作目标可以用合规路线图的形式描述，在该绩效考评周期结束后，合规专业人员和上级经理可以对照合规路线图确认完成的进度，以此为量化指标。非量化绩效考评主要是考察合规专业人员在工作中的勤勉尽职情况，这可以通过与企业内部主要负责人进行访谈的方式来确认，访谈中应尽量排除人际关系因素的影响，更多地关注合规专业人员的职业精神和工作能力。

六、培训机构参与合规人才培养

本章提出的合规人才能力模型可以供培训机构在课程设计中参考。

培训机构以营利为目的开展人才培养，能够迅速对市场需求做出反应，这是其优势所在。目前比较成功的机构培训集中在语言培训、会计职业资格考试培训、法律职业资格考试培训和公务员考试培训。合规培训仍然是小众话题，且培训不产生刚需结果，现在没有、未来也不太可能进入职业资格考试的范围，甚至不会颁发由政府信用背书的职业能力证书。这导致培训机构对开展合规人才培养的热情不高。未来，随着对企业合规管理体系认证工作的开展，企业对合规管理内审员的培训需求可能会增长。

高质量的师资是培训机构面临的难题。当前，有实践经验的合规人才大部分仍然在企业里工作，参与培训机构的授课计划可能构成第二职业，不被所任职的企业允许，或者要经过相对复杂的审批流程。这些合规人才为了避嫌，通常选择谢绝授课邀请。

七、普通高校参与合规人才培养

2014 年，美国的 Fordham University 法学院最早开设了合规的硕士学位课程（L. L. M.）。此后，其他大学也开始开设合规学分课程或者学位课程，例如，美国的纽约大学（New York University）、天普大学（Temple University）、威得恩大学（Widener University），英国的伦敦大学（University of London）、华威大学（University of Warwick），瑞士的弗里堡大学（Fribourg University），我国的香港大学（University of Hong Kong）等。这些大学普遍开展合规方向的法学研究。

国内的普通高校中，中央财经大学、华东师范大学和上海对外经贸大学较早开设合规管理课程。

普通高校的合规人才培养可以包括在校生课程和继续教育课程两个部分中。本章提出的合规人才能力模型可以在课程设计中予以参考。

在 2020 年暑期毕业的应届生中，已经开始有接受过合规管理课程教育的毕业生直接到企业任职合规管理岗位。即使没有立即从事合规管理,这些毕业生在工作中也或多或少会接触到合规管理的内容,其在学校教育中接受的系统性合规训练也发挥了一定积极作用。相比于营利性培训机构,企业中现任合规专业人员到普通高校兼职任教受到的限制会少一些。

普通高校在继续教育方面也有一定优势。除借助企业中现任合规专业人员提供经验分享外,高校还可以整合跨学科资源,利用自有师资和课程体系为学员打造全方位的培养方案。第四部分系统性学习中提及的法学、行为学、管理学、社会学和会计学等专业,许多综合性大学都可以提供,这些高校在开设在职 MBA 或者 EMBA 课程时,通常会分析学员的需求,对整合课程体系驾轻就熟。在合规受到广泛关注的大环境下,高校可以把合规课程增加到原有的课程体系中,增加学员的选择。这些学员普遍有一定的企业管理经验,无论当前是否从事合规专业管理工作,深入地学习合规管理知识对于提升其个人能力都有益无害。当需求稳定增加时,高校也可以考虑推出专门的合规专业人员继续教育学历课程。

附件 2:某高校的合规课程教学大纲摘录

编号	名称	主要内容	课时	授课方式
1	合规管理前沿	■ 合规的基本概念 ■ 合规的基本理论 ■ 国内外合规实践现状 ■ 典型案例分享	4	理论讲解 案例分享 课堂讨论
2	合规管理体系概述	■ 合规管理体系的主要组成部分	2	理论讲解 案例分享 课堂讨论
3	合规义务识别	■ 强制性合规义务 ■ 自愿性合规义务 ■ 合规义务定位 ■ 合规义务优先级排序	2	理论讲解 案例分享 课堂讨论

续表

编号	名称	主要内容	课时	授课方式
4	合规目标设定	■ 合规目标的取舍 ■ 合规目标与经营目标冲突的解决 ■ 合规目标的量化与管理	2	理论讲解 案例分享 课堂讨论
5	合规风险评价	■ 合规风险识别的方法和工具 ■ 合规风险评估 ■ 合规风险判断 ■ 企业集团的合规风险管理	2	理论讲解 案例分享 课堂讨论
6	合规管理的组织架构	■ 治理机构的合规职责和履行 ■ 管理层的合规职责和履行 ■ 合规专业团队的组织	2	理论讲解 案例分享 课堂讨论
7	合规措施	■ 合规咨询 ■ 合规审查 ■ 业务伙伴合规管理 ■ 合规关注名单 ■ 合规疑虑处理 ■ 合规培训	4	理论讲解 案例分享 课堂讨论 企业实习 企业座谈 场景模拟
8	企业制度管理	■ 企业制度框架 ■ 企业制度生命周期 ■ 典型企业制度分析 ■ 企业制度管理中的陷阱	2	理论讲解 案例分享 课堂讨论 企业实习 企业座谈
9	举报、调查和补救机制	■ 举报机制 ■ 调查机制 ■ 补救机制	2	理论讲解 案例分享 课堂讨论
10	合规管理有效性评估	■ 评估体系 ■ 评估工具 ■ 评估实践	2	理论讲解 案例分享 课堂讨论 场景模拟
11	讲座一:标准化在合规管理中的应用	■ 标准化的基础知识 ■ 标准与法律的关系 ■ 将标准化应用于合规管理	2	理论讲解 案例分享 课堂讨论

续表

编号	名称	主要内容	课时	授课方式
12	讲座二:合规在人力资源管理中的应用	■ 人力资源管理循环图 ■ 合规应用于招聘、岗位描述和绩效考核 ■ 企业文化	2	理论讲解 案例分享 课堂讨论
13	讲座三:合规与企业并购	■ 并购项目中的合规尽职调查 ■ 并购中的合规管理体系重组 ■ 非控股企业的合规管理	2	理论讲解 案例分享 课堂讨论
14	讲座四:金融行业合规与监管	■ 行业合规风险 ■ 监管现状 ■ 合规实践	2	理论讲解 案例分享 课堂讨论
15	讲座五:医药行业合规与监管	■ 行业合规风险 ■ 监管现状 ■ 合规实践	2	理论讲解 案例分享 课堂讨论
16	讲座六:电商行业合规与监管	■ 行业合规风险 ■ 监管现状 ■ 合规实践	2	理论讲解 案例分享 课堂讨论
17	监管机构座谈	■ 国资委 ■ 银监会 ■ 证监会等	2	问卷调查
18	企业走访和座谈	■ 合规管理领先企业	2	实践教学 实际问题 解决方法 和能力培养

第五章　合规学专业培养方案

一、指导思想

本培养方案的指导思想是：秉承“智慧的创获，品性的陶熔，民族和社会的发展”的大学理想，以陶冶品性、学会学习、学会发展为导向，旨在凝练合规学专业的人才培养目标，凸显专业培养特色，优化专业课程体系。在优化专业课程体系中，遵循法学院“奉法守正，知行合一”的院训，突出交叉学科教育的实践品质，推进教育改革，提升交叉人才培养质量。

本培养方案的设计，立足于创新法学人才培养机制的思路，依照《普通高等学校本科专业类教学质量国家标准》的要求，结合本校及本院学科及师资力量的优势，力求在课程的体系、结构、序列上科学、合理，既重视基本理论、基础知识与基本技能的培养，又科学地处理好理论教学与实践教学的关系，强化实践教学，突出对学生创新能力、法律分析和实践能力的培养。

二、培养目标

坚持立德树人、德法兼修，注重学生全面发展，恪守“奉法守正，知行合一”的院训，以知识、能力、素质并重为原则培养“有关怀、识时务、讲方法”的卓越法治人才及后备力量。经过四年的系统培养，使学生具备以下素质和能力：(1)具备较高的政治素质和道德品格，具有高度的社会责任感和良好的协作精神，具备健康的心理和体魄。(2)具备良好的人文素养和科学素养，包括人文社会科学和自然科学的知识基础、较扎实的合规专业理论基础，形成合理的整体性知识结构。(3)掌握合规思维方法和研究方法，具备独立自主地获取和更新合规专业知识的学习能力，具备较强的合规服务能力与创新创业能力。

毕业后能够适应国家法治建设的需求，胜任企业、事业单位、非营利组织等合规实务和合规理论研究工作，毕业五年左右在相关领域能够有所建树，擅长运用合规及其他知识方法解决企业合规实际问题。

三、毕业要求

学生通过学习合规的基本理论知识和具体的合规知识框架，掌握合规学基本理论，并能较灵活地运用所学理论指导实践工作，具有分析问题、解决问题和组织领导合规实践活动的实际工作能力和创新能力。毕业生应符合以下几方面要求：

1. 具有正确的世界观、人生观和价值观，爱国、诚信、守法；具有强烈的法律职业认同感，具有服务于建设社会的责任感和使命感。

2. 具备人文社会科学知识功底，系统地掌握合规学的基本理论知识和合规主要领域的基本规定。

3. 掌握企业合规理论研究的基本方法，掌握各项合规技能，具有合规官的思维方式。

4. 具有一定的合规研究、论证、论辩和实践合规方法的能力，掌握一门以上外语，能够熟练运用并达到学校要求的等级水平。

5. 达到国家规定的大学生体育锻炼和军事训练合格标准。

四、毕业要求与培养目标关系矩阵

培养目标 毕业要求	目标 1	目标 2	目标 3
毕业要求 1	√		
毕业要求 2		√	
毕业要求 3			√
毕业要求 4			√
毕业要求 5	√		

五、课程结构及学分修读

1. 总学分:152 分。

2. 公共必修课程:学分 34,占 22.37%。

3. 通识教育课程:学分 12,占 7.90%。

4. 学科基础课程:学分 32,占 21.05%。

5. 专业教育课程:学分 74,占 48.68%。

学科基础课程和专业教育课程中,实践 40 学分,占 26.32%。(具体包括实践课程 32 学分/1152 学时;实习 8 学分/288 学时)

6. 课程修读的要求:

(1)完成培养计划表规定的学分课程要求,方能毕业。

(2)建议学生在一、二年级选课每学期最多不超过 32 学分,最低不低于 21 学分;三、四年级每学期最高不超过 25 学分,最低不低于 18 学分(第八学期例外)。

(3)学制:四年,达到学士学位授予条件者,可以获得法学学士学位。

六、专业核心课程

法学导论、法理学、宪法学、中国法制史、刑法、民法、刑事诉讼法、民事诉讼法、行政法、行政诉讼法、国际法、法律职业伦理、经济法、知识产权法、商法、环境法、劳动和社会保障法。其中,刑法(总论)、民法典(总则)为荣誉课程。

七、培养方案表

类别		课程编号	课程名称	学分	各学期周课时								暑期短学期			总学时		
					1	2	3	4	5	6	7	8	1	2	3	讲课	实践实验	合计
公共必修课		英语类		10														
		计算机类		5														
		思政类		13														
		体育类		4														
		军事理论		2														
		学分要求		34														
通识教育课程	经典阅读课程	伟大的智慧		2														
		学分要求		2														
	核心课程	理性、科学与发展																
		实践、技术与创新																
		思辨、推理与判断																
		文化、审美与诠释																
		传统、社会与价值																

续表

类别		课程编号	课程名称	学分	各学期周课时								暑期短学期			总学时		
					1	2	3	4	5	6	7	8	1	2	3	讲课	实践实验	合计
通识教育课程	核心课程	伦理、教育与沟通																
		学分要求		2														
	分布式课程	科学技术系列																
		社会人文系列																
		文艺体育系列																
		教育心理系列																
		学分要求																
	学分要求			12														
学科基础课程	大类平台课	管理学导论（Introduction to Management Sciencey）		1	1											18		18
		政治学概论（Introduction to Political Science）		3	3											54		54
		社会学概论（Introduction to Sociology）		3	3											54		54
		经济学导论（Introduction to Economics）		1		1										18		18

续表

类别		课程编号	课程名称	学分	各学期周课时								暑期短学期			总学时		
					1	2	3	4	5	6	7	8	1	2	3	讲课	实践实验	合计
学科基础课程	大类平台课	传播学概论（Introduction to Communication）		2		2										36		36
		学分要求		10														
	学科基础课	合规学导论Ⅰ（Introduction to ComplianceⅠ）		3	3											54		54
		合规学导论Ⅱ（Introduction to ComplianceⅡ）		3		3										54		54
		合规管理体系（Compliance management system）		3		3										54		54
		合规制度、文化与沟通（Compliance system, culture and communication）		3			3									54		54
		合规与公司治理（Compliance and corporate governance）		3			3									54		54
		合规内部培训：行动与体系（Compliance internal training: action and system）		4			4									72		72

续表

类别		课程编号	课程名称	学分	各学期周课时								暑期短学期			总学时		
					1	2	3	4	5	6	7	8	1	2	3	讲课	实践实验	合计
学科基础课程	学科基础课	行政法（Administrative Law）		3				3								54		54
		学分要求		22														
	学分要求			32														
专业教育课程	专业必修课	刑法（Criminal Law）		2		2										36		36
		企业合规的刑事化（Criminalization of enterprise compliance）		2				2								36		36
		合规风险点与识别（Compliance risk points and identification）		3				3								54		54
		第三方合规（Third party compliance）		3				3								54		54
		内部调查技能（Internal investigation skills）		2				2								36		36
		合规官个人要求（Personal requirements for compliance officer）		4				4								72		72

续表

类别		课程编号	课程名称	学分	各学期周课时								暑期短学期			总学时		
					1	2	3	4	5	6	7	8	1	2	3	讲课	实践实验	合计
专业教育课程	专业必修课		公营部门的合规管理（Compliance management in the public sector）	3				3								54		54
			非营利法人的合规管理（Compliance management of non-profit legal person）	3					3							54		54
			合规文书写作（Compliance document writing）	2					2							36		36
			国际企业惯例中的诚信与合规（Integrity and compliance in international business practices）	2					2							36		36
			集团合规（Group compliance）	2					2							36		36
			跨国合规（Cross border compliance）	2					2							36		36
			学年论文（Term Paper）	2					4								72	72
			合规联合行动（Collective action for compliance）	2						2						36		36

续表

类别		课程编号	课程名称	学分	各学期周课时								暑期短学期			总学时		
					1	2	3	4	5	6	7	8	1	2	3	讲课	实践实验	合计
专业教育课程	专业必修课		合规最新国际趋势（Latest international trends in compliance）	2						2						36		36
			合规职业伦理（Compliance Professional Ethics）	2							3					18	36	54
			专业实习（Internship）	8											16		288	288
			毕业论文（Dissertation）	6								12					216	216
			学分要求	52														
	专业选修课		证券合规（Securities compliance）	2		2										36		36
			银行合规（Bank compliance）	2			2									36		36
			数据合规（Data compliance）	2			2									36		36
			反垄断合规（Antitrust compliance）	2			2									36		36

续表

类别		课程编号	课程名称	学分	各学期周课时								暑期短学期			总学时		
					1	2	3	4	5	6	7	8	1	2	3	讲课	实践实验	合计
专业教育课程	专业选修课	竞争合规（Competition compliance）		2				2								36		36
		刑事合规体系搭建（Construction of criminal compliance system）		2				2								36		36
		刑事合规激励计划（Criminal compliance incentive scheme）		2				4									72	72
		医疗器械合规（Medical device compliance）		2					2							36		36
		药品行业合规（Pharmaceutical industry compliance）		2					2							36		36
		反腐败合规（Anti-corruption compliance）		2					2							36		36
		反洗钱合规（Anti-money laundering compliance）		3					3							54		54

续表

类别		课程编号	课程名称	学分	各学期周课时								暑期短学期			总学时		
					1	2	3	4	5	6	7	8	1	2	3	讲课	实践实验	合计
专业教育课程	专业选修课		出口管制与禁运合规（Export control and embargo compliance）	2					2							36		36
			劳动人事合规（Labor law compliance）	2					2							36		36
			企业危机中的合规（Compliance in Enterprise Crisis）	2					2							36		36
			合规律师的业务能力（Professional competence of compliance lawyers）	2					2							36		36
			企业上市合规（Listing compliance）	2					2							36		36
			保险合规（Insurance compliance）	2					4								72	72
			境外投资合规（Overseas investment compliance）	2					2							36		36

续表

类别		课程编号	课程名称	学分	各学期周课时								暑期短学期			总学时		
					1	2	3	4	5	6	7	8	1	2	3	讲课	实践实验	合计
专业教育课程	专业选修课	国企合规（State owned enterprise compliance）		2					2							36		36
		采购全流程合规（Compliance of the whole procurement process）		2					2							36		36
		PPP 合规运作（PPP compliance operation）		2					4								72	72
		学分要求		22														
	学分要求			74														

注:公共必修课思政类免修《思想道德修养与法律基础》。

八、课程设置与毕业要求的关系矩阵

根据各门课程的教学目标与学生能力达成的相关度，填写如下关系矩阵。用符号表示相关度：H－高度相关；M－中等相关；L－弱相关。

法学专业毕业要求与课程的对应关系矩阵

课程 \ 毕业要求	毕业要求1	毕业要求2	毕业要求3	毕业要求4	毕业要求5
英语类		M		H	
计算机类		M		M	
思政类	H	M	M	M	
体育类					H
军事理论	H				H
通识教育课程	H	H		M	
管理学导论	M	H		M	
政治学概论	M	H		L	
社会学概论	M	H		L	
经济学导论	M	H		L	
传播学概论	M	H		M	
合规学导论Ⅰ	M	H	H	M	
合规学导论Ⅱ	M	H	H	M	
合规管理体系	M	H	M	M	
合规制度、文化与沟通	M	H	H	M	
合规与公司治理	M	H	M	M	
合规内部培训：行动与体系	M	H	M	M	
行政法	M	H	M	M	
刑法	M	H	M	M	

续表

课程＼毕业要求	毕业要求 1	毕业要求 2	毕业要求 3	毕业要求 4	毕业要求 5
企业合规的刑事化	M	H	M	M	
合规风险点与识别	M	H	M	M	
第三方合规	M	H	M	M	
内部调查技能	M	H	M	M	
合规官个人要求	M	H	M	M	
公营部门的合规管理	M	H	M	M	
非营利法人的合规管理	M	H	M	M	
合规文书写作	M	H	M	M	
国际企业惯例中的诚信与合规	M	H	M	M	
集团合规	M	H	M	M	
跨国合规	M	H	M	M	
学年论文	M	M	H	H	
合规联合行动	M	H	M	M	
合规最新国际趋势	M	H	M	M	
法律职业伦理	H	M	H	H	
专业实习	M	M	H	H	
毕业论文	M	M	H	H	
合规职业伦理	M	M	H	H	
证券合规	M	M	H	H	
银行合规	M	H	M	M	
数据合规	M	H	M	M	
反垄断合规	M	H	M	M	
竞争合规	M	H	M	H	
刑事合规体系搭建	H	M	H	H	

续表

课程 \ 毕业要求	毕业要求 1	毕业要求 2	毕业要求 3	毕业要求 4	毕业要求 5
刑事合规激励计划	M	H	M	H	
医疗器械合规	M	H	M	M	
药品行业合规	M	H	M	M	
反腐败合规	M	H	M	M	
反洗钱合规	M	H	M	M	
出口管制与禁运合规	M	H	M	M	
劳动人事合规	M	H	M	M	
企业危机中的合规	M	H	M	M	
合规律师的业务能力	M	H	M	M	
企业上市合规	H	M	H	H	
保险合规	M	H	M	H	
境外投资合规	M	M	H	H	
国企合规	M	M	H	H	
采购全流程合规	H	M	H	H	
PPP 合规运作	H	M	H	H	

第六章　合规律师的能力建设*

在一些专门为律师定制的合规培训中，经常有学员提出这样的疑问："我对合规有一些基本了解，感觉跟我现在做的常规律师业务有很大不同，要做好合规业务，我需要具备哪些能力呢？"故本章就合规律师的能力建设分享一些笔者浅薄的认识。

这里借用法律工作者熟悉的三段论模型，即法律规定、案件事实和结论的三段论逻辑。

首先是法律规定。合规参照的渊源包括法律规定、自愿性标准、行业规范、合同义务、企业内部制度和道德规范等。在 ISO 19600《合规管理体系指南》国际标准中，这些被统称为合规义务或者利益相关方的期望。很显然，没有一家企业能做到在所有时候满足所有利益相关方的所有期望，因此就涉及管理的问题。过去强调企业要守法经营。什么是守法经营呢？只要没有违法经营就是守法经营，或者说如果不能证明企业违法经营，企业就是守法经营。现在企业发现只有守法经营还不够，很多时候企业认为自己没有法律的明确规定，或者企业违反的是 A 项法律规定，但监管机构、客户、媒体和公众关注的是 B 项问题。这时候企业请律师从法律规定的角度进行分析，或者发表公开声明，很多时候是鸡同鸭讲。

退一步来说，从合规角度解读法律规定也有不同的视角。律师在解读法律规定的时候，往往把自己放在监管机构或者法官的角度来解读。但是，监管机构管理企业与企业家管理企业的出发点是不同的。监管机构希望企业整齐划一，这样管理起来才能有效率，用少量的执法人员可以管理大量的企业。企业

---

* 本文是笔者于 2019 年 3 月 24 日在上海盈科刑事辩护高峰论坛"金融刑事与金融合规"上的讲话，保留了相对口语化的风格，并做了一些完善。

家管理企业追求的是差异化,是产品、市场、经营模式各方面的差异化,没有一家企业的经营目标是复制另外一家企业。企业家聘请律师提供合规服务,需要感受到合规服务对经营活动的价值。在初期阶段,这种价值可能只是为了应付上级单位检查、监管机构要求,或者摆个样子,随着管理的深入,这种价值会越来越多地体现为企业提升合规管理能力的提升。

其次是案件事实。律师服务中遇到的案件事实大量是既成事实,至少是给定事实,而且事实之间经常是线性关系。但企业管理的实际情况是非线性的,多线程发展的,未来存在诸多不确定因素。律师在为公司提供服务的时候,习惯性地把公司看成内部协调一致的整体,现实情况并非如此。投资人、董事、高管、中层经理、普通员工都有各自的期望、价值观、利益诉求、人设和行为模式,这是企业很难做到合规的原因。

在常规业务中,律师的角色是从法律角度提供专业知识和意见,工作内容包括知识搬运、信息梳理、文件准备和交付、外部关系协调和发生争议时“救火”等,工作边界相对清晰。企业内部法律顾问经常听到的一句话是“这不是法律问题”。然而合规与企业管理是密切联系在一起的,很少有人把案件事实整理好后清晰地呈现给合规官,即使别人提供的事实也需要重新确认,交叉验证,深度挖掘,甚至透过表面的信息寻找隐藏的真相,在对未来的走向进行判断是更是需要综合各方面的信息。在这个过程中,需要了解企业运行中的业务原理、权力结构和政治规则、显性的企业文化和隐性的动力机制。

最后是结论。可以把管理建议视为结论。律师在常规业务中给出的结论通常带有很多前提条件,然后提供不同的可能性供客户选择,但如何作出选择是客户自己的考量,而且律师还会用免责条款保证不论客户如何选择都不会向律师追责。在合规业务中,客户评价服务质量的一个重要标准是可行性。比如,有一家大型国有企业立项建立合规管理体系,很多著名律师事务所和咨询机构都参与竞标,在招标文件中有一个条款明确提到,客户有权出于任何理由随时解除合同。

在深圳的一场合规研讨会上,有一家大型国有企业的合规官在分享经验时,把一个国内著名律师事务所为他们做的合规管理方案投在大屏幕上,然后说,“不知道某某律师自己是否看得懂,反正我们公司没人看得懂这个方案”。

当时,这位律师就坐在台下。据说他们中标的报价是300余万元,后来项目半途而废。未来我们会看到越来越多的客户在合规项目中保留解约权,因为企业期望咨询机构提供的合规服务具有可行性,而可行性受到很多因素的制约,很难客观评价,但是客户有能力判断咨询机构是否真的懂业务,因此要保留解约权这个“撒手锏”。

企业的合规管理涉及六对平衡——刚性与弹性、容错与纠错、预防与补救、控制与信任、博弈与外部性、稳定与创新。比如,2018年有一家企业高调反腐,请警察到办公楼来公开抓捕涉嫌受贿的员工,秉承了手段越强硬,效益越显著的线性思维模式。但是,手段与效益之间存在一个拐点,超出一定限度之后,强硬手段在商业组织中的负面效果可能超过正面效果。更不要说不久之后公司掌门人的丑闻使个人和企业形象受损。

笔者在前面的分析中使用了合规业务和常规业务两个概念,这只是出于讨论的需要,很显然这些业务是交织在一起的,没有办法截然分开。前文从合规的角度提出的一些思考方法,其实可以适用于律师的各种现有业务,运用这些方法可以提高律师业务的深度和广度,赢得客户的尊重和信任。比如,一位律师接受企业委托处理员工窃取商业秘密的案件,在办案过程中可能发现企业在商业秘密管理中的不足,如果借用合规管理的思路帮客户扎紧篱笆,建立一套商业秘密合规管理的机制,显然能够把与客户之间的合作提升到新的层面。

律师一般能熟练运用法律规定、案件事实和结论的三段论模型,这是律师的优势。在合规管理领域,目前比较被认可的是基于PDCA的管理模型。如果律师能把这两种模型结合使用,会对自己的知识和能力有全面的提升。在这个过程中,律师需要保持“空杯”心态,增强管理学、行为学、伦理学等领域的知识和能力,这些领域都有经典的理论体系,但是所有的经典都在被不断审视和重新认识,所以更重要的是通过实践和相互交流来学习。

第三编

合规学高等教育项目比较

第七章　美国企业合规专业学位教育内容及形式

——以美国第一所设立企业合规专业学位的高校为例

20 世纪美国的经济发展促进了现代管理文化和组织结构的发展,无论是最早正式提出的合规理论,[1]还是沸沸扬扬的现代企业合规管理实践都发源于美国。美国高校也率先在校内设立企业合规专业学位教育,培训合规专才、培养合规人才。

美国福特姆大学(Fordham University)是美国第一所设立企业合规专业学位的大学。企业合规专业教育在福特姆大学以不同形式进行,既有法学学位企业合规专业方向的项目,也有非法学学位合规专业方向项目,二者都设立在福特姆大学法学院。另外,福特姆大学盖贝利商学院(The Gabelli School of Business)还设有企业合规研究所,进行企业合规研究,提供中短期合规交流与培训。企业合规专业课程在不同项目条件要求下对在校所有学生开放,有在校面授和在线远程教学两种方式,在线课程与校园面授具有同等学位修学要求,二者都可授予学位证书。美国福特姆大学还为在职学习企业合规管理专业的学生开设了在职夜校课程。

一、法学学位企业合规专业方向项目(LLM)[2]

福特姆大学法学院的企业合规法律硕士课程是美国首个此类课程。课程内容包括企业法务人员的角色和定位、企业合规部门的职能、合规管理的要素、合规风险评估、美国反海外腐败法、全球行为准则、危机管理、延迟起诉和不起

---

〔1〕 合规理论最早由美国社会经济学家阿米特·埃奇奥尼(Amitai Etzioni)于 1961 年提出。

〔2〕 See https://www. fordham. edu/info/22606/corporate_compliance.

诉协议,以及企业社会责任等。学生将学习基本的监管框架,特别是在银行和金融监管行业,如何有效地应对新的、复杂的监管要求,并在学习合规知识的同时接受作为一名合规专业人士所必需的技能培训。

学分(credit hours)——每个学生必须完成至少 24 学分的课程,最多被允许选修 30 学分。全日制学生每学期修 10 ~ 15 学分(推荐修 11 ~ 13 学分);非全日制学生每学期修 2 ~ 9 学分,必须在开学后 24 个月内完成课程。夏季学期最多可修 4 学分。

特定必修课(program-specific required courses)——24 学分的最低要求必须包括公司法课程(该课程可以满足但不计入“企业合规”专业必修课要求,但计入“法学学位”课程的必修课,也就是说,如果学生拟获得法学学位企业合规专业方向证书的话就必须选择该课)以及为法学学位企业合规专业方向项目(LLM)专门设置的其他 12 个课程学分。这 12 个课程学分中又必须包含以下核心课程:

- 全球公司合规(Global Corporate Compliance)(3 学分)(该课程必须在开学第一个学期学习)
- 合规风险评估(Compliance Risk Assessment)(2 学分或 3 学分)

项目同时强烈建议学生选修国际金融犯罪(International Financial Crime)或反洗钱(Anti-Money Laundering)课程。

剩余的 12 学分课程可以从法学学位企业合规专业项目批准的专业分配课程中进行自由选择(课程表中指定为“企业合规”的课程)。

其他必修课(additional required courses)——所有法学学位企业合规专业项目学生还必须学习如下课程:[1]

- 定量分析方法(Quantitative Methods)(必须在开学第一个学期学习)
- 所有没有美国法学院法学博士学位的法学硕士学生还需要学习以下课程:
- 法律文书写作与研究(Legal Writing and Research)(必须在开学第一个

〔1〕 在选择福特汉姆大学企业合规专业必修课程时,在之前的学习中完成了类似课程的学生,或有与此课程有关的工作或其他重要经验,并对该主题有足够的了解的学生,可以通过提交证明及注册申请的方式免修相应课程。但逾期注册或因注册限制而不能注册者,必须在第二学期修读本课程。

学期学习)

- 美国法律体系和程序简介(Introduction to the U. S. Legal System and Process)(必须在开学第一个学期学习)
- 美国法律职业简介
- 律师执业技能(Fundamental Lawyering Skills)
- 实践体验课(2 学分)
- 在如下课程中选择必修 6 学分(不同学期课程可能不同)

行政法(Administrative Law)

民事诉讼程序(Civil Procedure)

商业金融(Commercial Finance)

担保交易(Secured Transactions)

商法(Commercial Law)

商业交易(Commercial Transactions)

法律冲突(Conflict of Laws)

美国宪法(Constitutional Law)

美国宪法规定的侵权行为(Constitutional Torts)

合同法(Contract Law)

合同法简介(Introduction to U. S. Contract Law)

公司法(Corporations)

刑法(Criminal Law)

刑事诉讼程序:判决(Criminal Procedure: Adjudication)

刑事诉讼程序:调查(Criminal Procedure: Investigative)

刑事诉讼程序:起诉、辩护和判决(Criminal Procedure: Prosecution, Defense, and Adjudication)

证据(Evidence)

家事法(Family Law)

美国第一修正案(The First Amendment)

国际律师的诉讼管理(Litigation Management for the International Lawyer)

纽约惯例(New York Practice)

合伙及有限责任公司法(Partnership and LLC Law)

美国法律观察(Perspectives in U. S. Law)

所有权(Property)

救济措施(Remedies)

担保交易(Secured Transactions)

侵权法(Torts)

选修课(Elective Courses)——在特定必修课、其他必修课选择完毕之后的其他学分,可以从面向企业合规专业学生的大量课程中以递交申请的方式进行注册选择。这些选修课程有专门的课程表,学生用专有账号登录后可以在线选择、提交注册申请,也可以用文档方式导出这些课程,并可在线查看、下载各课程授课老师背景、授课老师拟授课教学大纲、授课方式、时间,学生在了解这些基础上结合自己的兴趣和日程安排进行选课。笔者在福特姆大学法学院进修企业合规专业(LLM)的时候有200多门不同主题的选修课供学生选择。[1] 关于这些选修课特点笔者总结如下:

- 分为对合规管理知识的学习和合规管理技能的培训
- 在知识和技能方面,又分为在企业内部担任合规官和在企业外部从事合规咨询的两类人员需具备的不同的知识和技能
- 各行各业的行业合规管理(知识和技能)
- 合规管理体系运行机制(知识与技能)
- 合规前沿课题研究(如2017年开设的区块链课程)

二、非法学学位企业合规专业方向项目(MSL)[2]

非法学学位企业合规专业方向项目是为非法学学位但从事或有志于从事企业合规管理的学生而设计。该课程学生需学习了解政府监管基本框架、企业

---

〔1〕 英国伦敦大学企业合规选修课多达490门。See https://london. ac. uk/courses/corporate-governance-and-compliance.

〔2〕 See https://www. fordham. edu/info/23823/corporate_compliance.

合规部门所扮演的角色，并学习如何设计和实施企业合规管理体系[1]、如何建立公司合规部、如何建立和实施合规培训、如何设计适当的激励框架、如何实施强有力的合规调查、如何建立合规审计、监控和报告系统。基础课程如下：

- 风险评估（Risk Assessment）
- 反洗钱（Antimoney Laundering Laws）
- 反腐败包括《美国反海外腐败法》（Anti-corruption laws, including the Foreign Corrupt Practices Act）
- 联邦证券法（federal Securities Laws）
- 危机管理（Crisis Management）
- 培育合规文化（Building a Culture of Compliance）
- 法律法规的了解（Understanding Statutes and Regulations）
- 环境、社会、政府对企业合规管理的影响（The Impact of the Corporate shift Emphasizing Environmental, Social, and Government, ESG）

必修课（Required Courses）——30 学分必修课必须从以下课程进行选择：

- 美国法律和法律机构（U. S. Law and Legal Institutions）（3 学分）*
- 全球企业合规（Global Corporate Compliance）（3 学分）*
- 合规风险评估（Compliance Risk Assessment）（2 或 3 学分）
- 针对非法学博士学位的法律法规（Legislation and Regulation for Non-JD Students）（3 学分）
- 国际金融犯罪（International Financial Crime）（2 学分）或反洗钱（Anti-Money Laundering）（2 学分）
- 合规研讨（Compliance Seminar）：建立有效的道德合规体系（Building Effective Ethics and Compliance Programs）（2 学分）
- 课终研讨（Compliance Capstone）：建立有效的道德合规体系（Building Effective Ethics and Compliance Programs）（1 学分）

---

[1] 在合规管理实践中，英文"Compliance Programs""Compliance Plan"等是合规管理体系建设的一部分，是合规管理不同的工作形式，在一定语境下有时指"合规管理制度"，有时指"合规管理的一个具体项目"，有时指"合规管理整体体系"。我们应根据具体语境理解其真实意思，避免直接字译导致断章取义。

选修课(Elective Course)——学生可以在为本专业设置的大量合规课程中进行选择。包括信息安全合规、网络安全合规、人事合规、风险管理、反洗钱和区块链等课程。对合规管理专项领域有兴趣深入学习的学生,经申请并经项目主管批准可以进入不同专业领域课程班进行学习。

三、在线企业合规专业教育项目(Online LLM in Corporate Compliance)[1]

福特姆大学的法学学位企业合规项目有校内和在线两种方式进行。在线课程包括“异步课程”(asychronous)和“同步课程”(synchronous)。异步课程环节要求学生每周在自己可支配时间内自由安排学习相关视频、讲座。然后参加每周指定时间的同步课程,与教授及不同国家的学生在虚拟教室同步讨论本周学习材料。

学分要求(Credit Hours):

每个学生必须完成至少 24 学分课程。学生每学期可修 2 ~ 15 学分,可在 2 ~ 7 个学期内完成所有课程。所有学生按所修学分支付学习费用。

必修课(Required Courses):

- 美国法律和法律机构简介(Introduction to US Law and Legal Institutions)(3 学分)
- 法律文书写作和研究(Legal Writing and Research)(2 学分)
- 企业合规简介(Introduction to Corporate Compliance)(4 学分)
- 公司法(Corporations)(4 学分)
- 合规风险评估(Compliance Risk Assessment)(3 学分)
- 建立有效的道德合规体系(Building Effective Ethics and Compliance Programs)(3 学分)

选修课(Elective Courses):

- 反洗钱(Anti-Money Laundering)(4 学分)

[1] See https://www.fordham.edu/info/30232/online_llm_in_corporate_compliance.

- 国际金融犯罪(International Financial Crime)(2 学分)
- 危机管理(Crisis Management)(3 学分)
- 投资管理规定(Investment Management Regulation)(3 学分)
- 隐私与网络安全(Privacy & Cybersecurity)(3 学分)
- 医疗合规(Healthcare Compliance)(3 学分)
- 内部调查(Internal Investigations)(1 学分)
- 人事雇佣法(Employment Law)(1 学分)
- 人权合规(Human Rights Compliance)(1 学分)
- 设计和实施反商业贿赂合规管理项目(Anti-Bribery & Corruption Compliance Programs-Design and Implementation)(1 学分)
- 反垄断合规(Antitrust Compliance)(1 学分)
- 新兴的合规管理工具(Emerging Technology Tools for Compliance Programs)(1 学分)

在线课程项目与其他项目一样,具备相应工作经验或有其他相关重要经验的同学可以提交证明及申请免修相应必修课。在线法学学位合规专业项目授予法学硕士学位但不授予律师资格,有意向获得美国各州律师资格的学生必须在校完成法律硕士学位。

在线项目学习学生由于不能像在校学生一样有机会更深入地了解课程及任课教授,所以在线课程项目为在线学习人员提供了核心课程内容介绍。

四、盖贝利商学院企业合规暑期学研项目[1]

福特姆大学盖贝利商学院夏季合规学院(Summer Compliance Institute)专注于合规文化、操守、行为和衡量标准研究,提供为期一周的强化培训,内容包括金融服务公司有效合规职能的基础知识、合规官员的角色演变和综合技能,以及合规、风险、治理和其他防线之间的相互关系。强调培育有效的合规文化,

[1] See https://www.fordham.edu/info/24569/finance_and_accounting_programs/5168/corporate_compliance_institute.

以及如何评估、衡量、报告并管理组织内不同层级的所有行为。

该项目的特色是高度互动性,包括讲座、角色扮演、情景模拟、密集的案例研究等多种方式。参与人员有资深行业专家、学者、纽约联邦储备银行及美国金融业监管局和司法部的监管人员等。圆满完成该项目课程的学员可以获得由福特姆大学盖贝利商学院颁发的结业证书。

项目交流研讨话题包括:

- 合规文化:是什么?为何如此重要?(Compliance Culture: What is it and Why is it so important?)
- 行为风险和监管预期(Conduct Risk and Regulatory Expectations)
- 行为、认知和决策科学与合规和行为操守风险的关系(Behavioral, Cognitive, and Decision Sciences in relation to Compliance and Conduct Risk)
- 你能衡量吗?衡量标准在评估合规文化中的作用(Can you measure that? The role of metrics in assessing Compliance Culture)
- 不断变化的监管环境(The Evolving Regulatory Environment)
- 大数据、指标和人工智能在合规管理中的应用(Big Data, Metrics and Artificial Intelligence applied to Compliance)
- 风险管理(Risk Assessments)
- 合规官基本技能(Essential Skills for Compliance Officers)
- 有效开发、实施和管理端到端合规计划(Effective Development, Implementation and Management of end-to-end Compliance Programs)
- 有效的合规培训和培训需求分析的最佳实践(Best practices for effective Compliance Training and Training Needs Analyses)
- 测试、监测和监控系统的设计(Designing Testing, Monitoring and Surveillance)
- 合规、风险、治理的“三位一体”(Alignment of Compliance, Risk and Governance)

第八章　美国纽约大学外国腐败犯罪的规制课程系列

一、课程概述[1]

纽约大学法学院拥有100多名教师，开设300多门课程，拥有30多个研究中心和80多个学生团体，其所开设课程涉及的16个研究领域为学生提供了广泛的学术专业选择，包括城市与土地利用、宪法，公民权利和民主、公司和商业、刑事司法、环境、家庭，性别和性取向、全球和国际、人权、移民、知识产权与创新、劳动力与就业、法律和安全、法律理论，历史和社会科学、诉讼和程序、规制及公共政策和税收。严谨的学术项目创造了一个紧密联系、充满活力的社区，丰富了学生与教员直接进行前沿研究的机会。长期以来，纽约大学法学院一直在引导变革，重新定义法律教育，并确保毕业生为适应当今世界做好了实践准备。

外国腐败犯罪的规制这门课程研究与外国腐败行为法律后果相关的复杂法律体系，所涵盖的课程材料包括《反海外腐败法》中的禁止行为和披露要求、美国法律和金融行动特别工作组(Financial Action Task Force)制定的反洗钱规则以及相关合同法和国际投资法的规范建议，重点关注美国法律、外国法律、国际协议和国际金融机构制定的准则之间的相互作用。

二、课程材料

本课程的材料包括关键的法律文书以及各种司法判决、诉讼材料、媒体报

---

〔1〕 See https://its. law. nyu. edu/courses/description. cfm? id = 26725.

道和学术评论。推荐的补充阅读是戴维斯的《有罪不罚与帝国主义之间:跨国贿赂的规制》(*Between Impunity and Imperialism*: *The Regulation of Transnational Bribery*)。

三、课程主题

这门入门课程将涵盖三个方面的主题:

1. 腐败问题,特别是跨国贿赂问题,包括关于贿赂问题的性质/程度、对经济发展的影响、政治合法性和稳定性、外交政策和国家安全的辩论。

2. 1977年美国《反海外腐败法》(FCPA)颁布之前的历史,包括美国证券交易委员会(SEC)在20世纪70年代发起的"敏感支付"披露计划、联合品牌诉讼中阐述的"诚实守信服务"欺诈理论,以及随后的变化和发展。另外还包括《反海外腐败法》执法力度的激增,以及可供选择的法规和理论。

3. 概述《反海外腐败法》的结构及其主要特点,以及《反海外腐败法》下的管辖权和美国法律下公司责任的基本原则。

第九章　德国雷根斯堡大学“合规法律硕士”项目

雷根斯堡大学位于德国巴伐利亚州的雷根斯堡市。该校成立于 1962 年，是一所公立大学。该校的“法律合规硕士”项目始于 2018 年的冬季学期。学生在两个学期中，需要完成所选的模块和硕士论文后，从而取得“法律合规硕士学位”(L. L. M. Compliance)。[1] 该项目的特点是理论与实践的紧密结合，不仅讲授合规的基础理论，还教授合规职业的基本技能。作为一种职业教学的高等教育项目，目的是让学生掌握合规管理的专业知识。

一、录取条件

该项目的录取条件是学生至少完成国家司法考试及一年的工作经历。授课的形式包括大课、案例研习、专题研讨课及研讨会。课程包括必修课和选修课。每个学生至少完成 60 学分，才能获得合规法律硕士的学位。其中必修课占 29 学分，选修课占 15 学分，硕士毕业论文占 16 学分。

二、必修课

必修课共有五个模块。[2]

模块一：合规基础(6 学分)。项目主要是以案例的形式讲授合规的基本概

---

[1] See Universität Regensburg, Berufsbegleitender Weiterbildungsstudiengang “Master of Laws Compliance(L. L. M. Compliance)”, see https://www.uni-regensburg.de/rechtswissenschaft/buergerliches-recht/arbeitsrecht/masterstudiengang/index.html.

[2] See Universität Regensburg, Module im Einzelnen, see https://compliance-ur.de/modulbeschreibung-masterstudiengang-llm-compliance-universitaet-regensburg/.

念、合规的法律依据及合规的总体框架。模块一的具体内容包括“合规引论、公司治理及合规”“民法及公司法视角下的法律责任”“刑事法视角下的法律责任”“企业社会责任、合规管理体系的认证及质量保障”及“合规的国际视角”。

模块二:合规组织与风险管理(6 学分)。该模块讲授的内容包括合规管理体系搭建和运转及企业合规师。具体内容包括“合规组织”“合规组织案例研习”“风险管理”及“风险管理案例研习”。

模块三:合规文化(6 学分)。该模块包括合规心理学和合规行为经济学的跨学科的学习,讲授经济心理学视角下合规的决定要素;行为经济学对合规文化的认识。具体内容包括“合规心理学”“合规心理学案例研习”“合规行为经济学”及“合规行为经济学案例研习”。

模块四:合规沟通(5 学分)。该课程的内容包括合规管理体系中沟通战略的人物、目标、措施及内容;企业内部的具体制度。具体内容包括“沟通Ⅰ:由上到下机制,道德规范”“沟通Ⅱ:由下到上机制,举报制度”及“沟通Ⅲ:组织中的学习及行为变化”。

模块五:监督与执行(6 学分)。该模块的主题包括“员工控制”“内部调查”“内部调查案例研习”“民法及劳动法的惩罚”“政府调查”及“政府调查案例研习”。

三、选 修 课

选修课由六个模块组成,学生选择其中的三个模块即可完成选修课最低的 15 学分的学时。选修课的目的是加深学生对合规专业领域的认识,包括具体的合规风险和行业合规的讲授。这两个模块分别为:

模块六:反垄断合规(5 学分)。学生在该模块中学习欧盟和德国的卡尔特法(反垄断法)。具体的主题包括“企业运营及销售中的反垄断合规风险”“企业运营及销售中反垄断合规风险案例研习”“特别的市场地位、反垄断处罚及程序”及“惩罚与程序案例研习”。

模块七:反腐败合规(5 学分)。该模式中的主题包括“德国法下腐败侵权及腐败预防”“德国法下腐败侵权及腐败预防案例研习”“国际商事交易中的腐败及反腐败”及“案例研究”。

模块八：证券合规(5 学分)。该模块中的主题包括“上市公司的证券法义务及法律后果”“上市公司的证券法义务及法律后果案例研习”“上市公司的公司法义务及证券合规策略”及“上市公司的公司法义务及证券合规策略案例研习”。

模块九：医疗和制药合规(5 学分)。该模块涉及医疗和制药行业的腐败侵权及安全保障义务。主题包括“医疗和制药行业的腐败侵权和腐败预防”及其“案例研习”与“医疗和制药行业的安全保障”及“案例研习”。

模块十：劳动人事合规(5 学分)。该模块的主题包括“劳动人事合规及承包商合规”“劳动人事合规及承包商合规案例研习”“个人信息保护及员工信息保护”及“个人信息保护案例分析”。

模块十一：税法合规(5 学分)。该模块的内容包括“税法合规及税法合规风险”“税法合规及税法刑事合规”“税务违法的风险管理及纠正”及“案例分析”。

四、硕士论文

硕士论文是第十二个模块。项目通过硕士论文测试学生以学术的方式解决合规问题的能力。学生在取得 30 学分后，就可以申请撰写硕士论文，写作时间不超过两个月。硕士论文应当采用德语书写，但经过导师的同意，也可以采用其他的语言完成。

五、结　　语

德国雷根斯堡大学“合规法律硕士”项目是德国为数不多的法律硕士项目，其目的是培养合规专业人才，使学生能够不仅掌握合规专业知识，而且围绕合规案例研习使学生能够解决合规实践中的问题。该项目是法学院及其劳动法教授主导的法学特色教育，在传统的德国完全法律人培养体制下，具有独特的优势，值得其他的法学教学单位借鉴和学习。

第十章　德国奥格斯堡大学合规课程

一、奥格斯堡大学[1]

奥格斯堡大学是一所相对较年轻的大学。它是由巴伐利亚自由州于 1970 年以“改革大学”之名成立的,位处奥格斯堡。该大学成功地利用了相关的机会来动态发展并适应当前和未来的挑战。

奥格斯堡大学最初专注于法律、经济学、社会科学和人文科学,并不断增加和发展有前途的自然科学和技术科学领域。目前奥格斯堡大学共有 8 个学院,为 2 万多名学生提供人文和社会科学、法律和经济学、自然科学、技术和计算机科学领域近 90 个学士,以及硕士和国家考试研究等课程。

奥格斯堡大学认为,有效的合规体系对于企业,存在至关重要的作用。通过有效的合规性概念,可以有效避免企业因为违反规则导致公众声誉受损以及受到处罚。所以,大学主张通过开展系统的合规培训计划,展示如何在企业中建立合规文化,以及如何建立有效的合规管理系统。大学组织了以托马斯·贝恩特(Thomas Berndt)教授为主导的 17 人讲师团队,推出了两个合规课程,即合规官(大学)证书课程和合规研讨会系列。

二、合规官(大学)证书课程[2]

(一)概述

鉴于公司腐败丑闻、价格维持及其他违规行为等合规问题,在过去几年中

〔1〕 See https://www.uni-augsburg.de/en/.

〔2〕 See http://www.zww.uni-augsburg.de/fuer-fach-und-fuehrungskraeftesie-kommen-zu-uns/compliance/compliance-officer-univ/.

屡屡被公诸于众,造成了企业声誉受损。建立强大而有效的合规组织,并正确选择了合规组织的架构方向实现方式,不但有助于控制成本,还能给企业带来收益。

奥格斯堡大学主张,为建立有效且合理的合规组织,需要大量的合规人才,故有必要培训在合规领域工作的管理者与员工。由此,大学设计了德国第一个面向合规官的综合大学培训课程。

同时,奥格斯堡大学意识到,管理者与员工除必须掌握必要的法律知识外,还需要广泛的领导才能,以及解释和设计交易流程的能力。所以,为了确保学员具备前述能力,该证书课程由大学的法律和企业经营两个院系合作提供。

另外,该课程不仅教授合规的法律和商业方面的内容,还涉及合规官的个人要求和道德责任。参加本项培训的学员须缴纳一定培训费用。

(二)课程面向群体

课程面向群体包括:在合规领域工作并在当中面临实践问题的专业人士与管理者;各行业企业的管理者与员工;从事合规领域的律师。

基本要求:

- 已完成大学或高等教育;
- 至少一年的相关工作或几年的特定工作经验;
- 需要英语知识。

(三)课程目的

- 将了解法律与经营视角下的合规;
- 学习如何调整和实施有效的合规组织;
- 具备基本的法律专业知识和相关的领导技能;
- 了解预防,检测和应对措施的全部范围。

(四)课程安排

整体时间安排:10 天,让学员可以在其中获得企业合规官所需的基础知识和面向实践的知识。

模块	具体课程名称
模块1:合规基础	法律依据
	公司治理
	风险管理
	合规实操
	第三方管理
模块2:作为领导使命的合规	合规领域的道德责任
	合规官的个人要求
模块3:合规风险	竞争合规
	反垄断法
	调查准备
	腐败与欺诈
	洗钱
	出口管制和禁运
模块4:企业发展中的合规	组织发展
	行为准则
	劳动法实施
模块5:合规与信息安全	IT 合规
	资料保护
	信息安全
	IT 实施
	实践中的举报系统
模块6:合规的实务问题	集团合规
	企业危机中的合规
	合规与并购
	集体行动/商业伙伴筛选
	国际企业惯例中的诚信与合规
	实践案例研究

- 随附的实践课程包括晚餐演讲。

（五）合规官（大学）证书的颁发条件

在完成前述课程模块后，学员还必须完成以下两个条件，方能获得由奥格斯堡大学颁发的“合规官（大学）证书”。

- 案例研究：处理一个实际的合规案例并以小组形式进行介绍；
- 检查前述全部模块的笔试，时长为150分钟。

三、合规高级研修班——医疗行业[1]

奥格斯堡大学除提供“合规官（大学）证书课程”外，还举办合规高级研修班。该研修班旨在让学院了解如何通过日常业务中的合规行为将公司的风险降至最低，以及面向合规的管理给公司带来了哪些机会。现时，大学已经策划就医疗行业举办一次专题性的高级研修班。

（一）概述

奥格斯堡大学指出，医疗行业的合规问题必须被高度关注，尤其是受新颁布的反腐败法与诸多法律规定的限制，制药公司、诊所、医生和健康保险公司间的合作必须严格隔离于腐败。

因此，医疗行业高级研修班将向学院介绍当前的法律框架条件和法律变更，教授学员学习如何识别医疗保健系统中的典型合规风险，以及如何通过建立相应的合规系统来预防这些风险。

（二）面向群体

培训针对已经在合规领域工作，将在该领域工作或面临合规问题的医疗行业的专业人士和高级管理者。

四、课 程 安 排

医疗行业高级研修班将持续3天，并将全部课程分成3个模块。学员有3

〔1〕 See http://www. zww. uni-augsburg. de/fuer-fach-und-fuehrungskraeftesie-kommen-zu-uns/compliance/compliance-seminar/.

个选择:(1)选择参加3天的研修班日;(2)选择包括模块1~3的2天研修班;(3)选择包括以第3天为主的1天研修班。

	模块	具体课程名称
第一天研修班	模块1:初步情况和法律框架	引言
		刑法(特别是新的反腐败法、腐败犯罪)
		竞争法、医师职业法、社会法
	模块2:商业实践中的医疗保健合规管理——第一部分	目的
		提供者和客户之间的合作和合作形式
		风险分析
		建立内部合规结构
		价格确定
		经营组织
第二天研修班	模块2:商业实践中的医疗保健合规管理——第二部分	合规策划及相关规定
		实践案例
		"绊脚石"——做与不做
		合规调查
		国际推广
第三天研修班:诊所和医院的合规性	模块3:道德与价值管理	基础知识
		医院典型的合规风险
		风险管控措施

五、课程证明

- 学员将收到奥格斯堡大学的确认参加该研讨会的信息。
- 医学法专业律师还可以获得一份时长10小时的培训证明。

第十一章　德国法兰克福金融和管理学院合规证书

德国法兰克福金融管理学院(Frankfurt School of Finance and Management)是欧洲著名商学院,始建于1957年,成立时为"Bankakademie"(Banking Institute),在1989年改为"Hochschule für Bankwirtschaft"(HfB),于2007年1月17日合并重组成为法兰克福金融管理学院,位于德国法兰克福市。该校的"欧洲认证合规专业人士证书(ECCP)"课程为期七个月,学生通过两个阶段的学习并且通过考核之后,可以获得学校颁发的欧洲认证合规专业人士证书。本课程由多个模块组成,涵盖了广泛的学习专题内容,并与实践结合,以此促进学生能力的发展。本课程的特点是理论与实践相结合,旨在为学生提供应对当前合规风险和挑战所需的专门知识和技能。

一、课程情况

- 面向群体:

该课程主要面向在国际中从事合规、欺诈、反洗钱、审计、风险管理等工作的人士或将要从事合规工作的人士。

- 教学模式和方式:

主要采用混合教学的模式,包括课堂教学、课堂报告、专题讨论、案例研习、在线研讨会、电子培训、在线阅读文章等。主要通过在线方式进行授课,通过在线学习平台、定期在线研讨会和在线案例研究等方式传授课程内容。

二、课程安排

课程于2021年9月6日通过网络会议正式启动。课程时间安排如下：

- 第一阶段在线学习（网络授课）：2021年9月17日～11月18日；

课程名称	时间
治理与法规	2021年9月7日
金融监管	2021年9月14日
风险管理	2021年9月21日
资本市场合规性	2021年9月28日
反洗钱及了解你的客户	2021年10月12日
制裁和禁运	2021年10月19日

- 课堂讨论一：2021年11月22～26日；
- 第二阶段在线学习（网络授课）：2022年1月11日～3月2日；

课程名称	时间
反贿赂和反腐败	2022年1月11日
反欺诈与调查	2022年1月18日
案例研讨	2022年1月25日
国际合规与员工筛查	2022年2月1日
提问技巧	2022年2月8日

- 第一次考试：2022年3月7日；
- 课堂讨论二：2022年3月8～12日；
- 第二次考试：2022年4月4日。

三、课程内容

(一)第一阶段在线学习

开展第一阶段的在线学习为第一次课堂讨论做准备,通过课程介绍、在线研讨会和培训、自我评估的方式进行。主要内容包括:(1)管理与法规;(2)风险管理与分析;(3)资本市场合规;(4)反洗钱;(5)了解你的客户;(6)制裁和禁运。

(二)课堂讨论一(可在线参与)

1. 管理与法规;
2. 风险管理与分析;
3. 资本市场合规;
4. 反洗钱;
5. 了解你的客户;
6. 制裁和禁运。

(三)第二阶段在线学习

开展第二阶段的在线学习为第二次课堂讨论做准备,通过在线研讨会和培训、自我评估的方式进行。主要内容包括:(1)反贿赂和反腐败;(2)员工筛查;(3)国际合规文化;(4)反欺诈与调查;(5)提问技巧。

(四)第一次考试:第一单元内容笔试

(五)课堂讨论二(可在线参与)

1. 反贿赂和反腐败;
2. 案例研讨;
3. 国际合规文化与员工筛查;
4. 反欺诈与调查;
5. 提问技巧。

(六)第二次考试:第二单元内容笔试

(七)授予欧洲认证合规专业人士证书

四、课程所需时间

- 在法兰克福现场举行为期 10 天的研讨会，每次 8 小时，分为 2 个整周，每周 5 天。可以选择是在网上或是在校园参加。
- 12 个简短的在线研讨会（包括启动），每次约 30 分钟。
- 2 次测验，每次 3 小时。

另外，培训、准备和跟进活动所需的时间取决于个人的学习进度和之前在相关领域的知识。每次培训所需的时间通常为 6 ~ 10 小时。总共有 11 次培训。

第十二章　瑞士圣加伦大学合规证书项目

瑞士圣加伦大学提供“合规管理高级研究证书”和“金融服务合规高级研究证书”项目,是瑞士著名的合规后续教育的项目。圣加伦大学又称为经济学、法学和社会学大学,创建于1898年,地处瑞士德语区的圣加伦市。圣加伦大学的管理学全球闻名。圣加伦管理模式就是圣加伦大学的教授研发的成果。圣加伦大学提供丰富的继续教学项目,截至2021年,共计有196个继续教育项目供学员选择,其中包括针对合规的两个继续教学项目。

一、合规管理高级研究证书

合规管理高级研究证书项目从管理、文化及法律的视角给学员讲授合规知识。项目的目标群体是公司管理层、金融行业管理层、企业合规师、风险官、公司法务、律师及审计师。[1] 项目总计15天,相当于10学分。学员在完成学习后,可以了解重要的法律部门及合规管理体系构建和运作。

合规管理高级研究证书项目包含三个模块,分别是“合规管理程序与组织”“合规文化”及“合规导向的法律”。课程关注的内容包括以下几个方面:

1. 管理、文化与合规;
2. 合规先行;
3. 经济犯罪与合规;
4. 合规体系和合规项目的领导与管理;
5. 提高合规的回报:预算、资源、信息及人力资源;

---

〔1〕 See Compliance Management(CAS), see https://www.es.unisg.ch/de/programme/compliance-management-cas.

6. 优化董事会、业务经理及首席合规官的三角关系。

就上述三个模块而言,"合规管理程序与组织"模块的内容包括治理与风控视角下的合规、合规控制(包括监督、举报和报告)与合规执行(管理模式、激励、调查与惩罚)。"合规文化"模块的内容包括:文化与道德、沟通、国内与国际企业;负责任的管理与有道德的决策;心理学视角下的合规(动机、访谈技巧、危机沟通与行为风险)。"合规导向的法律"模块的内容包括企业合规师与刑事合规风险、经济刑法(欺诈和内幕交易)、网络风险及伪造文书、反垄断、洗钱及腐败。

二、金融服务合规高级研究证书

金融服务合规金融服务合规高级研究证书德语授课项目由圣加伦大学的"法学与法律实践研究所"组织实施,专门针对金融行业的合规管理人事设立。该证书是上述合规管理高级研修证书的延伸,是一种实务导向的后续教育证书。学员学完成20学分的四个模块,可以取得该证书。模块分别是"风险视角——合规风险及监管的期望""监管视角——合规的法律规定""业务视角——对私业务和资产管理业务中的合规""程序视角——合规组织及其程序和工具"。

该项目由瑞士的三所大学分别完成。[1] 圣加伦大学负责该项目的德语教学,日内瓦大学银行法与金融法研究中心负责该项目的法语教学,位于卢加诺的银行研究院负责该项目的意大利语教学。三所大学(研究机构)为此签署了《金融服务合规师研究生教育瑞士标准备忘录》,确定了金融服务合规师的培养模式。[2]

---

〔1〕 See CAS Compliance in Financial Services, see https://cas-compliance.ch/.

〔2〕 See the Centre de droit bancaire et financier of the University of Geneva/the Institut für Rechtswissenschaft und Rechtspraxis der Universität St. Gallen/the Centro di Studi Bancari, Lugano-Vezia, Swiss standard for post-graduate education of compliance officers in financial services, see: https://irphsg.ch/wp-content/uploads/2018/03/MoU.pdf.

第十三章　瑞士弗里堡大学合规高等教育

一、合规法律硕士概述

在日益复杂的监管环境中,有关企业财务、人力资源、环境影响、竞争和税收的地方、国家和国际法规和标准对于企业来说是一项持续的挑战。这些要求不断发展,使公司面临制裁,这将带来重大的财务和声誉损失。

国家和跨国公司成立了内部合规组织,负责监督监管发展、识别风险、设计和实施预防机制、克服合规困难,并就内部规则和控制提供建议。律师事务所和商业顾问已经制定了合规实践,旨在为国家和跨国公司提供支持。此外,许多专业实体现在正在向那些选择外包合规程序的公司提供服务。

在这种情况下,弗里堡法学院创建了一个独特的合规法律硕士,使学生能够获得必要的能力,成为该领域成功的执业者。除了坚实的理论基础,该项目还为学生提供了实践机会,让学生能在学习后更好地投入实习或工作。

(一)课程面向群体

- 经验丰富的律师和具有良好能力的法学毕业生;
- 具有法律专业以外的学位的大学毕业生,但立志从事研究监管合规性方向工作。

(二)课程内容

弗里堡法律法学硕士的核心课程为学生提供了许多选择,可以选择适合自己特定需求和兴趣的个性化学习模块。模块可以包括从各种课程中选择的任何课程单元组合:

- 关于合规和合规系统的入门课程;
- 研究生一级课程,主要领域包括税收、反垄断问题、劳动关系、银行、环境生产、贸易和商业、海关清关、腐败和洗钱以及风险管理等监管制度;

- 世界上增长最快的经济体——亚洲、非洲、中东和拉丁美洲的法律和商业专业课程；
- 法律诊所和模拟法庭；
- 商务谈判培训、法律起草和其他以技能为导向的课程和研讨会。

(三)课程安排

- 本学年为期约为 10 个月,分为两个学期；
- 秋季学期从 9 月中旬持续到 12 月中旬；
- 春季学期从 2 月中旬持续到 6 月中旬；
- 考试课程在每学期末举行。

1. 全日制课程安排

全日制法律硕士课程为期两个学期,上课时间为星期一至星期五,平均上课时间为每天 4 小时。

2. 非全日制课程安排

非全日制时间可以灵活地持续 2 ~ 4 个学期。每门课程每年开展一次。学生可以选择在非全日制法律硕士的第一年或第二年听讲座。如果成绩优异和时间允许,学生可以在一年内完成非全日制法律硕士。

本课程是专门为全职员工或因不同原因希望拥有灵活计划的人们而设计的。

上课时间为星期五下午和星期六。

(四)课程要求

- 所有课程为英语授课；
- 课程上课时间为秋季或春季；
- 获得至少 60 ECTS(欧洲学分互认体系)学分,包括：

50 ECTS 课程学分；

10 ECTS 硕士论文或实习学分。

(五)就业方向

- 从中小型企业到大型跨国公司的合规和法律部门,行业包括国际贸易、银行和金融服务、化工和药品、电信、建筑等；
- 各类律师事务所；

- 国家和国际监管机构；
- 国际组织和非政府组织。

二、合规高级研究证书(CAS)

合规高级研究证书(CAS)是监管合规领域的有针对性的教育计划，旨在提升职业生涯。CAS 可以更好地丰富学员的资历并加深专业知识。该课程均由国际知名教授及其领域领导者授课，并与几个国家和跨国公司的合规部门合作进行，同时也是根据市场的具体需求定制的，能使学员日后在招聘人员中有更大的知名度。CAS 为课程的内容提供了很大程度的灵活性。你可以充分决定选择那些最符合你的要求的课程。

(一)面向群体

- 国家和跨国公司、非政府组织或国际组织的执业律师和法律合规官员。
- 在法律方面有实践经验的大学毕业生。

(二)课程内容

合规领域的核心课程包括税收、竞争、劳动、银行、环境合规、贸易合规和海关法规、反腐败和反洗钱合规、风险法规和风险管理。

(三)就业方向

- 国家或跨国公司在国际贸易、化学和制药、工业产品、电信、建筑、银行和金融服务等任何工业和服务领域的合规或法律部门；
- 国家或国际监管机构；
- 国际组织或非政府组织。

(四)课程安排

课程上课时为秋季和春季。

秋季学期:9 月中旬至 12 月中旬。

春季学期:2 月中旬至 6 月中旬。

所有课程和考试均以英语进行。

课程在弗里堡法学院校园内举行，平均每天上课 4 小时。

(五)课程要求

- 获得至少 10 ECTS 学分，包括：

8 ECTS 课程学分;

2 ECTS 论文学分。

秋季学期考试在 12 月的前两周进行;春季学期考试于 5 月 15 日 ~6 月 15 日举行。

第十四章　国际反腐败学院合规课程

一、国际反腐败学院概述[1]

国际反腐败学院(International Anti-Corruption Academy,IACA)是一个国际组织和高等教育机构,于2011年3月8日获得国际组织的地位。

其由联合国毒品和犯罪问题办公室(毒品和犯罪问题办公室)、国际刑警组织、欧洲反欺诈办公室(OLAF)、奥地利共和国和其他利益相关方发起并于2010年正式成立,目录是通过教育、研究和合作,克服目前在反腐败领域的知识和实践的不足,为反腐败做出实质性贡献。

二、国际反腐败学院"反腐败研究"硕士项目(MACS)[2]

IACA是第一个在反腐败和合规方面提供全球研究生学位课程的国际组织和教育机构。其开设的研究生学位课程"反腐败研究硕士"(MACS)会集了来自世界各地在公共和私营部门、国际和非政府组织、媒体和学术界具有相关工作经验的专业人士。

"反腐败研究硕士"课程为期两年,主要利用学员的业余时间进行跨学科的研究。课程为该领域能力建设提供技术支持、知识和技能,并为进一步缩短理论与实践的差距提供多种工具,为合规、内部监察、法律实施、调查性新闻、学术、金融和国际事务等领域提供高等职业发展机遇。

---

〔1〕 See https://www.iaca.int/.

〔2〕 See https://www.iaca.int/iaca-programmes/academic-programmes/master-in-anti-corruption-studies.html.

（1）课程目的

- 提升学员职业发展水平；
- 提供发展进一步职业社交网络的机会；
- 为专业人员提供反腐败合规相关专业知识和技能。

（2）课程面向群体

- 想要在合规方面取得硕士学位的在职专业人士；
- 拥有至少三年工作经验；
- 具备一定的英语水平。

（3）课程优势

- 获得国际认可的文学硕士学位，并获得 120 ECTS 学分；
- 培养学员对腐败表现形式和周围社会复杂性的理解；
- 从经济学、政治学、犯罪学、行为科学、法律、人权等领域的专家那里学习跨学科的腐败研究；
- 通过理论和实践的结合，提高学员在不同环境下识别和处理不同类型腐败的能力；
- 学习和实施反腐败方面的全球最佳实践，包括衡量、政策制定、执法和调查；
- 通过工作坊和反腐败实验室提供的方法和工具，加强学员技能；
- 与来自全球不同行业的同行分享和学习；
- 在国际反腐败工作者和学者的监督下开展深入的学术研究；
- 加入 IACA 包括来自 150 多个国家和司法管辖专业人士的反腐败和合规校友网络。

（4）课程安排

MACS 项目为期两年，包括 7 个课程模块和 1 篇硕士论文。具体课程模块如下：

模块	具体课程名称
模块一:腐败的概念和问题	• 腐败研究导论 • 个人和组织(不)诚实的驱动因素 • 腐败问题、主题和趋势 • 从业者视角分析 • 团队建设 • 研究方法Ⅰ
模块二:政治科学与腐败	• 腐败、权力、政治 • 腐败和发展 • 从业者视角分析
模块三:腐败经济学	• 微观经济和宏观经济理论及腐败模型 • 腐败测量 • 腐败的经济后果和影响 • 从业者视角分析
模块四:反腐败、法律和国际行动	• 法治和反腐败 • 国内法律和国际反腐败文书 • 腐败与人权 • 从业者视角分析 • 研究方法Ⅱ • 硕士论文开题报告
模块五:反腐败、合规和私营部门	• 私营部门的腐败 • 公司治理 • 法规遵循系统和策略 • 内部控制 • 内部调查和风险管理 • 国际反贪业务措施 • 从业者视角分析 • 研究方法Ⅲ
模块六:反腐败、执法和公共部门	• 国家的反腐败战略 • 反腐调查 • 反洗钱 • 资产回溯 • 从业者视角分析

续表

模块	具体课程名称
模块七:预防腐败与反腐败的未来	● 公共部门预防腐败的方法 ● 反腐败的采购 ● 地方治理中的反腐败 ● 公民社会、教育、媒体和反腐败努力 ● 反腐败议程:未来 ● 从业者视角分析

课程细节:

1. 每个模块持续为期两周,大约每三个月开展一个模块的教学。

2. 学员预期在第一学年完成四个模块。第二学年完成三个模块和硕士论文。MACS 学位共有 120 ECTS 学分,因此可以申请攻读博士学位。

3. 课程的主要讲授地点是在 IACA 所在地奥地利的拉克森堡,至少有一个班内阶段将在全球其他地点举行。

以前的非现场授课曾在马来西亚的吉隆坡(与马来西亚反腐败委员会合作)和巴西的巴西利亚(与巴西审计署合作)进行。

(5)教学方式

不超过 30 人的小班制:互动式教学、小组合作、案例分析以及股东/利益相关者讨论。

(6)证书颁发条件

- 学员须提交"平时书面作业"+"硕士论文"结业;
- 硕士论文应为 1 篇 2.5 万字的学术论文,主题是阐述一个与腐败、反腐败和/或合规相关的概念和分析方法,并将知识应用于实践。

三、反腐败合规与联合行动国际硕士项目(IMACC)[1]

IACA 开设的国际反腐败合规与联合行动国际硕士项目(Anti-Corruption Compliance and Collective Action-IMACC,IMACC)共为期两年,包括 6 个模块

[1] See https://www.iaca.int/iaca-programmes/academic-programmes/imacc.html.

单元和 1 个期末项目(或 1 篇论文)。

IMACC 是首个专门为商业领域的反腐败合规和联合活动从业人员设计的硕士课程,旨在针对不断变化的监管环境及其对专业技能不断增长的需求,以提供务实、全面而有针对性的指导教学。

IMACC 帮助学员提高他们的能力,同时也为其所在公司和组织增加技能和价值,使他们能够在工作中开展以下业务内容:

- 实施反腐败和合规方面的最佳实践;
- 识别并降低各种类型的企业风险;
- 进行企业内部调查;
- 以最高道德标准监督企业进行商业活动;
- 发起和管理企业联合活动。

(1)课程面向群体

- 本科学位;
- 至少有 3 年在私营或公共部门合规、联合活动、反腐败、法律、审计或相关领域的工作经验;
- 具有良好的英语听说读写能力。

(2)课程优势

- 充分利用业余时间,结合线下课堂和远程学习进行教学;
- 将实用的知识和见解运用到学员日常工作中;
- 在 IMACC 的合规实验室中完善学员的工作工具和方法;
- 进一步熟悉商业伦理、法律、犯罪学、社会学、经济学、行为科学和管理学等相关知识;
- 有机会向国际领先的学者和实践者学习;
- 与周围的同龄人交流和分享经验;
- 通过可实践的期末项目或论文为学员的组织和部门做出贡献;
- 可以继续报读博士课程;
- 加入 IACA 包括来自 150 多个国家和司法管辖专业人士的反腐败和合规校友网络。

(3)课程安排

IACA 的 IMACC 项目为期两年,包括 6 个模块和 1 个期末项目(或 1 篇论文)。具体课程模块如下:

模块	简要介绍
模块一	——该模块为整个 IMACC 课程奠定了基础,将介绍与商业部门相关的反腐败研究,并复习相关的定义、概念和术语。 ——学员们将讨论在不同文化和部门背景下驱动和维持腐败的原因和动机。该模块的重点将是腐败的经济分析,包括其后果,以及行为科学应用于腐败及其预防的研究。 ——所包含的研究方法课程将帮助学生成功地完成整个课程的作业,并为他们的期末专题或硕士论文的研究和写作打下基础
模块二	——该模块将为学生提供一个有效的反腐败合规计划的道德和法律基础。在模块的第一部分,学生将学习如何定义,实施和促进其组织的核心价值观,并将特别指出世界不同地区文化和价值观的具体情况。 ——在模块的第二部分,学生将学习适用于设计和实施反腐败合规计划的国际和国家法律。国际标准的实施,包括合规管理体系要求及使用指南(ISO 37001),将是一个关键的话题。执法和监督机构的专家将亲临课堂讨论反腐败法律在具体案件中的应用。 ——该模块还包括合规实验室,参与者将在此设计一个基于价值观的反腐败合规计划
模块三	——该模块将集中于设计和实施有效的反腐败合规计划的最佳实践。这一过程的第一步是进行有根据的和彻底的风险评估和管理,以制定一个最能满足本组织需要和迎接本组织所面临挑战的方案。 ——此外,学员们将讨论行为准则的制定、尽职调查的进行,以及成功的反腐败合规项目的关键要素。主要合规风险,如礼物和招待、捐赠、采购、利益冲突等问题将在课堂上进行讨论。实践技能和合规工具的开发,包括特殊的 IT 解决方案和大数据分析,也将是该模块的一部分。同时,在合规实验室,学生还将以互动的方式学习如何进行尽职调查
模块四	——该模块深入探讨了反腐败合规项目的管理。学生将学习和讨论与 CEO、董事会和员工如何进行有效互动,了解正确的内部和外部沟通的原则,学习如何使用本地化的法规遵循策略来降低风险,以及如何在具有挑战性的业务环境中与供应链合作。课堂上将讨论与举报人互动的法律、伦理和心理方面等因素。 ——模块内容还包括中小型企业面临的特殊合规挑战以及各种监测和评估反腐败合规方案的方法。学生们将有机会在合规实验室中进一步相互学习,专注于进行良好实践。 ——该模块还包括一个互动研讨会,讨论反腐败合规标杆的方法和框架

- 课程细节：

1. 学员预期在第一学年完成四个模块。第二学年完成两个模块和期末项目或硕士论文。攻读 IMACC 学位可以获得国际公认的硕士学位和欧盟认证的 120 ECTS 学分，因此可以申请攻读博士学位。

2. 课程大约每三个月在奥地利拉克森堡的 IACA 校园举行一次，也可能在世界各地的其他地点举行，以便学员进行实地考察。

(4)结业标准

学员将在老师的指导下完成期末项目或论文的提交和答辩。课程项目包括研究方法和学术写作的辅助课程，以帮助参与者完成他们的期末项目或论文。

最终成果需要将理论和实践相结合，为解决反腐败、合规和或联合活动领域的特定挑战提出建议，并能通过它对学员自己的工作领域、组织和行业做出贡献。

四、国际反腐败学院"反腐败和外交硕士"项目(MACD)[1]

由国际反腐败学院 IACA 开设的研究生学位课程"反腐败与外交硕士"(MACD)是一个为期 18 个月的模块化研究生学位课程，由联合国训练研究所(UNITAR)和国际反腐败学院联合举办，包括校园和在线(实时互动)课程。该课程为在职课程，结构紧凑，涵盖两个学科，即反腐败和外交。该方案提供了一系列跨学科模块，集中于为预防和打击腐败以及外交提供理论和实用工具。

(1)课程目的

- 提供了严格、多样化和创新的反腐败和外交课程；
- 全面剖析腐败、反腐败、合规体系和外交这一交叉领域；
- 为专业人员提供反腐败合规相关专业知识和技能。

---

[1] See https://www.iaca.int/iaca-programmes/academic-programmes/master-in-anti-corruption-and-diplomacy.html.

(2)课程面向群体

- 已持有本科学位；
- 希望在当今独特的国际环境中师从反腐败和外交研究领域的世界著名专家；
- 深化对反腐败和外交的理解,从而在事业上和社会中提升自我价值。

(3)课程优势

- 获得国际认可的文学硕士学位,并获得 90 ECTS 学分；
- 学员将有机会学习经济学、行为科学、伦理学、法律、合规、外交、国际法、数字和网络外交相关的交叉主题学科,在国际职业生涯的基本技能,如谈判、领导力、有效写作、公共演讲和利益相关者协调和参与等方面获得培训；
- 通过理论和实践的结合提高在不同环境下识别和处理不同类型腐败的能力；
- 该课程提供了一种独特的、结合远程和面对面学习方法的学习体验,该项目利用各种学习方法,包括讲座、案例研究、互动会议、小组工作和利益相关者讨论,以确定反腐败和外交方面的最佳做法。

(4)课程安排

MACS 项目为期 18 个月,包括 8 个课程模块和 1 篇硕士论文。具体课程模块如下：

模　块
模块一:研究和写作
模块二:国际外交生涯技能
模块三:反腐败与外交研究导论
模块四:政治学、社会学、犯罪学和腐败经济学
模块五:公共和私营部门的反腐败法律和道德框架
模块六:数字与网络外交:21 世纪的外交
模块七:腐败、网络犯罪和合规
模块八:反腐败工具:预防、定罪和执法

五、国际反腐败学院暑期项目[1]

• 该暑期项目是IACA开设的短期跨学科项目，重点是关注全球反腐败议程上的趋势和实践，并促进从业者的反思。

• 该项目致力于通过探讨帮助学员理解腐败的原因和后果，让学员认识到腐败的顽固性，以及解决腐败问题所需要的持续努力。

(1)暑期项目面向群体

• 来自世界各地在公共或私营部门、国际或非政府组织至少有五年相关工作经验的专业人士；

• 在反腐败或合规相关领域的媒体代表、学生和研究人员；

• 具备良好的英语听说读写能力。

(2)暑期项目的优势所在

• 增强对错综复杂的腐败案件的深刻理解；

• 提高技能以评估最佳实践和应对跨部门挑战；

• 学习帮助弥合反腐败理论与实践之间差距的工具；

• 制定可持续反腐败战略的框架；

• 接触来自全球领先专家的最新研究和案例研究；

• 有机会与前辈交流经验和发展强大的校友网络。

(3)课程安排

• 时间长度：为期8天；

• 讲师团队：一系列从业经验丰富的业内专业人士；

• 课程形式：以讲座的形式讨论当下反腐败相关的核心议题。

六、国际反腐败学院区域暑期项目[2]

在暑期项目的基础上，IACA进一步提供了针对具体地区开设的暑期项目

[1] See https://www.iaca.int/iaca-programmes/open-trainings/summer-academy.html.

[2] See https://www.iaca.int/iaca-programmes/open-trainings/regional-summer-academy.html.

课程,在世界各地举办为期 8 天的区域暑期课程,使得议题对该地区更加有针对性,促进该地区学员对腐败的深入了解,为参与者更好地应对区域挑战和促进最佳做法做好准备,并为持久的反腐败和合规战略提供框架。

该项目邀请国际知名的教授和实践者将理论与实际案例相结合,以便为区域反腐败问题提供新的见解。

(1)课程面向群体

- 来自世界各地在公共或私营部门、国际或非政府组织至少有 5 年相关工作经验的专业人士;
- 在反腐败或合规相关领域的媒体代表、学生和研究人员;
- 具备良好的英语听说读写能力;
- 来自联合国地理分区之一的国家或地区的公民。

(2)课程话题

区域暑期项目的培训内容包括以下与反贪工作有关的 9 个主题:

- 经济学;
- 执行、预防;
- 道德;
- 完整性和遵从性;
- 法律;
- 政治科学;
- 心理学;
- 社会学;
- 区域问题和案例研究。

第四编　合规课程设计示范

第十五章　合规学导论

课程名称(中文):企业合规理论与实务

课程名称(英文):Corporate Compliance

课时学分:2 学分(36 课时)

适用专业:商法经济法、企业管理、经济学

先修课程:无

课程简介:

本课程主要讲授和研究企业合规,即企业识别和控制合规风险的管理,是一门涉及公司治理、合规治理、管理学、经济学和心理学等跨学科的管理科学。课程首先讲授企业合规的基础理论,涉及合规概念、原则、法律基础、经济学基础、历史发展和国际发展、合规案例分析方法等一般性的问题。接着,课程涉及合规管理体系、合规风险和合规措施的理论与实务。最后,从专项合规的角度,展开细节的技术性的合规管理。

教学目标:

1. 教学目的:使学生掌握合规的基本理论,通过案例演示合规的重要性,激发学生研究和从事合规的兴趣。

2. 能力目标:通过学习本课程,使学生掌握合规的思维,能够运用法律专业知识结合合规理念,帮助企业降低法律风险、减少经济损失和防止声誉受损。针对合规领域动态发展的特点,能够对具体的合规问题进行研究。

教学方式:理论研究、案例分析

考核方式:平时成绩 + 期末考试。成绩评定采取百分制

教材、阅读书目及参考文献：

教材：

华东师范大学企业合规研究中心编:《企业合规讲义》,中国法制出版社2018年版;

胡国辉:《企业合规概论》,电子工业出版社2017年版。

主要章节内容：

第一讲　企业合规的基础理论

1.1　概念与发展

1.2　合规的作用

1.3　合规研究体系

1.4　合规的法律与经济学基础

1.5　合规的标准和历史发展

第二讲　合规管理体系

2.1　基本认识

2.2　要素

2.3　有效性

2.4　标准化

第三讲　合规风险识别和控制

3.1　合规风险的概念与基本理论

3.2　合规风险的类型

3.3　合规风险的识别和控制

第四讲　合规措施

4.1　合规制度

4.2　合规组织

4.3　合规培训与教育

4.4　合规调查

4.5　合规审计

第五讲　反商业贿赂合规

5.1　商业贿赂概念与构成要件

5.2　商业贿赂的法律后果
5.3　国外反商业贿赂情况
5.4　反商业贿赂合规
第六讲　反垄断合规
6.1　反垄断法基本概述和构成要件
6.2　反垄断风险
6.3　反垄断合规体系
6.4　域外发展情况
第七讲　公司法合规
7.1　高管的义务与责任
7.2　股东会合规
第八讲　金融合规
8.1　银行与金融法概述
8.2　主要的合规风险

第十六章　合规管理体系

课程名称(中文):合规管理体系
总课时:1学分(18课时)
授课语言:中文
开课院系:法学院
适用专业:法律硕士
先修课程:合规学导论

课程简介(中文):

本课程介绍"七要素"合规管理体系的构成及运行原理。七要素是指以价值观为基础的合规领导力、合规职能、合规风险管理、合规措施、成文制度管理、不合规的发现和响应、持续改进形成合规文化。该体系以共同价值观为输入,经过组织加工,输出合规文化。参与本课程没有特别的前提或要求,但是有过较多企业实习经历的同学更容易领会课程内容。

教学目标与要求:

目标1:掌握企业合规管理体系相关的常用术语和原理;

目标2:提高对企业中决策和执行过程的认识;

目标3:培养优秀管理者必备的个人能力,尤其是运用良好的价值观引领企业行动的能力。

教学安排(课程内容、学时):

课前准备:

把学生分成5~6人的小组。以组为单位虚拟一家创业公司,推选一名CEO,其他人由CEO分配岗位和职责。由讲师提供商业计划书PPT模板,每家公司制定一份商业计划书。CEO在开课前将商业计划书提交给讲师。

1. 愿景、使命、价值观和企业治理(4 小时)

1.1　小组讨论:在制作商业计划书时,我们从哪里开始讨论的?在哪些问题上我们发生了分歧?我们是如何解决这些分歧的?

1.2　企业的初心——价值定位(愿景、使命和价值观)

1.3　价值链原理

1.4　业务公式——关键成功因素

1.5　小组讨论:描述本企业的价值链;描述本企业的关键成功因素;陈述本企业的愿景和使命;陈述本企业的价值观

1.6　公司的诞生——公司作为组织形式的出现;公司与作坊的区别;公司是否会变成"弗兰肯斯坦的怪物"[1]

1.7　企业中组织意志传递的纺锤原理

1.8　小组讨论:建立本企业的内部决策机制;按照决策机制制定后面 6 个月的经营目标;按照决策机制制订本公司员工的浮动薪酬分配计划

1.9　制订计划的 SMART 原则

1.10　七要素合规管理体系

2. 合规风险(4 小时)

2.1　合规职责的分配——治理层、管理层、执行层

2.2　合规部门的组织形式

2.3　合规风险防范"三道防线"的概念

2.4　合规风险产生的根源分析——两次淡化原理

2.5　常见的合规话题划分方法

2.6　常用概念——合规、不合规、合规义务、合规风险、风险后果、合规风险事件、合规管理

2.7　合规义务成份的三组分方法——道德性、技术性和政治性

2.8　系统梳理合规风险的方法——划分合规义务板块、分析合规义务板块与企业经营关联程度、建立合规风险矩阵、识别合规风险的常规领域和重点领域、描述风险场景、识别风险变量

---

[1] "弗兰肯斯坦的怪物"源自玛丽·雪莱于 1818 年出版的科学幻想小说《科学怪人》。

2.9 合规风险评估中常用信息采集和分析方法

2.10 四维度业务画像方法——行业、产品、营销模式、经营地域

2.11 小组讨论:建立本企业的业务画像;选出与本企业相关度最高的4个合规话题

2.12 对企业活动的切片分析方法

2.13 小组讨论:建立本企业的合规风险矩阵

2.14 全面风险管理中的风险五分法——战略风险、财务风险、市场风险、运营风险、法律风险

3. 合规措施(4小时)

3.1 合规措施工具箱——文件约束、程序控制、人工控制、技术控制、培训沟通

3.2 合规审查要点——确定审查范围、分配职责、采集信息、识别风险信号、处理合规疑虑、给出结论

3.3 合规风险信号——以礼品和商务邀请为例

3.4 小组讨论:制作本企业某个风险场景的风险信号清单

3.5 业务伙伴合规管理——合规协议、合规尽职调查、合规培训沟通、合规审计

3.6 小组讨论:对某供应商企业进行合规尽职调查

3.7 合规措施的运用——从可选措施集合到落实措施

3.8 管理中的PDCA原理

4. 成文制度管理(2小时)

4.1 成文制度的功能——自上而下地形成企业意志、知识和经验的集合体、参照系、宣言

4.2 内部控制与成文制度管理

4.3 小组讨论:针对讲师提供的案例,分析相关成文制度管理中存在哪些缺陷

5. 不合规的发现和响应(4小时)

5.1 发现不合规的途径——举报/报告、纠纷案件、执法行动、媒体报道、审计、侦查手段、主动测试

5.2　举报的生命周期管理——接收、评估、处置、关闭

5.3　举报管理中的难点问题

5.4　调查的生命周期管理

5.5　调查管理中的难点问题

5.6　小组讨论:根据讲师提供的案例,制订调查计划

5.7　突发合规事件的应对——U 形路线图

5.8　评价和持续改进形成合规文化——日常监控、测试和评价、管理层评价、员工满意度调查和反馈、合规审计、第三方评价

5.9　小组讨论:根据讲师提供的案例,制定突发合规事件应对方案

考核方式:

课堂讨论:50%

期末论文:50%

教材或参考资料:

1.《合规管理体系指南》,中国标准出版社 2017 年版;

2. 陈瑞华:《企业合规基本理论》,法律出版社 2020 年版;

3. 胡国辉:《企业合规概论》,电子工业出版社 2017 年版;

4. 王志乐:《合规 V——建立有效的合规管理体系》,中国法制出版社 2016 年版;

5. 王志乐:《企业合规管理操作指南》,中国法制出版社 2017 年版;

6. 华东师范大学企业合规研究中心编:《企业合规讲义》,中国法制出版社 2018 年版;

7.《中央企业合规管理指引(试行)》,国务院国资委,2018 年;

8.《企业境外经营合规管理指引》,发展改革委、外交部、商务部、人民银行、国资委、外汇局、全国工商联,2018 年;

9.《企业内部控制基本规范》,财政部,2008 年;

10.《企业内部控制应用指引》,财政部,2010 年;

11.《企业内部控制评价指引》,财政部,2010 年;

12.《企业内部控制审计指引》,财政部,2010 年;

13.《中央企业全面风险管理指引》,国务院国资委,2006 年;

14.《美国反海外腐败法信息指引》(*A Resource Guide to the U. S. Foreign Corrupt Practices Act*),美国司法部和证券交易委员会,2020年;

15.《内控、道德及合规的最佳实践》(*Good Practice Guidance on Internal Controls, Ethics and Compliance*),经济合作与发展组织,2010年;

16.《世界银行集团廉政合规指南概要》,世界银行,2010年;

17.《企业合规管理体系评估》(*Evaluation of Corporate Compliance Programs*),美国司法部,2020年。

第十七章　反贿赂合规

课程目标：《反商业贿赂》是华东师范大学企业合规研究中心合规系列课程内容之一，学员通过系统学习反腐败、反商业贿赂基本概念及企业反商业贿赂合规管理体系的要素与框架，以期达至以下三个目标：

1. 运用本课基本方法和原则，可以系统地识别、评估组织面临的商业贿赂风险；

2. 运用合理的分析、判断和评估，以从业者的角度来处理反商业贿赂不合规问题；

3. 降低企业及个人行贿、受贿风险，维护企业良性运行秩序、培育社会合规文化。

内容设置：

第一部分：基础理论

课程资料：

1.《企业合规讲义》第四章《反贿赂合规》（刘红霞、胡国辉撰写），华东师范大学企业合规研究中心编，中国法制出版社 2018 年版。

2.《反商业贿赂合规管理体系指南》。

3.《合规管理体系指南》及相关资料。

4. 课外书：[法]弗雷德里克·皮耶鲁齐、马修·阿伦：《美国陷阱》，中信出版社 2019 年版。

需理解的问题：

1. 反腐败、反商业贿赂、反欺诈在企业合规管理中的区别和联系；

2. 反商业贿赂合规管理体系和合规管理体系之间的关系；

3. 反商业贿赂的类型、特征与基本要素。

第二部分：专项规定

课程资料：

1. 美国《反海外腐败法》(*Foreign Corrupt Practices Act*,FCPA)。

2. 英国《反贿赂法》(UKBA)。

3. 联合国全球契约组织第十项原则。

4. 世界银行反腐败指南。

5. 透明国际(Transparency International)。

需理解的问题：

1. 专项规定的出台背景、立法沿革、国际趋势；

2. 专项规定的主要内容、实施效果；

3.《反海外腐败法》案例分析。

第三部分：企业反腐败、反贿赂制度解读

课程资料：

1. 中央企业(反腐败、反贿赂)制度/规定。

2. 跨国企业(反腐败、反贿赂)制度/规定。

需理解的问题：

1. 中国企业反商业贿赂管理现状；

2. 跨国公司反商业贿赂制度一般构成；

3. 日常工作管理内容及形式举例。

第四部分：企业反贿赂合规管理体系搭建

本部分为实践课。

由班级各小组自选企业，根据企业特点提交体系搭建方案，进行陈述及评估。

第十八章 合规与监管

课程名称(中文):合规与监管
课程名称(英文): Compliance and Regulation
课时学分:2 学分(36 课时)
课程性质:专业必修课
授课语言:中文
开课院系:法学院
适用专业:法律硕士
先修课程:企业合规概论
课程设计者:于林洋

课程简介:

合规与监管(Compliance and Regulation),即合规性监管,是从市场监管的视角对企业合规进行研究的一门跨学科课程,主要研究合规与监管的关系,是经济法、行政法、合规学、管理学课程群中的一门重要课程,主要内容包括企业合规的基本理论、企业合规的制度维度、合规的公司治理机制、合规的行政监管激励机制、行政监管合规计划的有效标准、合规监管的法律规范以及重点领域的合规性监管等。

教学目标:

通过本课程的教学,使学生系统学习企业合规监管的基础理论与各项具体制度,理解合规作为行政监管激励机制的基本原理,了解合规作为公司内部治理方式的重要性,了解合规监管的法律规范,了解合规性监管的法律特征与发展趋势,充分认识我国在法律制度层面推进企业合规建设的重要性,探索符合我国国情的企业合规行政监管激励机制。

教学方式：

课堂讲授与实践教学相结合，主要包括理论讲解、专题研讨、案例分析等。

考核方式：

课程考核采用过程性考核与期末终结性考核相结合的方式，成绩采用百分制，成绩的评定包含平时成绩和期末成绩。平时成绩主要对考勤、课堂参与和案例作业等进行考核，占总成绩的50%；期末成绩主要对学生提交的课程论文进行考核，占总成绩的50%。

教学安排（课程内容、学时）：

专题一：企业合规的基本理论（4学时）

1. 企业合规的起源与发展；
2. 企业合规的内涵、性质与特征；
3. 合规义务与合规风险；
4. 企业合规的基本价值；
5. 企业合规的中国现状。

专题二：企业合规制度的四个维度（4学时）

1. 作为公司治理方式的合规；
2. 作为行政监管激励机制的合规；
3. 作为刑法激励机制的合规；
4. 作为应对国际组织制裁依据的合规。

专题三：作为公司治理方式的合规机制（4学时）

1. 合规对企业的作用机制；
2. 公司合规治理的组织体系；
3. 合规治理与其他公司治理的关系；
4. 公司合规治理的举措。

专题四：行政监管激励与合规性监管（6学时）

1. 作为行政监管激励机制的合规；
2. 合规性监管的基本原理："胡萝卜加大棒"；
3. 合规性监管与传统监管的界分；
4. 合规性监管中的合规承诺与行政和解；

5. 我国行政监管制度的现状与改革。

专题五:行政监管合规计划的有效标准(4 学时)

1. 有效合规计划的基本要素;

2. OFAC 的《合规承诺框架》标准;

3. BIS 的《出口管制合规指引》标准;

4. WBG 的《诚信合规指引》标准。

专题六:合规管理的标准与规范(2 学时)

1. 合规管理的国家标准;

2. 合规管理的法律规范。

专题七:重点领域的合规性监管(12 学时)

1. 反垄断合规与监管:Kayaba/美敦力/海尔垄断案;

2. 反商业贿赂合规与监管:西门子/葛兰素史克/雅芳商业贿赂案;

3. 反洗钱合规与监管:中国银行纽约分行/中国农业银行纽约分行/法国兴业银行洗钱处罚案;

4. 出口管制合规与监管:中兴通讯/福建晋华/华为出口管制案;

5. 个人信息数据保护合规与监管:Knuddels. de/Google/Facebook 违反 GDPR 处罚案。

推荐文献:

1. 华东师范大学企业合规研究中心编:《企业合规讲义》,中国法制出版社 2018 年版。

2. 陈瑞华:《企业合规基本理论》,法律出版社 2020 年版。

3. 胡国辉:《企业合规概论》,电子工业出版社 2018 年版。

4. 刘相文、王德昌等:《中国企业全面合规体系建设实务指南》,中国人民大学出版社 2019 年版。

5. 郭青红:《企业合规管理体系实务指南》,人民法院出版社 2019 年版。

6. 刘智勇:《市场监管的新格局与新视野》,首都经济贸易大学出版社 2018 年版。

7. 王伟:《市场监管的法治逻辑与制度机理》,法律出版社 2016 年版。

8. 陈瑞华:《企业合规的基本问题》,载《中国法律评论》2020 年第 1 期。

9. 邓峰:《公司合规的源流及中国的制度局限》,载《比较法研究》2020 年第 1 期。

10. 陈瑞华:《企业合规制度的三个维度》,载《比较法研究》2019 年第 3 期。

11. 陈瑞华:《有效合规计划的基本标准》,载《中国律师》2019 年第 9 期。

12. 杨力:《中国企业合规的风险点——变化曲线与挑战应对》,载《政法论丛》2017 年第 2 期。

13. 赵万一:《合规制度的公司法设计及其实现路径》,载《社会科学文摘》2020 年第 6 期。

14. 喻玲:《从威慑到合规指引——反垄断法实施的新趋势》,载《中外法学》2013 年第 6 期。

15. 郁建兴:《从双重管理到合规性监管》,载《浙江大学学报》2014 年第 4 期。

16. 周俊:《走向"合规性监管"》,载《行政论坛》2019 年第 4 期。

17. 刘鹏飞:《从"合规性监管"到"风险性监管"看我国银行业监管的转变》,载《财经论坛》2005 年第 10 期。

18. 陈瑞华:《行政监管合规体系的基本标准》,载《中国律师》2019 年第 12 期。

19. 陈瑞华:《行政执法和解与企业合规》,载《中国律师》2020 年第 6 期。

备注:

我国的企业合规理论与实践尚处于起步阶段,同时,国际上关于企业合规的理论与实践也在不断涌现,因此,本课程在讲授与研讨过程中,会进行相关补充与完善。

第十九章　刑事合规

课程名称(中文):刑事合规

课时学分:1 学分(18 课时)

授课语言:中文

开课院系:法学院

适用专业:法律硕士

先修课程:企业合规概论

课程简介(中文):

本课程在企业合规概论基础上,围绕合规计划与刑事实体法、刑事程序法的衔接与互动展开。强调在多面相中厘定企业刑事合规,突出其规范属性有其是刑事合规规范与刑事法律规范的关联与区别,明确刑事合规规范的类型;从教义学的角度尝试分析刑事合规的法理根据以及刑事合规的积极功能,分析合规计划的刑事法律意义,总结合规计划有效性的判断标准。立足我国企业合规的实践以及当前企业涉罪案件处理的司法进路,探索有中国特色的企业犯罪治理路径。

教学目标与要求:

目标 1:巩固、加深合规管理体系的要素及其建构方法;

目标 2:明确合规计划的刑事法律效应;

目标 3:探索符合我国国情的企业犯罪刑事法律响应机制。

教学安排(课程内容、学时):

1. 合规计划及有效合规

1.1　合规计划概说

1.2　合规计划的要素

1.3　有效合规的判断标准
1.4　合规管理制度的法律意义
2. 刑事合规基础
2.1　刑事合规的概念、属性
2.2　刑事合规规范及其范畴
2.3　刑事合规的现实与法理基础
2.4　合规计划与刑事合规关系
3. 合规计划的刑事法律意义概说
3.1　作为阻却犯罪成立的合规计划
3.2　合规计划在美国判例法上的意义
3.3　作为刑罚裁量事由的合规计划
3.4　合规计划与刑事追诉模式的关联性
3.5　作为不起诉协议内容的合规计划
4. 合规计划与单位犯罪归责
4.1　单位犯罪立法概况
4.2　单位犯罪归责模式比较
4.3　我国单位犯罪的归责模式
4.4　合规计划与组织体责任理论
4.5　合规视域下我国单位犯罪制度重构
5. 企业合规与暂缓起诉制度
5.1　暂缓起诉制度历史演进
5.2　暂缓起诉制度的两种模式
5.3　暂缓起诉制度与合规计划的关联性
5.4　我国的合规不起诉制度建构
6. 刑事风险识别与控制
6.1　企业刑事风险概说
6.2　企业刑事风险识别难点与步骤
6.3　企业刑事风险识防控难点与方法

7. 举报制度

7.1　举报制度的由来

7.2　举报制度的价值

7.3　举报制度的构建原则

7.4　举报制度的设计

7.5　举报信息的处理

8. 内部调查制度

8.1　内部调查概说

8.2　内部调查的启动

8.3　内部调查的展开

8.4　调查结果的转交

8.5　影响处理结果的裁量性事由

8.6　内部调查中的刑事风险

考核方式：

专题汇报：40%

课堂讨论：25%

期末论文：35%

教材或参考资料：

1. 陈瑞华：《企业合规基本理论》，法律出版社2020年版。
2. 李本灿：《合规与刑法》，中国政法大学出版社2018年版。
3. 胡国辉：《企业合规概论》，电子工业出版社2017年版。
4. 王志乐：《企业合规管理操作指南》，中国法制出版社2017年版。
5. 华东师范大学企业合规研究中心编：《企业合规讲义》，中国法制出版社2018年版。
6. 郭青红：《企业合规管理体系实务指南》，人民法院出版社2020年版。

备注：

考虑到企业合规理论与实践在国内尚处于起步阶段，本专题课程在讲授与研讨过程中，会有进一步调整与完善。

第二十章　示范案例

——雀巢公司涉嫌侵犯公民个人信息案

一、案件梳理

(一)案件概况

2011年至2013年9月,被告人郑某、杨某在分别担任雀巢(中国)有限公司西北区婴儿营养部市务经理、兰州分公司婴儿营养部甘肃区域经理期间,为了抢占市场份额,推销雀巢奶粉,授意该公司兰州分公司婴儿营养部员工被告人杨某某、李某某、杜某某、孙某通过拉关系、支付好处费等手段,多次从兰州大学第一附属医院、兰州军区总医院、兰州兰石医院等多家医院医务人员手中非法获取公民个人信息。其中,被告人郑某自2012年2月开始,通过上述手段,非法获取公民个人信息40507条;被告人杨某自2011年开始,通过上述手段,非法获取公民个人信息45659条;被告人杨某某通过上述手段,非法获取公民个人信息20085条;被告人李某某通过上述手段,非法获取公民个人信息14163条;被告人杜某某通过上述手段,非法获取公民个人信息10448条;被告人孙某通过上述手段,非法获取公民个人信息963条。其间,被告人王某甲利用其担任兰州大学第一附属医院妇产科护师的便利,将其在工作中收集的公民个人信息2074条非法提供给被告人杨某某、孙某,收取好处费13610元。被告人丁某某利用其担任兰州军区总医院妇产科护师的便利,将其在工作中收集的公民个人信息996条非法提供给被告人李某某,收取好处费4250元。被告人杨某甲利用其担任兰州兰石医院妇产科护师的便利将其在工作中收集的公民个人信息724条非法提供给被告人杜某某,收取好处费6995元。

（二）人物关系及犯罪事实梳理

姓名	单位/职务	主要犯罪事实
郑某	雀巢（中国）有限公司西北区婴儿营养部市务经理	非法获取公民个人信息 40507 条
杨某	兰州分公司婴儿营养部甘肃区域经理	非法获取公民个人信息 45659 条
杨某某	兰州分公司婴儿营养部员工	非法获取公民个人信息 20085 条
李某某	兰州分公司婴儿营养部员工	非法获取公民个人信息 14163 条
杜某某	兰州分公司婴儿营养部员工	非法获取公民个人信息 10448 条
孙某	兰州分公司婴儿营养部员工	非法获取公民个人信息 963 条
王某甲	兰州大学第一附属医院产科主管护师	将工作中收集的公民个人信息 2074 条非法提供给被告人杨某某、孙某，收取好处费 13610 元
丁某某	兰州军区总医院妇产科副主任护师	将工作中收集的公民个人信息 996 条非法提供给被告人李某某，收取好处费 4250 元
杨某甲	兰州兰石医院妇产科副主任护师	将工作中收集的公民个人信息 724 条非法提供给被告人杜某某，收取好处费 6995 元

注：本案共计 9 名被告人，其中 6 人为雀巢公司员工，3 人为医院护师。

（三）辩护方或被告人提出本案为单位犯罪意见

郑某	一审辩护意见	本案系单位犯罪，应追究雀巢（中国）有限公司、公司主管人员、直接负责人员的刑事责任
	二审辩护意见	本案属于单位犯罪
杨某	一审辩护意见	本案属于单位犯罪
	二审辩护意见	无
杨某某	一审辩护意见	本案属于单位犯罪
	二审辩护意见	本案属于单位犯罪
李某某	一审辩护意见	无
	二审辩护意见	上诉人李某某以自己的行为都是公司下达的任务，所获取的信息都是新生儿父母自愿提供的为由提出上诉
杜某某	一审辩护意见	本案属于单位犯罪
	二审辩护意见	上诉人杜某某以自己的行为是按公司的要求所做，所获取的信息都是提供给公司为由提出上诉
		该案雀巢公司6名涉案员工，在一审或者二审中，都用该行为是单位犯罪或执行单位任务而为自己辩护

（四）判决结果

一审法院经审理，于2016年10月认定郑某等9名被告人构成侵犯公民个人信息罪，分别判处9名被告人免予刑事处罚、拘役或有期徒刑。一审判决后，8名被告人不服，分别提起上诉，二审法院经不公开开庭审理，于2017年5月裁定驳回上诉，维持原判。

二、案件分析

（一）司法实践中对单位犯罪的认定

1. 单位犯罪的主体资格

单位只有具备单位犯罪主体人格，才是法律意义上的“拟制人”。即只有具备单位犯罪主体人格的才是单位犯罪中的“单位”。

根据《刑法》第30条的规定，公司、企业、事业单位、机关、团体实施的危害社会的行为，法律规定为单位犯罪的，应当负刑事责任。最高人民法院《关于审理单位犯罪案件具体应用法律有关问题的解释》（以下简称《单位犯罪解释》）第1条对公司、企业、事业单位作了进一步的规定，即《刑法》第30条规定的“公司、企业、事业单位”，既包括国有、集体所有的公司、企业、事业单位，也包括依法设立的合资经营、合作经营企业和具有法人资格的独资、私营等公司、企业、事业单位。可见，刑法上判断公司、企业、事业单位是否具有单位犯罪的主体资格，主要依据在于是否具有法人资格。办理了《企业法人营业执照》，取得了法人资格的私营公司、企业，应当属于单位的范畴。对于不具有法人资格的私营独资企业和私营合伙企业实施的犯罪行为，应当依照刑法有关自然人犯罪的规定定罪处罚。《全国法院审理金融犯罪案件工作座谈会纪要》中进一步明确，单位的分支机构和内设机构可以作为单位犯罪的主体。但是对于个人进行违法犯罪活动而设立的公司、企业事业单位实施犯罪的，或者公司、企业、事业单位设立后，以实施犯罪为主要活动的，不以单位犯罪论处。

2. 违法所得的归单位所有

单位犯罪的主体人格解决了单位作为行为主体能够在法律意义上从事犯罪活动的资格，具体哪些行为可归入单位犯罪，需要考察“单位行为”是否符合单位犯罪的成立要件，这也是区分单位犯罪与单位内部成员犯罪一个重要指标。

《全国法院审理金融犯罪案件工作座谈会纪要》指出：“以单位名义实施犯罪，违法所得归单位所有的，是单位犯罪。”《单位犯罪解释》第3条进一步规定：“盗用单位名义实施犯罪，违法所得由实施犯罪的个人私分的，依照刑法有关自然人犯罪的规定定罪处罚。”可见，区分单位犯罪与单位成员犯罪的关键，在于是否以单位名义从事该违法犯罪活动，违法所得是否归单位所有。

3. 是否体现单位意志

认定单位犯罪时，需要考虑单位意志的整体性。单位意志的整体性反映了单位整体的罪过，如某一犯罪行为没有反映单位整体的意志却以单位犯罪处理，就违反了罪责自负的原则。犯罪行为由单位决策机构决定，或由单位的负责人或被授权的其他人员决定，足以反映单位整体意志；单位整体意志也只有通过其决策机构或负责人或其授权的人的决定才能得以体现。因此，犯罪行为由单位决策机构决定，或由单位负责人或被授权的其他人员决定，是单位犯罪的构成要件之一。

实践中，判断构成单位犯罪中的主体资格及违法所得的归属相对容易，而单位意志的认定最容易引发争议。因为很多单位的员工是在履行工作职责中伴随了犯罪行为，此时辨别个人是履行单位意志抑或是基于自己的意志触犯刑法则难以厘清界定，如果单位已经充分进行了刑事合规并能够举证，则存在区分单位行为与个人行为的可能，单位将避免因员工个人行为而卷入刑事案件。因此，从这个角度来看，刑事合规对单位的意义非常重大。

（二）雀巢公司在该案中的合规分析

雀巢公司之所以未被认定为单位犯罪，法院判决书列出了以下证据：

1. 雀巢公司参与的中国儿科临床营养管理项目，要求加入该项目的医师签署相应的《医师倡议书》，并征得愿意加入该项目的家长同意，不允许私自收集公民个人信息。

2. 雀巢公司指示（收录于雀巢公司员工培训教材）、雀巢（中国）有限公司情况说明，雀巢公司不允许员工以推销婴儿配方奶粉为目的，直接或间接地与孕妇、哺乳妈妈或公众进行接触，不允许员工未经正当程序或未经公司批准而主动收集公民个人信息。

3. 雀巢公司就 DR（0～3 个月月龄的婴儿用雀巢奶粉的客户）的概念、目标任务、与 DR 相关的信息获取方式等所作的情况说明，DR 任务目标不是收集消费者个人信息，DR 工作完成的实际效果由中国健康促进与教育协会承办的营养咨询中心（NCC）通过电话来了解和评估。为完成电访调研，需要用到消费者自愿提供的部分个人信息，雀巢公司不允许为此向医务人员支付任何资金或者其他利益，也从不为此向员工、医务人员提供奖金。

4. 雀巢公司在《雀巢指示》以及《关于与保健系统关系的图文指引》等文件中明确规定，“对医务专业人员不得进行金钱、物质引诱”。对于这些规定，雀巢公司要求所有营养专员都需接受培训，并签署承诺函。

5. 经当庭质证的医务渠道国际卫生组织（WHO）在线测试成绩、测试卷、关于在高风险国家与医务专业人员和医疗保健机构交往的指示以及员工奖金表均证明,被告人郑某、杨某、李某某、杜某某、杨某某、孙某均参加过雀巢公司不允许营养专员向医务人员支付费用获取公民信息的培训和测试。

6. 雀巢公司的政策与指示、雀巢公司的宪章、关于与卫生保健系统关系的图文指引,均证实雀巢公司遵守世界卫生组织《国家母乳代用品销售守则》及卫生部门的规定,禁止员工向母亲发放婴儿配方奶粉免费样品,禁止向医务专业人员提供金钱或物质的奖励,以引诱其推销婴儿配方奶粉等。

最终一审、二审法院都采纳了雀巢公司的抗辩意见,认定雀巢公司员工郑某等6人搜集公民个人信息的行为与公司无关,是员工个人行为,二审法院裁定书中写道:"单位犯罪是为本单位谋取非法利益之目的,在客观上实施了由本单位集体决定或者由负责人决定的行为。雀巢公司政策、员工行为规范等证据证实,雀巢公司禁止员工从事侵犯公民个人信息的违法犯罪行为,各上诉人违反公司管理规定,为提升个人业绩而实施犯罪为个人行为。"雀巢公司因其优秀的内部合规管理制度,成功进行了单位无罪的抗辩。

三、雀巢公司通过合规管理而无罪抗辩成功的意义与启示

(一)意义

在本案中,雀巢公司以其公司内部治理结构作为抗辩的根据,证明公司明文禁止员工向母亲发放婴儿配方奶粉免费样品,禁止向医务专业人员提供金钱或物质奖励,以引诱其推销婴儿配方奶粉,禁止未经批准自行收集公民个人信息。这些政策和规范不仅明文被列入包括雀巢公司的宪章、公司指示、员工手册等规范性文件之中,而且被列入员工培训内容之中,而本案的6名被告人均接受过相关的培训和测试。

正因如此,这些员工的行为其实是在追求个人工作业绩的考量下所实施的,而雀巢公司既尽到了注意义务,也履行了管理、监督、教育、培训的责任。这些员工的行为违背了雀巢公司的管理规定,当然也就意味着违背了雀巢公司的主观意志。既然雀巢公司对这些员工的行为不知情,也尽到了管理、监督、教育、培训的责任,那么,对这些员工违背公司规定所实施的犯罪行为,雀巢公司

当然就不承担法律责任了。

可以看出，真正将公司责任与员工责任切割开来的，恰恰是公司是否具有实施犯罪行为的“主观意志”问题。雀巢公司内部已经建立的合规管理体系，既排除了公司存在“放任结果发生”的问题（间接故意问题），也否定了公司存在“疏忽大意”或“过于自信”的过失问题，因此成为该公司不承担刑事责任的直接依据。这一裁决的重大突破在于，法院以企业合规管理体系为依据，认定单位不存在构成犯罪所需要的主观意志因素，从而将单位责任与员工个人责任进行了切割。这个案件被称为“企业刑事合规抗辩第一案”。

（二）启示

2018 年 11 月，国务院国有资产监督管理委员会印发《中央企业合规管理指引（试行）》，在我国行政监管部门开始大力推进企业合规管理体系建设的背景下，国有企业已经全面启动了建立合规机制的试验，民营企业的合规体系建设也在推进的过程中。但是目前相关行政法律或刑法并没有为企业合规确立明确的激励机制，企业因为建立合规体系而不承担行政或刑事责任，或者因内部合规管理而被减轻处罚，这在法律上并没有得到确立。

而综观西方国家的法制经验，企业全面建立合规计划的最大推动力，可能是合规激励机制的建立。所谓合规激励机制，是指企业因为建立合规计划而在受到行政处罚或承担刑事责任时能够得到宽大的处理。

英国《反贿赂法》中，建立有效的合规制度是企业免责或量刑的重要抗辩理由。根据英国《反贿赂法》第 7 条“商业组织未能防止贿赂罪”的规定，相关商业组织的关联方（包括员工、代理人、子公司等）为了使该商业组织保留或获得业务或在经营中谋取竞争优势而进行贿赂的，该商业组织将因未能阻止其关联方贿赂而违反《反贿赂法》。如企业能证明其制定了充分的程序来防止关联方行贿，则可以构成抗辩。这是一项绝对抗辩，如企业能证明其具备充分的程序来阻止关联方的贿赂行为，即使发生关联方行贿的个案，企业仍可据此免责。另根据英国量刑委员会制定的《欺诈、贿赂及洗钱犯罪明确指引》（*Fraud, Bribery and Money Laundering Offences Definitive Guideline*），法院在计算对违反《反贿赂法》第 7 条的商业组织所处罚金的数额时，也会考虑违法行为的“可责性”及“危害性”，对于“危害性”进行量化时通常会考虑因贿赂取得的合同所获得或维持的毛利；当毛利无法证明时，对“危害性”进行量化的替代标准为“因未采取恰当措施预防贿赂行为而可能少支出的成本”。这一点体现出了英国司法机关非常重视企业建立合规制度预防贿赂行为。

美国《反海外腐败法》执法机关鼓励企业建立完善的合规制度。该法虽无明确规定企业拥有有效的合规制度可构成企业免责的抗辩，但美国司法部和证券交易委员会在决定是否对违法企业提起诉讼、如何量刑、是否与违法企业达成和解及达成何种和解条件时均会考虑企业是否有充分、有效的合规机制。美国司法部反海外腐败法公司执法政策特别规定了被调查企业自愿披露违法行为、全面配合以及及时对违法行为进行救济的评判标准。特定情形下，即使企业合规制度未能阻止违反《反海外腐败法》行为的发生，企业如在海外腐败案件发生后争取调查执法机关将员工行为与企业行为进行区分，将有可能获得对公司处罚的减免，甚至获得不予追诉的处理决定。

在我国，对于此类合规激励机制，相关法律、法规还没有予以确立。这会导致国内企业对建立合规管理体系的重要性认识不足，使企业通过建立或者完善合规管理体系，来避免处罚或换取宽大处理的动力不足。其中，刑法上的合规激励机制，对于那些已经涉嫌犯罪的企业而言，可能具有至关重要的价值。它可以成为企业被作出无罪处理的直接依据，也可以成为法院减轻刑事处罚的依据，还可以成为企业与检察机关达成暂缓起诉或不起诉的前提条件。我国刑法和刑事诉讼法对此领域的规定依然是空白，企业因为建立合规体系而不承担刑事责任，或者被减轻刑事处罚，在我国刑事类立法中应尽快得到确认。

附录

人力资源社会保障部办公厅　市场监管总局办公厅　统计局办公室关于发布集成电路工程技术人员等职业信息的通知（节选）

（人社厅发〔2021〕17号）

一、新职业信息

（二）2－06－06－06 企业合规师

定义：

从事企业合规建设、管理和监督工作，使企业及企业内部成员行为符合法律法规、监管要求、行业规定和道德规范的人员。

主要工作任务：

1. 制定企业合规管理战略规划和管理计划；
2. 识别、评估合规风险与管理企业的合规义务；
3. 制定并实施企业内部合规管理制度和流程；
4. 开展企业合规咨询、合规调查，处理合规举报；
5. 监控企业合规管理体系运行有效性，开展评价、审计、优化等工作；
6. 处理与外部监管方、合作方相关的合规事务，向服务对象提供相关政策解读服务；
7. 开展企业合规培训、合规考核、合规宣传及合规文化建设。

中央企业合规管理指引（试行）

（国资委发法规〔2018〕106号）

第一章　总　　则

第一条　为推动中央企业全面加强合规管理，加快提升依法合规经营管理水平，着力打造法治央企，保障企业持续健康发展，根据《中华人民共和国公司法》、《中华人民共和国企业国有资产法》等有关法律法规规定，制定本指引。

第二条　本指引所称中央企业，是指国务院国有资产监督管理委员会（以下简称国资委）履行出资人职责的国家出资企业。

本指引所称合规，是指中央企业及其员工的经营管理行为符合法律法规、监管规定、行业准则和企业章程、规章制度以及国际条约、规则等要求。

本指引所称合规风险，是指中央企业及其员工因不合规行为，引发法律责任、受到相关处罚、造成经济或声誉损失以及其他负面影响的可能性。

本指引所称合规管理，是指以有效防控合规风险为目的，以企业和员工经营管理行为为对象，开展包括制度制定、风险识别、合规审查、风险应对、责任追究、考核评价、合规培训等有组织、有计划的管理活动。

第三条　国资委负责指导监督中央企业合规管理工作。

第四条　中央企业应当按照以下原则加快建立健全合规管理体系：

（一）全面覆盖。坚持将合规要求覆盖各业务领域、各部门、各级子企业和分支机构、全体员工，贯穿决策、执行、监督全流程。

（二）强化责任。把加强合规管理作为企业主要负责人履行推进法治建设第一责任人职责的重要内容。建立全员合规责任制，明确管理人员和各岗位员工的合规责任并督促有效落实。

（三）协同联动。推动合规管理与法律风险防范、监察、审计、内控、风险管理等工作相统筹、相衔接,确保合规管理体系有效运行。

(四)客观独立。严格依照法律法规等规定对企业和员工行为进行客观评价和处理。合规管理牵头部门独立履行职责,不受其他部门和人员的干涉。

第二章 合规管理职责

第五条 董事会的合规管理职责主要包括:

(一)批准企业合规管理战略规划、基本制度和年度报告;

(二)推动完善合规管理体系;

(三)决定合规管理负责人的任免;

(四)决定合规管理牵头部门的设置和职能;

(五)研究决定合规管理有关重大事项;

(六)按照权限决定有关违规人员的处理事项。

第六条 监事会的合规管理职责主要包括:

(一)监督董事会的决策与流程是否合规;

(二)监督董事和高级管理人员合规管理职责履行情况;

(三)对引发重大合规风险负有主要责任的董事、高级管理人员提出罢免建议;

(四)向董事会提出撤换公司合规管理负责人的建议。

第七条 经理层的合规管理职责主要包括:

(一)根据董事会决定,建立健全合规管理组织架构;

(二)批准合规管理具体制度规定;

(三)批准合规管理计划,采取措施确保合规制度得到有效执行;

(四)明确合规管理流程,确保合规要求融入业务领域;

(五)及时制止并纠正不合规的经营行为,按照权限对违规人员进行责任追究或提出处理建议;

(六)经董事会授权的其他事项。

第八条 中央企业设立合规委员会,与企业法治建设领导小组或风险控制委员会等合署,承担合规管理的组织领导和统筹协调工作,定期召开会议,研究决定合规管理重大事项或提出意见建议，指导、监督和评价合规管理工作。

第九条 中央企业相关负责人或总法律顾问担任合规管理负责人，主要职责包括：

（一）组织制订合规管理战略规划；

（二）参与企业重大决策并提出合规意见；

（三）领导合规管理牵头部门开展工作；

（四）向董事会和总经理汇报合规管理重大事项；

（五）组织起草合规管理年度报告。

第十条 法律事务机构或其他相关机构为合规管理牵头部门，组织、协调和监督合规管理工作，为其他部门提供合规支持，主要职责包括：

（一）研究起草合规管理计划、基本制度和具体制度规定；

（二）持续关注法律法规等规则变化，组织开展合规风险识别和预警，参与企业重大事项合规审查和风险应对；

（三）组织开展合规检查与考核，对制度和流程进行合规性评价，督促违规整改和持续改进；

（四）指导所属单位合规管理工作；

（五）受理职责范围内的违规举报，组织或参与对违规事件的调查，并提出处理建议；

（六）组织或协助业务部门、人事部门开展合规培训。

第十一条 业务部门负责本领域的日常合规管理工作，按照合规要求完善业务管理制度和流程，主动开展合规风险识别和隐患排查，发布合规预警，组织合规审查，及时向合规管理牵头部门通报风险事项，妥善应对合规风险事件，做好本领域合规培训和商业伙伴合规调查等工作，组织或配合进行违规问题调查并及时整改。

监察、审计、法律、内控、风险管理、安全生产、质量环保等相关部门，在职权范围内履行合规管理职责。

第三章 合规管理重点

第十二条 中央企业应当根据外部环境变化,结合自身实际,在全面推进合规管理的基础上,突出重点领域、重点环节和重点人员,切实防范合规风险。

第十三条 加强对以下重点领域的合规管理:

(一)市场交易。完善交易管理制度,严格履行决策批准程序,建立健全自律诚信体系,突出反商业贿赂、反垄断、反不正当竞争,规范资产交易、招投标等活动。

(二)安全环保。严格执行国家安全生产、环境保护法律法规,完善企业生产规范和安全环保制度,加强监督检查,及时发现并整改违规问题。

(三)产品质量。完善质量体系,加强过程控制,严把各环节质量关,提供优质产品和服务。

(四)劳动用工。严格遵守劳动法律法规,健全完善劳动合同管理制度,规范劳动合同签订、履行、变更和解除,切实维护劳动者合法权益。

(五)财务税收。健全完善财务内部控制体系,严格执行财务事项操作和审批流程,严守财经纪律,强化依法纳税意识,严格遵守税收法律政策。

(六)知识产权。及时申请注册知识产权成果,规范实施许可和转让,加强对商业秘密和商标的保护,依法规范使用他人知识产权,防止侵权行为。

(七)商业伙伴。对重要商业伙伴开展合规调查,通过签订合规协议、要求作出合规承诺等方式促进商业伙伴行为合规。

(八)其他需要重点关注的领域。

第十四条 加强对以下重点环节的合规管理:

(一)制度制定环节。强化对规章制度、改革方案等重要文件的合规审查,确保符合法律法规、监管规定等要求。

(二)经营决策环节。严格落实"三重一大"决策制度,细化各层级决策事项和权限,加强对决策事项的合规论证把关,保障决策依法合规。

(三)生产运营环节。严格执行合规制度,加强对重点流程的监督检查,确保生产经营过程中照章办事、按章操作。

(四)其他需要重点关注的环节。

第十五条 加强对以下重点人员的合规管理:

(一)管理人员。促进管理人员切实提高合规意识,带头依法依规开展经营管理活动,认真履行承担的合规管理职责,强化考核与监督问责。

(二)重要风险岗位人员。根据合规风险评估情况明确界定重要风险岗位,有针对性加大培训力度,使重要风险岗位人员熟悉并严格遵守业务涉及的各项规定,加强监督检查和违规行为追责。

(三)海外人员。将合规培训作为海外人员任职、上岗的必备条件,确保遵守我国和所在国法律法规等相关规定。

(四)其他需要重点关注的人员。

第十六条 强化海外投资经营行为的合规管理:

(一)深入研究投资所在国法律法规及相关国际规则,全面掌握禁止性规定,明确海外投资经营行为的红线、底线;

(二)健全海外合规经营的制度、体系、流程,重视开展项目的合规论证和尽职调查,依法加强对境外机构的管控,规范经营管理行为;

(三)定期排查梳理海外投资经营业务的风险状况,重点关注重大决策、重大合同、大额资金管控和境外子企业公司治理等方面存在的合规风险,妥善处理、及时报告,防止扩大蔓延。

第四章 合规管理运行

第十七条 建立健全合规管理制度,制定全员普遍遵守的合规行为规范,针对重点领域制定专项合规管理制度,并根据法律法规变化和监管动态,及时将外部有关合规要求转化为内部规章制度。

第十八条 建立合规风险识别预警机制,全面系统梳理经营管理活动中存在的合规风险,对风险发生的可能性、影响程度、潜在后果等进行系统分析,对于典型性、普遍性和可能产生较严重后果的风险及时发布预警。

第十九条 加强合规风险应对,针对发现的风险制定预案,采取有效措施,及时应对处置。对于重大合规风险事件,合规委员会统筹领导,合规管理负责人牵头,相关部门协同配合,最大限度化解风险、降低损失。

第二十条　建立健全合规审查机制,将合规审查作为规章制度制定、重大事项决策、重要合同签订、重大项目运营等经营管理行为的必经程序,及时对不合规的内容提出修改建议,未经合规审查不得实施。

第二十一条　强化违规问责,完善违规行为处罚机制,明晰违规责任范围,细化惩处标准。畅通举报渠道,针对反映的问题和线索,及时开展调查,严肃追究违规人员责任。

第二十二条　开展合规管理评估,定期对合规管理体系的有效性进行分析,对重大或反复出现的合规风险和违规问题,深入查找根源,完善相关制度,堵塞管理漏洞,强化过程管控,持续改进提升。

第五章　合规管理保障

第二十三条　加强合规考核评价,把合规经营管理情况纳入对各部门和所属企业负责人的年度综合考核,细化评价指标。对所属单位和员工合规职责履行情况进行评价,并将结果作为员工考核、干部任用、评先选优等工作的重要依据。

第二十四条　强化合规管理信息化建设,通过信息化手段优化管理流程,记录和保存相关信息。运用大数据等工具,加强对经营管理行为依法合规情况的实时在线监控和风险分析,实现信息集成与共享。

第二十五条　建立专业化、高素质的合规管理队伍,根据业务规模、合规风险水平等因素配备合规管理人员,持续加强业务培训,提升队伍能力水平。

海外经营重要地区、重点项目应当明确合规管理机构或配备专职人员,切实防范合规风险。

第二十六条　重视合规培训,结合法治宣传教育,建立制度化、常态化培训机制,确保员工理解、遵循企业合规目标和要求。

第二十七条　积极培育合规文化,通过制定发放合规手册、签订合规承诺书等方式,强化全员安全、质量、诚信和廉洁等意识,树立依法合规、守法诚信的价值观,筑牢合规经营的思想基础。

第二十八条 建立合规报告制度，发生较大合规风险事件，合规管理牵头部门和相关部门应当及时向合规管理负责人、分管领导报告。重大合规风险事件应当向国资委和有关部门报告。

合规管理牵头部门于每年年底全面总结合规管理工作情况，起草年度报告，经董事会审议通过后及时报送国资委。

第六章 附 则

第二十九条 中央企业根据本指引，结合实际制定合规管理实施细则。

地方国有资产监督管理机构可以参照本指引，积极推进所出资企业合规管理工作。

第三十条 本指引由国资委负责解释。

第三十一条 本指引自公布之日起施行。

企业境外经营合规管理指引

（发改外资〔2018〕1916号）

第一章　总　　则

第一条　目的及依据

为更好服务企业开展境外经营业务，推动企业持续加强合规管理，根据国家有关法律法规和政策规定，参考 GB/T 35770—2017《合规管理体系指南》及有关国际合规规则，制定本指引。

第二条　适用范围

本指引适用于开展对外贸易、境外投资、对外承包工程等“走出去”相关业务的中国境内企业及其境外子公司、分公司、代表机构等境外分支机构（以下简称“企业”）。

法律法规对企业合规管理另有专门规定的，从其规定。行业监管部门对企业境外经营合规管理另有专门规定的，有关行业企业应当遵守其规定。

第三条　基本概念

本指引所称合规，是指企业及其员工的经营管理行为符合有关法律法规、国际条约、监管规定、行业准则、商业惯例、道德规范和企业依法制定的章程及规章制度等要求。

第四条　合规管理框架

企业应以倡导合规经营价值观为导向，明确合规管理工作内容，健全合规管理架构，制定合规管理制度，完善合规运行机制，加强合规风险识别、评估与处置，开展合规评审与改进，培育合规文化，形成重视合规经营的企业氛围。

第五条　合规管理原则

（一）独立性原则。企业合规管理应从制度设计、机构设置、岗位安排以及汇报路径等方面保证独立性。合规管理机构及人员承担的其他职责不应与合规职责产生利益冲突。

(二)适用性原则。企业合规管理应从经营范围、组织结构和业务规模等实际出发,兼顾成本与效率,强化合规管理制度的可操作性,提高合规管理的有效性。同时,企业应随着内外部环境的变化持续调整和改进合规管理体系。

(三)全面性原则。企业合规管理应覆盖所有境外业务领域、部门和员工,贯穿决策、执行、监督、反馈等各个环节,体现于决策机制、内部控制、业务流程等各个方面。

第二章　合规管理要求

第六条　对外贸易中的合规要求

企业开展对外货物和服务贸易,应确保经营活动全流程、全方位合规,全面掌握关于贸易管制、质量安全与技术标准、知识产权保护等方面的具体要求,关注业务所涉国家(地区)开展的贸易救济调查,包括反倾销、反补贴、保障措施调查等。

第七条　境外投资中的合规要求

企业开展境外投资,应确保经营活动全流程、全方位合规,全面掌握关于市场准入、贸易管制、国家安全审查、行业监管、外汇管理、反垄断、反洗钱、反恐怖融资等方面的具体要求。

第八条　对外承包工程中的合规要求

企业开展对外承包工程,应确保经营活动全流程、全方位合规,全面掌握关于投标管理、合同管理、项目履约、劳工权利保护、环境保护、连带风险管理、债务管理、捐赠与赞助、反腐败、反贿赂等方面的具体要求。

第九条　境外日常经营中的合规要求

企业开展境外日常经营,应确保经营活动全流程、全方位合规,全面掌握关于劳工权利保护、环境保护、数据和隐私保护、知识产权保护、反腐败、反贿赂、反垄断、反洗钱、反恐怖融资、贸易管制、财务税收等方面的具体要求。

第三章 合规管理架构

第十条 合规治理结构

企业可结合发展需要建立权责清晰的合规治理结构,在决策、管理、执行三个层级上划分相应的合规管理责任。

(一)企业的决策层应以保证企业合规经营为目的,通过原则性顶层设计,解决合规管理工作中的权力配置问题。

(二)企业的高级管理层应分配充足的资源建立、制定、实施、评价、维护和改进合规管理体系。

(三)企业的各执行部门及境外分支机构应及时识别归口管理领域的合规要求,改进合规管理措施,执行合规管理制度和程序,收集合规风险信息,落实相关工作要求。

第十一条 合规管理机构

企业可根据业务性质、地域范围、监管要求等设置相应的合规管理机构。合规管理机构一般由合规委员会、合规负责人和合规管理部门组成。尚不具备条件设立专门合规管理机构的企业,可由相关部门(如法律事务部门、风险防控部门等)履行合规管理职责,同时明确合规负责人。

(一)合规委员会

企业可结合实际设立合规委员会,作为企业合规管理体系的最高负责机构。合规委员会一般应履行以下合规职责:

1. 确认合规管理战略,明确合规管理目标。

2. 建立和完善企业合规管理体系,审批合规管理制度、程序和重大合规风险管理方案。

3. 听取合规管理工作汇报,指导、监督、评价合规管理工作。

(二)合规负责人

企业可结合实际任命专职的首席合规官,也可由法律事务负责人或风险防控负责人等担任合规负责人。首席合规官或合规负责人是企业合规管理工作具体实施的负责人和日常监督者,不应分管与合规管理相冲突的部门。首席合

规官或合规负责人一般应履行以下合规职责:

1. 贯彻执行企业决策层对合规管理工作的各项要求,全面负责企业的合规管理工作。

2. 协调合规管理与企业各项业务之间的关系,监督合规管理执行情况,及时解决合规管理中出现的重大问题。

3. 领导合规管理部门,加强合规管理队伍建设,做好人员选聘培养,监督合规管理部门认真有效地开展工作。

(三)合规管理部门

企业可结合实际设置专职的合规管理部门,或者由具有合规管理职能的相关部门承担合规管理职责。合规管理部门一般应履行以下合规职责:

1. 持续关注我国及业务所涉国家(地区)法律法规、监管要求和国际规则的最新发展,及时提供合规建议。

2. 制定企业的合规管理制度和年度合规管理计划,并推动其贯彻落实。

3. 审查评价企业规章制度和业务流程的合规性,组织、协调和监督各业务部门对规章制度和业务流程进行梳理和修订。

4. 组织或协助业务部门、人事部门开展合规培训,并向员工提供合规咨询。

5. 积极主动识别和评估与企业境外经营相关的合规风险,并监管与供应商、代理商、分销商、咨询顾问和承包商等第三方(以下简称"第三方")相关的合规风险。为新产品和新业务的开发提供必要的合规性审查和测试,识别和评估新业务的拓展、新客户关系的建立以及客户关系发生重大变化等所产生的合规风险,并制定应对措施。

6. 实施充分且具有代表性的合规风险评估和测试,查找规章制度和业务流程存在的缺陷,并进行相应的调查。对已发生的合规风险或合规测试发现的合规缺陷,应提出整改意见并监督有关部门进行整改。

7. 针对合规举报信息制定调查方案并开展调查。

8. 推动将合规责任纳入岗位职责和员工绩效管理流程。建立合规绩效指标,监控和衡量合规绩效,识别改进需求。

9. 建立合规报告和记录的台账,制定合规资料管理流程。

10. 建立并保持与境内外监管机构日常的工作联系,跟踪和评估监管意见和监管要求的落实情况。

第十二条 合规管理协调

(一)合规管理部门与业务部门分工协作

合规管理需要合规管理部门和业务部门密切配合。境外经营相关业务部门应主动进行日常合规管理工作,识别业务范围内的合规要求,制定并落实业务管理制度和风险防范措施,组织或配合合规管理部门进行合规审查和风险评估,组织或监督违规调查及整改工作。

(二)合规管理部门与其他监督部门分工协作

合规管理部门与其他具有合规管理职能的监督部门(如审计部门、监察部门等)应建立明确的合作和信息交流机制,加强协调配合,形成管理合力。企业应根据风险防控需要以及各监督部门的职责分工划分合规管理职责,确保各业务系统合规运营。

(三)企业与外部监管机构沟通协调

企业应积极与境内外监管机构建立沟通渠道,了解监管机构期望的合规流程,制定符合监管机构要求的合规制度,降低在报告义务和行政处罚等方面的风险。

(四)企业与第三方沟通协调

企业与第三方合作时,应做好相关的国别风险研究和项目尽职调查,深入了解第三方合规管理情况。企业应当向重要的第三方传达自身的合规要求和对对方的合规要求,并在商务合同中明确约定。

第四章 合规管理制度

第十三条 合规行为准则

合规行为准则是最重要、最基本的合规制度,是其他合规制度的基础和依据,适用于所有境外经营相关部门和员工,以及代表企业从事境外经营活动的第三方。合规行为准则应规定境外经营活动中必须遵守的基本原则和标准,包括但不限于企业核心价值观、合规目标、合规的内涵、行为准则的适用范围和地位、企业及员工适用的合规行事标准、违规的应对方式和后果等。

第十四条 合规管理办法

企业应在合规行为准则的基础上,针对特定主题或特定风险领域制定具体的合规管理办法,包括但不限于礼品及招待、赞助及捐赠、利益冲突管理、举报管理和内部调查、人力资源管理、税务管理、商业伙伴合规管理等内容。

企业还应针对特定行业或地区的合规要求,结合企业自身的特点和发展需要,制定相应的合规风险管理办法。例如金融业及有关行业的反洗钱及反恐怖融资政策,银行、通信、医疗等行业的数据和隐私保护政策等。

第十五条 合规操作流程

企业可结合境外经营实际,就合规行为准则和管理办法制定相应的合规操作流程,进一步细化标准和要求。也可将具体的标准和要求融入到现有的业务流程当中,便于员工理解和落实,确保各项经营行为合规。

第五章 合规管理运行机制

第十六条 合规培训

企业应将合规培训纳入员工培训计划,培训内容需随企业内外部环境变化进行动态调整。境外经营相关部门和境外分支机构的所有员工,均应接受合规培训,了解并掌握企业的合规管理制度和风险防控要求。决策层和高级管理层应带头接受合规培训,高风险领域、关键岗位员工应接受有针对性的专题合规培训。合规培训应做好记录留存。

第十七条 合规汇报

合规负责人和合规管理部门应享有通畅的合规汇报渠道。

合规管理部门应当定期向决策层和高级管理层汇报合规管理情况。汇报内容一般包括但不限于合规风险评估情况,合规培训的组织情况和效果评估,发现的违规行为以及处理情况,违规行为可能给组织带来的合规风险,已识别的合规漏洞或缺陷,建议采取的纠正措施,合规管理工作的整体评价和分析等。

如发生性质严重或可能给企业带来重大合规风险的违规行为,合规负责人或合规管理部门应当及时向决策层和高级管理层汇报,提出风险警示,并采取纠正措施。

第十八条　合规考核

合规考核应全面覆盖企业的各项管理工作。合规考核结果应作为企业绩效考核的重要依据,与评优评先、职务任免、职务晋升以及薪酬待遇等挂钩。

境外经营相关部门和境外分支机构可以制定单独的合规绩效考核机制,也可将合规考核标准融入到总体的绩效管理体系中。考核内容包括但不限于按时参加合规培训,严格执行合规管理制度,积极支持和配合合规管理机构工作,及时汇报合规风险等。

第十九条　合规咨询与审核

境外经营相关部门和境外分支机构及其员工在履职过程中遇到合规风险事项,应及时主动寻求合规咨询或审核支持。

企业应针对高合规风险领域规定强制合规咨询范围。在涉及重点领域或重要业务环节时,业务部门应主动咨询合规管理部门意见。合规管理部门应在合理时间内答复或启动合规审核流程。

对于复杂或专业性强且存在重大合规风险的事项,合规管理部门应按照制度规定听取法律顾问、公司律师意见,或委托专业机构召开论证会后再形成审核意见。

第二十条　合规信息举报与调查

企业应根据自身特点和实际情况建立和完善合规信息举报体系。员工、客户和第三方均有权进行举报和投诉,企业应充分保护举报人。

合规管理部门或其他受理举报的监督部门应针对举报信息制定调查方案并开展调查。形成调查结论以后,企业应按照相关管理制度对违规行为进行处理。

第二十一条　合规问责

企业应建立全面有效的合规问责制度,明晰合规责任范围,细化违规惩处标准,严格认定和追究违规行为责任。

第六章　合规风险识别、评估与处置

第二十二条　合规风险

合规风险,是指企业或其员工因违规行为遭受法律制裁、监管处罚、重大财产损失或声誉损失以及其他负面影响的可能性。

第二十三条 合规风险识别

企业应当建立必要的制度和流程,识别新的和变更的合规要求。企业可围绕关键岗位或者核心业务流程,通过合规咨询、审核、考核和违规查处等内部途径识别合规风险,也可通过外部法律顾问咨询、持续跟踪监管机构有关信息、参加行业组织研讨等方式获悉外部监管要求的变化,识别合规风险。

企业境外分支机构可通过聘请法律顾问、梳理行业合规案例等方式动态了解掌握业务所涉国家(地区)政治经济和法律环境的变化,及时采取应对措施,有效识别各类合规风险。

第二十四条 合规风险评估

企业可通过分析违规或可能造成违规的原因、来源、发生的可能性、后果的严重性等进行合规风险评估。

企业可根据企业的规模、目标、市场环境及风险状况确定合规风险评估的标准和合规风险管理的优先级。

企业进行合规风险评估后应形成评估报告,供决策层、高级管理层和业务部门等使用。评估报告内容包括风险评估实施概况、合规风险基本评价、原因机制、可能的损失、处置建议、应对措施等。

第二十五条 合规风险处置

企业应建立健全合规风险应对机制,对识别评估的各类合规风险采取恰当的控制和处置措施。发生重大合规风险时,企业合规管理机构和其他相关部门应协同配合,依法及时采取补救措施,最大程度降低损失。必要时,应及时报告有关监管机构。

第七章 合规评审与改进

第二十六条 合规审计

企业合规管理职能应与内部审计职能分离。企业审计部门应对企业合规管理的执行情况、合规管理体系的适当性和有效性等进行独立审计。审计部门应将合规审计结果告知合规管理部门,合规管理部门也可根据合规风险的识别和评估情况向审计部门提出开展审计工作的建议。

第二十七条　合规管理体系评价

企业应定期对合规管理体系进行系统全面的评价,发现和纠正合规管理贯彻执行中存在的问题,促进合规体系的不断完善。合规管理体系评价可由企业合规管理相关部门组织开展或委托外部专业机构开展。

企业在开展效果评价时,应考虑企业面临的合规要求变化情况,不断调整合规管理目标,更新合规风险管理措施,以满足内外部合规管理要求。

第二十八条　持续改进

企业应根据合规审计和体系评价情况,进入合规风险再识别和合规制度再制定的持续改进阶段,保障合规管理体系全环节的稳健运行。

企业应积极配合监管机构的监督检查,并根据监管要求及时改进合规管理体系,提高合规管理水平。

第八章　合规文化建设

第二十九条　合规文化培育

企业应将合规文化作为企业文化建设的重要内容。企业决策层和高级管理层应确立企业合规理念,注重身体力行。企业应践行依法合规、诚信经营的价值观,不断增强员工的合规意识和行为自觉,营造依规办事、按章操作的文化氛围。

第三十条　合规文化推广

企业应将合规作为企业经营理念和社会责任的重要内容,并将合规文化传递至利益相关方。企业应树立积极正面的合规形象,促进行业合规文化发展,营造和谐健康的境外经营环境。

上市公司治理准则（2018修订）

（中国证券监督管理委员会公告〔2018〕29号）

第一章　总　　则

第一条　为规范上市公司运作，提升上市公司治理水平，保护投资者合法权益，促进我国资本市场稳定健康发展，根据《中华人民共和国公司法》（以下简称《公司法》）、《中华人民共和国证券法》及相关法律、行政法规等确定的基本原则，借鉴境内外公司治理实践经验，制定本准则。

第二条　本准则适用于依照《公司法》设立且股票在中国境内证券交易所上市交易的股份有限公司。

上市公司应当贯彻本准则所阐述的精神，改善公司治理。上市公司章程及与治理相关的文件，应当符合本准则的要求。鼓励上市公司根据自身特点，探索和丰富公司治理实践，提升公司治理水平。

第三条　上市公司应当贯彻落实创新、协调、绿色、开放、共享的发展理念，弘扬优秀企业家精神，积极履行社会责任，形成良好公司治理实践。

上市公司治理应当健全、有效、透明，强化内部和外部的监督制衡，保障股东的合法权利并确保其得到公平对待，尊重利益相关者的基本权益，切实提升企业整体价值。

第四条　上市公司股东、实际控制人、董事、监事、高级管理人员，应当依照法律、行政法规、部门规章、规范性文件（以下统称法律法规）和自律规则行使权利、履行义务，维护上市公司利益。董事、监事、高级管理人员应当持续学习，不断提高履职能力，忠实、勤勉、谨慎履职。

第五条　在上市公司中，根据《公司法》的规定，设立中国共产党的组织，开展党的活动。上市公司应当为党组织的活动提供必要条件。

国有控股上市公司根据《公司法》和有关规定,结合企业股权结构、经营管理等实际,把党建工作有关要求写入公司章程。

第六条　中国证监会及其派出机构依法对上市公司治理活动及相关主体的行为进行监督管理,对公司治理存在重大问题的,督促其采取有效措施予以改善。

证券交易所、中国上市公司协会以及其他证券基金期货行业自律组织,依照本准则规定,制定相关自律规则,对上市公司加强自律管理。

中国证监会及其派出机构和有关自律组织,可以对上市公司治理状况进行评估,促进其不断改善公司治理。

第二章　股东与股东大会

第一节　股 东 权 利

第七条　股东依照法律法规和公司章程享有权利并承担义务。

上市公司章程、股东大会决议或者董事会决议等应当依法合规,不得剥夺或者限制股东的法定权利。

第八条　在上市公司治理中,应当依法保障股东权利,注重保护中小股东合法权益。

第九条　上市公司应当建立与股东畅通有效的沟通渠道,保障股东对公司重大事项的知情、参与决策和监督等权利。

第十条　上市公司应当积极回报股东,在公司章程中明确利润分配办法尤其是现金分红政策。上市公司应当披露现金分红政策制定及执行情况,具备条件而不进行现金分红的,应当充分披露原因。

第十一条　股东有权依照法律、行政法规的规定,通过民事诉讼或者其他法律手段维护其合法权利。

第二节　股东大会的规范

第十二条　上市公司应当在公司章程中规定股东大会的召集、召开和表决等程序。

上市公司应当制定股东大会议事规则,并列入公司章程或者作为章程附件。

第十三条 股东大会提案的内容应当符合法律法规和公司章程的有关规定,属于股东大会职权范围,有明确议题和具体决议事项。

第十四条 上市公司应当在公司章程中规定股东大会对董事会的授权原则,授权内容应当明确具体。股东大会不得将法定由股东大会行使的职权授予董事会行使。

第十五条 股东大会会议应当设置会场,以现场会议与网络投票相结合的方式召开。现场会议时间、地点的选择应当便于股东参加。上市公司应当保证股东大会会议合法、有效,为股东参加会议提供便利。股东大会应当给予每个提案合理的讨论时间。

股东可以本人投票或者依法委托他人投票,两者具有同等法律效力。

第十六条 上市公司董事会、独立董事和符合有关条件的股东可以向公司股东征集其在股东大会上的投票权。上市公司及股东大会召集人不得对股东征集投票权设定最低持股比例限制。

投票权征集应当采取无偿的方式进行,并向被征集人充分披露具体投票意向等信息。不得以有偿或者变相有偿的方式征集股东投票权。

第十七条 董事、监事的选举,应当充分反映中小股东意见。股东大会在董事、监事选举中应当积极推行累积投票制。单一股东及其一致行动人拥有权益的股份比例在30%及以上的上市公司,应当采用累积投票制。采用累积投票制的上市公司应当在公司章程中规定实施细则。

第三章 董事与董事会

第一节 董事的选任

第十八条 上市公司应当在公司章程中规定规范、透明的董事提名、选任程序,保障董事选任公开、公平、公正。

第十九条　上市公司应当在股东大会召开前披露董事候选人的详细资料,便于股东对候选人有足够的了解。

董事候选人应当在股东大会通知公告前作出书面承诺,同意接受提名,承诺公开披露的候选人资料真实、准确、完整,并保证当选后切实履行董事职责。

第二十条　上市公司应当和董事签订合同,明确公司和董事之间的权利义务、董事的任期、董事违反法律法规和公司章程的责任以及公司因故提前解除合同的补偿等内容。

第二节　董事的义务

第二十一条　董事应当遵守法律法规及公司章程有关规定,忠实、勤勉、谨慎履职,并履行其作出的承诺。

第二十二条　董事应当保证有足够的时间和精力履行其应尽的职责。

董事应当出席董事会会议,对所议事项发表明确意见。董事本人确实不能出席的,可以书面委托其他董事按其意愿代为投票,委托人应当独立承担法律责任。独立董事不得委托非独立董事代为投票。

第二十三条　董事应当对董事会的决议承担责任。董事会的决议违反法律法规或者公司章程、股东大会决议,致使上市公司遭受严重损失的,参与决议的董事对公司负赔偿责任。但经证明在表决时曾表明异议并记载于会议记录的,该董事可以免除责任。

第二十四条　经股东大会批准,上市公司可以为董事购买责任保险。责任保险范围由合同约定,但董事因违反法律法规和公司章程规定而导致的责任除外。

第三节　董事会的构成和职责

第二十五条　董事会的人数及人员构成应当符合法律法规的要求,专业结构合理。董事会成员应当具备履行职责所必需的知识、技能和素质。鼓励董事会成员的多元化。

第二十六条 董事会对股东大会负责,执行股东大会的决议。

董事会应当依法履行职责,确保上市公司遵守法律法规和公司章程的规定,公平对待所有股东,并关注其他利益相关者的合法权益。

第二十七条 上市公司应当保障董事会依照法律法规和公司章程的规定行使职权,为董事正常履行职责提供必要的条件。

第二十八条 上市公司设董事会秘书,负责公司股东大会和董事会会议的筹备及文件保管、公司股东资料的管理、办理信息披露事务、投资者关系工作等事宜。

董事会秘书作为上市公司高级管理人员,为履行职责有权参加相关会议,查阅有关文件,了解公司的财务和经营等情况。董事会及其他高级管理人员应当支持董事会秘书的工作。任何机构及个人不得干预董事会秘书的正常履职行为。

第四节 董事会议事规则

第二十九条 上市公司应当制定董事会议事规则,报股东大会批准,并列入公司章程或者作为章程附件。

第三十条 董事会应当定期召开会议,并根据需要及时召开临时会议。董事会会议议题应当事先拟定。

第三十一条 董事会会议应当严格依照规定的程序进行。董事会应当按规定的时间事先通知所有董事,并提供足够的资料。两名及以上独立董事认为资料不完整或者论证不充分的,可以联名书面向董事会提出延期召开会议或者延期审议该事项,董事会应当予以采纳,上市公司应当及时披露相关情况。

第三十二条 董事会会议记录应当真实、准确、完整。出席会议的董事、董事会秘书和记录人应当在会议记录上签名。董事会会议记录应当妥善保存。

第三十三条 董事会授权董事长在董事会闭会期间行使董事会部分职权的,上市公司应当在公司章程中明确规定授权的原则和具体内容。上市公司重大事项应当由董事会集体决策,不得将法定由董事会行使的职权授予董事长、总经理等行使。

第五节　独立董事

第三十四条　上市公司应当依照有关规定建立独立董事制度。独立董事不得在上市公司兼任除董事会专门委员会委员外的其他职务。

第三十五条　独立董事的任职条件、选举更换程序等,应当符合有关规定。独立董事不得与其所受聘上市公司及其主要股东存在可能妨碍其进行独立客观判断的关系。

第三十六条　独立董事享有董事的一般职权,同时依照法律法规和公司章程针对相关事项享有特别职权。

独立董事应当独立履行职责,不受上市公司主要股东、实际控制人以及其他与上市公司存在利害关系的组织或者个人影响。上市公司应当保障独立董事依法履职。

第三十七条　独立董事应当依法履行董事义务,充分了解公司经营运作情况和董事会议题内容,维护上市公司和全体股东的利益,尤其关注中小股东的合法权益保护。独立董事应当按年度向股东大会报告工作。

上市公司股东间或者董事间发生冲突、对公司经营管理造成重大影响的,独立董事应当主动履行职责,维护上市公司整体利益。

第六节　董事会专门委员会

第三十八条　上市公司董事会应当设立审计委员会,并可以根据需要设立战略、提名、薪酬与考核等相关专门委员会。专门委员会对董事会负责,依照公司章程和董事会授权履行职责,专门委员会的提案应当提交董事会审议决定。

专门委员会成员全部由董事组成,其中审计委员会、提名委员会、薪酬与考核委员会中独立董事应当占多数并担任召集人,审计委员会的召集人应当为会计专业人士。

第三十九条　审计委员会的主要职责包括:

(一)监督及评估外部审计工作,提议聘请或者更换外部审计机构;

(二)监督及评估内部审计工作,负责内部审计与外部审计的协调;

(三)审核公司的财务信息及其披露;

(四)监督及评估公司的内部控制;

(五)负责法律法规、公司章程和董事会授权的其他事项。

第四十条 战略委员会的主要职责是对公司长期发展战略和重大投资决策进行研究并提出建议。

第四十一条 提名委员会的主要职责包括:

(一)研究董事、高级管理人员的选择标准和程序并提出建议;

(二)遴选合格的董事人选和高级管理人员人选;

(三)对董事人选和高级管理人员人选进行审核并提出建议。

第四十二条 薪酬与考核委员会的主要职责包括:

(一)研究董事与高级管理人员考核的标准,进行考核并提出建议;

(二)研究和审查董事、高级管理人员的薪酬政策与方案。

第四十三条 专门委员会可以聘请中介机构提供专业意见。专门委员会履行职责的有关费用由上市公司承担。

第四章 监事与监事会

第四十四条 监事选任程序、监事会议事规则制定、监事会会议参照本准则对董事、董事会的有关规定执行。职工监事依照法律法规选举产生。

第四十五条 监事会的人员和结构应当确保监事会能够独立有效地履行职责。监事应当具有相应的专业知识或者工作经验,具备有效履职能力。上市公司董事、高级管理人员不得兼任监事。

上市公司可以依照公司章程的规定设立外部监事。

第四十六条 监事有权了解公司经营情况。上市公司应当采取措施保障监事的知情权,为监事正常履行职责提供必要的协助,任何人不得干预、阻挠。监事履行职责所需的有关费用由公司承担。

第四十七条 监事会依法检查公司财务,监督董事、高级管理人员履职的合法合规性,行使公司章程规定的其他职权,维护上市公司及股东的合法权益。监事会可以独立聘请中介机构提供专业意见。

第四十八条 监事会可以要求董事、高级管理人员、内部及外部审计人员等列席监事会会议,回答所关注的问题。

第四十九条 监事会的监督记录以及进行财务检查的结果应当作为对董事、高级管理人员绩效评价的重要依据。

第五十条 监事会发现董事、高级管理人员违反法律法规或者公司章程的,应当履行监督职责,并向董事会通报或者向股东大会报告,也可以直接向中国证监会及其派出机构、证券交易所或者其他部门报告。

第五章 高级管理人员与公司激励约束机制

第一节 高级管理人员

第五十一条 高级管理人员的聘任,应当严格依照有关法律法规和公司章程的规定进行。上市公司控股股东、实际控制人及其关联方不得干预高级管理人员的正常选聘程序,不得越过股东大会、董事会直接任免高级管理人员。

鼓励上市公司采取公开、透明的方式,选聘高级管理人员。

第五十二条 上市公司应当和高级管理人员签订聘任合同,明确双方的权利义务关系。

高级管理人员的聘任和解聘应当履行法定程序,并及时披露。

第五十三条 上市公司应当在公司章程或者公司其他制度中明确高级管理人员的职责。高级管理人员应当遵守法律法规和公司章程,忠实、勤勉、谨慎地履行职责。

第五十四条 高级管理人员违反法律法规和公司章程规定,致使上市公司遭受损失的,公司董事会应当采取措施追究其法律责任。

第二节　绩效与履职评价

第五十五条　上市公司应当建立公正透明的董事、监事和高级管理人员绩效与履职评价标准和程序。

第五十六条　董事和高级管理人员的绩效评价由董事会或者其下设的薪酬与考核委员会负责组织,上市公司可以委托第三方开展绩效评价。

独立董事、监事的履职评价采取自我评价、相互评价等方式进行。

第五十七条　董事会、监事会应当向股东大会报告董事、监事履行职责的情况、绩效评价结果及其薪酬情况,并由上市公司予以披露。

第三节　薪酬与激励

第五十八条　上市公司应当建立薪酬与公司绩效、个人业绩相联系的机制,以吸引人才,保持高级管理人员和核心员工的稳定。

第五十九条　上市公司对高级管理人员的绩效评价应当作为确定高级管理人员薪酬以及其他激励的重要依据。

第六十条　董事、监事报酬事项由股东大会决定。在董事会或者薪酬与考核委员会对董事个人进行评价或者讨论其报酬时,该董事应当回避。

高级管理人员的薪酬分配方案应当经董事会批准,向股东大会说明,并予以充分披露。

第六十一条　上市公司章程或者相关合同中涉及提前解除董事、监事和高级管理人员任职的补偿内容应当符合公平原则,不得损害上市公司合法权益,不得进行利益输送。

第六十二条　上市公司可以依照相关法律法规和公司章程,实施股权激励和员工持股等激励机制。

上市公司的激励机制,应当有利于增强公司创新发展能力,促进上市公司可持续发展,不得损害上市公司及股东的合法权益。

第六章　控股股东及其关联方与上市公司

第一节　控股股东及其关联方行为规范

第六十三条　控股股东、实际控制人对上市公司及其他股东负有诚信义务。控股股东对其所控股的上市公司应当依法行使股东权利,履行股东义务。控股股东、实际控制人不得利用其控制权损害上市公司及其他股东的合法权益,不得利用对上市公司的控制地位谋取非法利益。

第六十四条　控股股东提名上市公司董事、监事候选人的,应当遵循法律法规和公司章程规定的条件和程序。控股股东不得对股东大会人事选举结果和董事会人事聘任决议设置批准程序。

第六十五条　上市公司的重大决策应当由股东大会和董事会依法作出。控股股东、实际控制人及其关联方不得违反法律法规和公司章程干预上市公司的正常决策程序,损害上市公司及其他股东的合法权益。

第六十六条　控股股东、实际控制人及上市公司有关各方作出的承诺应当明确、具体、可执行,不得承诺根据当时情况判断明显不可能实现的事项。承诺方应当在承诺中作出履行承诺声明、明确违反承诺的责任,并切实履行承诺。

第六十七条　上市公司控制权发生变更的,有关各方应当采取有效措施保持上市公司在过渡期间内稳定经营。出现重大问题的,上市公司应当向中国证监会及其派出机构、证券交易所报告。

第二节　上市公司的独立性

第六十八条　控股股东、实际控制人与上市公司应当实行人员、资产、财务分开,机构、业务独立,各自独立核算、独立承担责任和风险。

第六十九条　上市公司人员应当独立于控股股东。上市公司的高级管理人员在控股股东不得担任除董事、监事以外的其他行政职务。控股股东高级管理人员兼任上市公司董事、监事的,应当保证有足够的时间和精力承担上市公司的工作。

第七十条 控股股东投入上市公司的资产应当独立完整、权属清晰。

控股股东、实际控制人及其关联方不得占用、支配上市公司资产。

第七十一条 上市公司应当依照法律法规和公司章程建立健全财务、会计管理制度,坚持独立核算。

控股股东、实际控制人及其关联方应当尊重上市公司财务的独立性,不得干预上市公司的财务、会计活动。

第七十二条 上市公司的董事会、监事会及其他内部机构应当独立运作。控股股东、实际控制人及其内部机构与上市公司及其内部机构之间没有上下级关系。

控股股东、实际控制人及其关联方不得违反法律法规、公司章程和规定程序干涉上市公司的具体运作,不得影响其经营管理的独立性。

第七十三条 上市公司业务应当独立于控股股东、实际控制人。

控股股东、实际控制人及其控制的其他单位不应从事与上市公司相同或者相近的业务。控股股东、实际控制人应当采取有效措施避免同业竞争。

第三节 关联交易

第七十四条 上市公司关联交易应当依照有关规定严格履行决策程序和信息披露义务。

第七十五条 上市公司应当与关联方就关联交易签订书面协议。协议的签订应当遵循平等、自愿、等价、有偿的原则,协议内容应当明确、具体、可执行。

第七十六条 上市公司应当采取有效措施防止关联方以垄断采购或者销售渠道等方式干预公司的经营,损害公司利益。关联交易应当具有商业实质,价格应当公允,原则上不偏离市场独立第三方的价格或者收费标准等交易条件。

第七十七条 上市公司及其关联方不得利用关联交易输送利益或者调节利润,不得以任何方式隐瞒关联关系。

第七章 机构投资者及其他相关机构

第七十八条 鼓励社会保障基金、企业年金、保险资金、公募基金的管理机构和国家金融监督管理机构依法监管的其他投资主体等机构投资者,通过依法行使表决权、质询权、建议权等相关股东权利,合理参与公司治理。

第七十九条 机构投资者依照法律法规和公司章程,通过参与重大事项决策,推荐董事、监事人选,监督董事、监事履职情况等途径,在上市公司治理中发挥积极作用。

第八十条 鼓励机构投资者公开其参与上市公司治理的目标与原则、表决权行使的策略、股东权利行使的情况及效果。

第八十一条 证券公司、律师事务所、会计师事务所等中介机构在为上市公司提供保荐承销、财务顾问、法律、审计等专业服务时,应当积极关注上市公司治理状况,促进形成良好公司治理实践。

上市公司应当审慎选择为其提供服务的中介机构,注重了解中介机构诚实守信、勤勉尽责状况。

第八十二条 中小投资者保护机构应当在上市公司治理中发挥积极作用,通过持股行权等方式多渠道保护中小投资者合法权益。

第八章 利益相关者、环境保护与社会责任

第八十三条 上市公司应当尊重银行及其他债权人、员工、客户、供应商、社区等利益相关者的合法权利,与利益相关者进行有效的交流与合作,共同推动公司持续健康发展。

第八十四条 上市公司应当为维护利益相关者的权益提供必要的条件,当其合法权益受到侵害时,利益相关者应当有机会和途径依法获得救济。

第八十五条 上市公司应当加强员工权益保护,支持职工代表大会、工会组织依法行使职权。董事会、监事会和管理层应当建立与员工多元化的沟通交流渠道,听取员工对公司经营、财务状况以及涉及员工利益的重大事项的意见。

第八十六条　上市公司应当积极践行绿色发展理念，将生态环保要求融入发展战略和公司治理过程，主动参与生态文明建设，在污染防治、资源节约、生态保护等方面发挥示范引领作用。

第八十七条　上市公司在保持公司持续发展、提升经营业绩、保障股东利益的同时，应当在社区福利、救灾助困、公益事业等方面，积极履行社会责任。

鼓励上市公司结对帮扶贫困县或者贫困村，主动对接、积极支持贫困地区发展产业、培养人才、促进就业。

第九章　信息披露与透明度

第八十八条　上市公司应当建立并执行信息披露事务管理制度。上市公司及其他信息披露义务人应当严格依照法律法规、自律规则和公司章程的规定，真实、准确、完整、及时、公平地披露信息，不得有虚假记载、误导性陈述、重大遗漏或者其他不正当披露。信息披露事项涉及国家秘密、商业机密的，依照相关规定办理。

第八十九条　董事、监事、高级管理人员应当保证上市公司披露信息的真实、准确、完整、及时、公平。

上市公司应当制定规范董事、监事、高级管理人员对外发布信息的行为规范，明确未经董事会许可不得对外发布的情形。

第九十条　持股达到规定比例的股东、实际控制人以及收购人、交易对方等信息披露义务人应当依照相关规定进行信息披露，并配合上市公司的信息披露工作，及时告知上市公司控制权变更、权益变动、与其他单位和个人的关联关系及其变化等重大事项，答复上市公司的问询，保证所提供的信息真实、准确、完整。

第九十一条　鼓励上市公司除依照强制性规定披露信息外，自愿披露可能对股东和其他利益相关者决策产生影响的信息。

自愿性信息披露应当遵守公平原则，保持信息披露的持续性和一致性，不得进行选择性披露，不得利用自愿性信息披露从事市场操纵、内幕交易或者其他违法违规行为，不得违反公序良俗、损害社会公共利益。自愿披露具有一定预测性质信息的,应当明确预测的依据,并提示可能出现的不确定性和风险。

第九十二条　信息披露义务人披露的信息,应当简明清晰、便于理解。上市公司应当保证使用者能够通过经济、便捷的方式获得信息。

第九十三条　董事长对上市公司信息披露事务管理承担首要责任。

董事会秘书负责组织和协调公司信息披露事务,办理上市公司信息对外公布等相关事宜。

第九十四条　上市公司应当建立内部控制及风险管理制度,并设立专职部门或者指定内设部门负责对公司的重要营运行为、下属公司管控、财务信息披露和法律法规遵守执行情况进行检查和监督。

上市公司依照有关规定定期披露内部控制制度建设及实施情况,以及会计师事务所对上市公司内部控制有效性的审计意见。

第九十五条　上市公司应当依照法律法规和有关部门的要求,披露环境信息以及履行扶贫等社会责任相关情况。

第九十六条　上市公司应当依照有关规定披露公司治理相关信息,定期分析公司治理状况,制定改进公司治理的计划和措施并认真落实。

第十章　附　　则

第九十七条　中国证监会及其他部门依法对相关上市公司治理安排有特别规定的,应当遵守其规定。试点红筹企业在境内发行股票或者存托凭证并上市的,除适用境外注册地法律法规的事项外,公司治理参照本准则执行。

第九十八条　本准则自公布之日起施行。2002 年 1 月 7 日发布的《上市公司治理准则》(证监发〔2002〕1 号)同时废止。

经营者反垄断合规指南

（国反垄发〔2020〕1号）

第一章　总　　则

第一条　目的和依据

为鼓励经营者培育公平竞争的合规文化，建立反垄断合规管理制度，提高对垄断行为的认识，防范反垄断合规风险，保障经营者持续健康发展，促进《中华人民共和国反垄断法》（以下简称《反垄断法》）的全面实施，根据《反垄断法》等法律规定，制定本指南。

第二条　适用范围

本指南适用于《反垄断法》规定的经营者。

第三条　基本概念

本指南所称合规，是指经营者及其员工的经营管理行为符合《反垄断法》等法律、法规、规章及其他规范性文件（以下统称反垄断法相关规定）的要求。

本指南所称合规风险，是指经营者及其员工因反垄断不合规行为，引发法律责任、造成经济或者声誉损失以及其他负面影响的可能性。

本指南所称合规管理，是指以预防和降低反垄断合规风险为目的，以经营者及其员工经营管理行为为对象，开展包括制度制定、风险识别、风险应对、考核评价、合规培训等管理活动。

第四条　合规文化倡导

经营者应当诚实守信，公平竞争，倡导和培育良好的合规文化，在生产经营活动中严格守法，避免从事反垄断法相关规定禁止的垄断行为。

第二章　合规管理制度

第五条　建立合规制度

经营者建立并有效执行反垄断合规管理制度，有助于提高经营管理水平，避免引发合规风险，树立依法经营的良好形象。

经营者可以根据业务状况、规模大小、行业特性等，建立反垄断合规管理制度，或者在现有合规管理制度中开展反垄断合规管理专项工作。

第六条　合规承诺

鼓励经营者的高级管理人员作出并履行明确、公开的反垄断合规承诺。鼓励其他员工作出并履行相应的反垄断合规承诺。

经营者可以在相关管理制度中明确有关人员违反承诺的后果。

第七条　合规报告

鼓励经营者全面、有效开展反垄断合规管理工作，防范合规风险。经营者可以向反垄断执法机构书面报告反垄断合规管理制度及实施效果。

第八条　合规管理机构

鼓励具备条件的经营者建立反垄断合规管理部门，或者将反垄断合规管理纳入现有合规管理体系；明确合规工作职责和负责人，完善反垄断合规咨询、合规检查、合规汇报、合规培训、合规考核等内部机制，降低经营者及员工的合规风险。反垄断合规管理部门及其负责人应当具备足够的独立性和权威性，可以有效实施反垄断合规管理。

第九条　合规管理负责人

反垄断合规负责人领导合规管理部门执行决策管理层对反垄断合规管理的各项要求，协调反垄断合规管理与各项业务的关系，监督合规管理执行情况。

鼓励经营者高级管理人员领导或者分管反垄断合规管理部门，承担合规管理的组织实施和统筹协调工作。

第十条　合规管理职责

反垄断合规管理部门和合规管理人员一般履行以下职责：

（一）加强对国内外反垄断法相关规定的研究，推动完善合规管理制度，明

确经营者合规管理战略目标和规划等,保障经营者依法开展生产经营活动;

(二)制定经营者内部合规管理办法,明确合规管理要求和流程,督促各部门贯彻落实,确保合规要求融入各项业务领域;

(三)组织开展合规检查,监督、审核、评估经营者及员工经营活动和业务行为的合规性,及时制止并纠正不合规的经营行为,对违规人员进行责任追究或者提出处理建议;

(四)组织或者协助业务部门、人事部门开展反垄断合规教育培训,为业务部门和员工提供反垄断合规咨询;

(五)建立反垄断合规报告和记录台账,组织或者协助业务部门、人事部门将合规责任纳入岗位职责和员工绩效考评体系,建立合规绩效指标;

(六)妥善应对反垄断合规风险事件,组织协调资源配合反垄断执法机构进行调查并及时制定和推动实施整改措施;

(七)其他与经营者反垄断合规有关的工作。

鼓励经营者为反垄断合规管理部门和合规管理人员履行职责提供必要的资源和保障。

第三章　合规风险重点

第十一条　禁止达成垄断协议

经营者不得与其他经营者达成或者组织其他经营者达成《反垄断法》第十三条和第十四条禁止的垄断协议。

是否构成垄断协议、垄断协议的具体表现形式,经营者可以依据《反垄断法》、《禁止垄断协议暂行规定》作出评估、判断。

经营者不得参与或者支持行业协会组织的垄断协议。

经营者因行政机关和法律、法规授权的具有管理公共事务职能的组织滥用行政权力而达成垄断协议的,仍应承担法律责任。

第十二条　禁止滥用市场支配地位

经营者具有市场支配地位的,不得从事反垄断法相关规定所禁止的滥用市场支配地位行为。

经营者是否具有市场支配地位、是否构成滥用市场支配地位的行为，可以依据《反垄断法》、《禁止滥用市场支配地位行为暂行规定》作出评估、判断。

第十三条　依法实施经营者集中

经营者实施《反垄断法》规定的经营者集中行为，达到《国务院关于经营者集中申报标准的规定》第三条所规定的申报标准的，应当依法事先向反垄断执法机构申报，未申报的不得实施集中。

经营者集中未达到《国务院关于经营者集中申报标准的规定》第三条规定的申报标准，参与集中的经营者可以自愿提出申报。对符合《关于经营者集中简易案件适用标准的暂行规定》的经营者集中，经营者可以申请作为简易案件申报。

经营者应当遵守反垄断执法机构依法作出的经营者集中审查决定。

第十四条　经营者的法律责任

经营者违反《反垄断法》，应当依法承担相应的法律责任。

第十五条　承诺制度

对反垄断执法机构调查的涉嫌垄断行为，被调查的经营者承诺在反垄断执法机构认可的期限内采取具体措施消除该行为后果的，反垄断执法机构可以决定中止调查。经营者申请承诺的具体适用标准和程序等可以参考《禁止垄断协议暂行规定》、《禁止滥用市场支配地位行为暂行规定》、《国务院反垄断委员会垄断案件经营者承诺指南》。

反垄断执法机构根据经营者履行承诺情况，依法决定终止调查或者恢复调查。

第十六条　宽大制度

经营者主动向反垄断执法机构报告达成垄断协议的有关情况并提供重要证据的，反垄断执法机构可以酌情减轻或者免除对该经营者的处罚。经营者申请宽大的具体适用标准和程序等可以参考《禁止垄断协议暂行规定》、《国务院反垄断委员会横向垄断协议案件宽大制度适用指南》。

第十七条　配合调查义务

经营者及员工应当配合反垄断执法机构依法对涉嫌垄断行为进行调查，避免从事以下拒绝或者阻碍调查的行为：

（一）拒绝、阻碍执法人员进入经营场所；

（二）拒绝提供相关文件资料、信息或者获取文件资料、信息的权限；

（三）拒绝回答问题；

（四）隐匿、销毁、转移证据；

（五）提供误导性信息或者虚假信息；

（六）其他阻碍反垄断调查的行为。

经营者及员工在反垄断执法机构采取未预先通知的突击调查中应当全面配合执法人员。

第十八条　境外风险提示

经营者在境外开展业务时，应当了解并遵守业务所在国家或者地区的反垄断相关法律规定，可以咨询反垄断专业律师的意见。经营者在境外遇到反垄断调查或者诉讼时，可以向反垄断执法机构报告有关情况。

第四章　合规风险管理

第十九条　风险识别

经营者可以根据自身规模、所处行业特性、市场情况、反垄断法相关规定及执法环境识别面临的主要反垄断风险。有关合规风险重点可以参考本指南第三章。

第二十条　风险评估

经营者可以依据反垄断法相关规定，分析和评估合规风险的来源、发生的可能性以及后果的严重性等，并对合规风险进行分级。

经营者可以根据实际情况，建立符合自身需要的合规风险评估程序和标准。

第二十一条　风险提醒

经营者可以根据不同职位、级别和工作范围的员工面临的不同合规风险，对员工开展风险测评和风险提醒工作，提高风险防控的针对性和有效性，降低员工的违法风险。

第二十二条　风险处置

鼓励经营者建立健全风险处置机制，对识别、提示和评估的各类合规风险采取恰当的控制和应对措施。

经营者可以在发现合规风险已经发生或者反垄断执法机构已经立案并启动调查程序时,立即停止实施相关行为,主动向反垄断执法机构报告并与反垄断执法机构合作。

第五章　合规管理保障

第二十三条　合规奖惩

鼓励经营者建立健全对员工反垄断合规行为的考核及奖惩机制,将反垄断合规考核结果作为员工及其所属部门绩效考核的重要依据,对违规行为进行处罚,提高员工遵守反垄断法相关规定的激励。

第二十四条　内部举报

经营者可以采取适当的形式明确内部反垄断合规举报政策,并承诺为举报人的信息保密以及不因员工举报行为而采取任何对其不利的措施。

第二十五条　信息化建设

鼓励经营者强化合规管理信息化建设,通过信息化手段优化管理流程,依法运用大数据等工具,加强对经营管理行为合规情况的监控和分析。

第二十六条　合规队伍建设

鼓励经营者建立专业化、高素质的合规管理队伍,根据业务规模、合规风险水平等因素配备合规管理人员,提升队伍能力水平。

第二十七条　合规培训

经营者可以通过加强教育培训等方式,投入有效资源,帮助和督促员工了解并遵守反垄断法相关规定,增强员工的反垄断合规意识。

第六章　附　　则

第二十八条　指南的效力

本指南仅对经营者反垄断合规作出一般性指引,不具有强制性。法律法规对反垄断合规另有专门规定的,从其规定。

第二十九条　参考制定

行业协会可以参考本指南,制定本行业的合规管理制度。

网络平台经营者可以参考本指南,制定本平台内经营者合规管理制度。

第三十条　指南的解释

本指南由国务院反垄断委员会解释,自发布之日起实施。

浙江省企业竞争合规指引

（浙江省市场监督管理局公告〔2019〕20号）

第一章　总　　则

第一条　目的和依据

为引导企业加强竞争合规管理，防范反垄断法律风险，进一步优化营商环境，强化竞争政策实施，促进我省经济高质量发展，维护消费者利益和社会公共利益，根据《中华人民共和国反垄断法》（以下简称《反垄断法》）等法律法规规定，结合本省实际，制定本指引。

第二条　适用范围

本指引适用于本省行政区域内的各类所有制企业，作为企业开展竞争合规管理的指导建议。企业可依据自身规模、产业特性和主要风险来源制定专门的竞争合规制度，也可以将竞争合规纳入现有合规管理制度。

行业协会可参照本指引，制定行业竞争合规制度。

法律法规对企业竞争合规另有规定的，从其规定。

第三条　基本概念

本指引所称的竞争合规，是指企业及其员工的经营管理行为符合反垄断法律、法规、规章和反垄断指南（以下统称反垄断法）规定的要求。

本指引所称的竞争合规管理，是指以有效预防和降低违反反垄断法风险为目的，以企业及其员工经营管理行为为对象，开展包括管理架构设计、风险识别、风险评估与处置、合规运行与保障等有组织、有计划的管理活动。

第四条　竞争合规管理的重要性

推进企业竞争合规管理，是我省贯彻落实竞争中性原则、强化竞争政策基础性地位、全面实施《反垄断法》的重要举措，有利于促进企业合规经营，降低企业垄断违法和国际化经营风险,帮助企业树立依法经营的良好形象;有利于激发市场主体活力和创造力,营造公平竞争的市场环境,服务于我省打造最优营商环境。

第二章　企业竞争合规管理架构

第五条　竞争合规管理机构

鼓励企业尤其是行业龙头企业或者大型企业设置竞争合规管理机构,或者将竞争合规职能嵌入企业现有合规管理机构。

企业竞争合规管理机构一般由竞争合规管理部门和竞争合规负责人组成。尚不具备条件设立专门竞争合规管理部门的企业,由法务、风险防控等部门履行企业竞争合规管理部门职责,配备竞争合规专员。

第六条　竞争合规管理职责

竞争合规管理部门履行以下职责:

(一)持续关注国内和业务所涉国家(地区)反垄断法的发展动态,及时提供竞争合规建议;

(二)制定企业内部竞争合规体系,并推动其贯彻实施;

(三)审核评估企业经营管理和业务行为(包括与供应商、代理商、经销商等外部企业的业务往来和与消费者的交易往来)的合规性,并制定应对措施;

(四)组织或协助业务部门、人事部门开展竞争合规教育培训,并向业务部门和员工提供竞争合规咨询;

(五)建立竞争合规汇报和记录台账,对竞争合规举报制定调查方案并开展调查;

(六)推动将竞争合规责任纳入企业岗位职责和员工绩效考核评价体系,建立竞争合规绩效指标,监控和衡量竞争合规绩效,识别改进需求。

竞争合规负责人是企业竞争合规管理工作具体实施的负责人和监督者,履行以下职责:

(一)贯彻执行企业决策层和高级管理层对竞争合规管理的各项要求,全面负责企业竞争合规管理工作;

（二）协调竞争合规管理与企业各项业务之间的关系，监督竞争合规管理执行情况，及时解决合规管理中出现的重大问题；

（三）领导竞争合规管理部门，加强竞争合规管理队伍建设，做好竞争合规专员的选聘培养，监督竞争合规管理部门认真有效地开展工作。

第七条　竞争合规管理协调

（一）竞争合规管理部门应加强与业务部门的分工协作。相关业务部门应主动进行日常竞争合规管理工作，识别业务范围内的合规要求，制定并落实业务管理制度和风险防范措施，配合竞争合规管理部门进行合规审查、风险评估和违规调查、整改工作。

（二）竞争合规管理部门应与其他具有合规管理职能的监督部门（如审计部门、监察部门等）建立明确的合作和信息交流机制，加强协调配合。

（三）企业应积极与反垄断执法机构（包括业务所涉国家或地区的竞争主管机构）建立沟通渠道，了解反垄断执法机构期望的竞争合规流程，并制定符合其要求的竞争合规制度；对于复杂或专业性强且存在重大反垄断法律风险的事项，可以向反垄断执法机构进行咨询；面对反垄断执法机构的调查，企业应积极沟通并予以配合。

第三章　企业反垄断风险识别

第八条　准确识别风险内容

企业开展竞争合规管理首先应当准确识别风险内容。本章强调了常见的反垄断法律风险，对企业及其员工可能从事垄断行为的风险予以提示。企业应考虑这些风险，以评估相关经营管理和业务行为是否合法。

反垄断法律风险通常取决于企业规模和相关业务的性质，具有一定的专业性和复杂性。本章所列的风险内容并非反垄断法的全面指引，企业应当根据自身实际情况建立必要的竞争合规制度，通过外部法律顾问咨询、持续跟踪反垄断立法、执法、司法的最新进展等方式准确识别反垄断法律风险。

第九条　禁止从事垄断协议行为

垄断协议，是指排除、限制竞争的协议、决定或者其他协同行为。垄断协议对竞争的限制是直接的,对消费者利益的损害尤为严重,是各国反垄断法规制的重点。

具有竞争关系的企业达成的垄断协议称为横向垄断协议。我国《反垄断法》禁止企业达成下列横向垄断协议:

(一)固定或者变更商品价格,如固定或者变更价格水平、价格变动幅度、利润水平或者折扣、手续费等其他费用,约定采用据以计算价格的标准公式,限制参与协议的经营者的自主定价权等;

(二)限制商品的生产数量或者销售数量,如以限制产量、固定产量、停止生产等方式限制商品的生产数量或者限制特定品种、型号商品的生产数量,以限制商品投放量等方式限制商品的销售数量或者限制特定品种、型号商品的销售数量等;

(三)分割销售市场或者原材料采购市场,如划分商品销售地域、市场份额、销售对象、销售收入、销售利润或者销售商品的种类、数量、时间,划分原料、半成品、零部件、相关设备等原材料的采购区域、种类、数量、时间或者供应商等;

(四)限制购买新技术、新设备或者限制开发新技术、新产品,如限制购买、使用新技术、新工艺,限制购买、租赁、使用新设备、新产品,限制投资、研发新技术、新工艺、新产品,拒绝使用新技术、新工艺、新设备、新产品等;

(五)联合抵制交易,如联合拒绝向特定经营者供应或者销售商品,联合拒绝采购或者销售特定经营者的商品,联合限定特定经营者不得与其具有竞争关系的经营者进行交易等;

(六)国务院反垄断执法机构认定的其他垄断协议。

企业与交易相对人(即上下游企业间)达成的垄断协议称为纵向垄断协议。我国《反垄断法》禁止企业达成下列纵向垄断协议:

(一)固定向第三人转售商品的价格水平、价格变动幅度、利润水平或者折扣、手续费等其他费用,如生产商限制经销商的转售价格等;

(二)限定向第三人转售商品的最低价格,或者通过限定价格变动幅度、利润水平或者折扣、手续费等其他费用限定向第三人转售商品的最低价格,如制造商对批发商,或批发商对零售商设定最低销售价格等;

(三)国务院反垄断执法机构认定的其他垄断协议。

行业协会应当加强行业自律,引导本行业的企业依法竞争,维护市场竞争秩序,不得组织本行业企业从事垄断协议行为。

第十条　垄断协议潜在风险的识别与防范

为有效识别垄断协议的潜在风险并避免从事垄断协议行为,企业及其员工应当做到:

(一)与具有竞争关系的企业(以下统称竞争者)签订协议前,或者参与行业协会组织的会议前,要求主办方提供相关议程及内容,事先咨询竞争合规专业人员该行为是否具有违法风险;

(二)当竞争者有意讨论价格、成本、数量、库存量、交易条件、交易对象、销售市场、限制新技术新产品等与竞争有关的敏感信息时,应保持高度警惕,明确拒绝或者离开,及时向企业竞争合规管理部门或者反垄断执法机构报告。不要以书信、电子邮件、微信、QQ、电话、短信、会议等方式,或者在行业协会组织的会议中与竞争者讨论前述敏感信息;

(三)对竞争者价格信息的获取渠道应仅限于公开信息,企业应审慎对外公开商品调价、成本等敏感信息;

(四)不得以公告、发布新闻的方式,或者以行业协会的名义召开会议,意图让竞争对手配合一起调整价格、产能,创造竞争者讨论竞争敏感信息的机会;

(五)不能要求其他企业一起对特定企业进行联合抵制,如拒绝供货、拒绝购买等;

(六)不能限制经销商的转售价格或者设定最低销售价格,对于控制经销商销售渠道特别是划分经销商销售区域的行为应保持高度警惕;

(七)不得以折让、回馈或者成本分摊等方式要求经销商固定转售价格,不得以胁迫、利诱、延迟或取消供货等方式迫使经销商维持转售价格;

(八)对签订以下协议应当保持警惕:具有长期(五年或更长时间)排他性条款的协议,包含排他性条款的知识产权许可协议,涉及标准化的协议,涉及联合销售或购买的协议;

(九)同一行业的企业,对行业协会或者龙头企业发起的抱团取暖行动应保持高度警惕,特别是当行动涉及价格、成本、数量、库存量、交易条件、交易对象、销售市场等敏感信息时应尽量回避。

第十一条　禁止滥用市场支配地位行为

市场支配地位,是指企业在相关市场内具有能够控制商品价格、数量或者其他交易条件,或者能够阻碍、影响其他经营者进入相关市场能力的市场地位。

我国《反垄断法》禁止具有市场支配地位的企业从事下列滥用市场支配地位的行为:

(一)以不公平的高价销售商品或者以不公平的低价购买商品;

(二)没有正当理由,以低于成本的价格销售商品;

(三)没有正当理由,拒绝与交易相对人进行交易;

(四)没有正当理由,限定交易相对人只能与其进行交易、只能与其指定的经营者进行交易或者不得与特定经营者进行交易;

(五)没有正当理由搭售商品,或者在交易时附加其他不合理的交易条件;

(六)没有正当理由,对条件相同的交易相对人在交易价格等交易条件上实行差别待遇;

(七)国务院反垄断执法机构认定的其他滥用市场支配地位的行为。

第十二条　企业市场支配地位的判断

企业是否具有市场支配地位取决于多项因素,并且各国的规定存在不同,可能需要详细的法律和经济评估。依据《反垄断法》,我国反垄断执法机构在认定企业市场支配地位时,综合考虑下列因素:

(一)企业在相关市场的市场份额,以及相关市场的竞争状况;

(二)企业控制销售市场或者原材料采购市场的能力;

(三)企业的财力和技术条件;

(四)其他经营者对该企业在交易上的依赖程度;

(五)其他经营者进入相关市场的难易程度;

(六)与认定企业市场支配地位有关的其他因素。

除有证据证明不具有市场支配地位的情形外,符合下列情形之一的,我国反垄断执法机构可以推定企业具有市场支配地位:

(一)一个企业在相关市场的市场份额达到二分之一的;

(二)两个企业在相关市场的市场份额合计达到三分之二,且均不低于十分之一的；

(三)三个企业在相关市场的市场份额合计达到四分之三,且均不低于十分之一的。

细分行业龙头企业在相关市场的市场份额较高,被认定为具有市场支配地位可能性较高。

第十三条　滥用市场支配地位潜在风险的识别与防范

为有效识别并防范滥用市场支配地位的潜在风险,企业及员工应当做到:

(一)不因具有市场支配地位而任意制定过高的商品销售价格或过低的商品购买价格,尤其要避免短期内大幅度提价或降价行为;

(二)不得实施掠夺性定价,即无正当理由以低于成本的价格销售商品,从而排挤竞争者;

(三)无正当理由不得拒绝交易,尤其是拒绝其他企业使用已构成生产经营活动的必需设施(如知识产权等)。对于原材料具有市场支配地位的企业不能在销售原材料时以包销或者独家销售下游企业生产的成品为条件变相拒绝交易,也不能凭借原材料市场的支配地位与下游企业达成、实施固定成品价格等垄断协议;

(四)无正当理由不得限制交易相对人只能在特定区域内或者与特定对象进行交易;

(五)无正当理由不得实施搭售策略,如使用搭售应允许交易相对人可分别购买单项商品,也不得在交易时附加其他不合理的交易条件;

(六)无正当理由不应对交易相对人提供不同的产品价格或其他差别待遇;

(七)不要向交易相对人提供忠诚折扣,以奖励其特定形式的购买行为。

第十四条　经营者集中的风险识别与防范

企业实施经营者集中行为(包括企业合并,通过取得股权或者资产的方式取得对其他企业的控制权,与其他企业共同设立合营企业或者通过合同等方式取得对其他企业的控制权或者能够对其他企业施加决定性影响)也可能发生反垄断法律风险。

企业应了解并熟悉《反垄断法》《国务院关于经营者集中申报标准的规定》《经营者集中申报办法》等规定,实施经营者集中行为,达到下列标准之一的,应当事先向国家市场监督管理总局申报,未申报的不得实施集中:(一)参与集中的所有经营者上一会计年度在全球范围内的营业额合计超过100亿元人民币,并且其中至少两个经营者上一会计年度在中国境内的营业额均超过4亿元人民币;(二)参与集中的所有经营者上一会计年度在中国境内的营业额合计超过20亿元人民币,并且其中至少两个经营者上一会计年度在中国境内的营业额均超过4亿元人民币。

对符合《关于经营者集中简易案件适用标准的暂行规定》的经营者集中,企业可以申请作为简易案件申报。

在正式申报前,企业可以就拟申报的经营者集中向国家市场监督管理总局反垄断局申请商谈。

经营者集中虽然未达到国务院规定的申报标准,但有可能排除、限制竞争的,企业可以自愿向国家市场监督管理总局申报。

第十五条　互联网企业的反垄断风险提示

互联网行业具有平台竞争、跨界竞争、动态竞争以及网络外部性、锁定效应等特点,互联网企业实施行为的竞争效应分析以及对消费者福利的影响已越来越受到反垄断执法机构关注,互联网企业应高度重视潜在的反垄断风险。

第十六条　公用企业的反垄断风险提示

供水、供电、供气、电信、有线电视等公用企业在相关市场易被推定具有市场支配地位,反垄断法律风险较高。公用企业应特别注意不要实施限定交易、附加不合理交易条件、差别待遇等滥用市场支配地位行为。

第十七条　与行政性垄断交织的企业反垄断风险提示

企业因行政机关和法律、法规授权的具有管理公共事务职能的组织滥用行政权力而达成垄断协议或者滥用市场支配地位的,也要依照《反垄断法》规定承担法律责任。但企业能够证明其达成垄断协议或者从事滥用市场支配地位行为是被动遵守行政命令所导致的,可以依法从轻或者减轻处罚。

第十八条　反垄断法律责任的风险提示

域外适用效力是当前各国(地区)反垄断法的普遍做法。境外的垄断行为对境内市场竞争产生排除、限制竞争的,我国反垄断执法机构可以进行管辖。同时,境内的垄断行为对其他国家(地区)市场竞争产生排除、限制竞争的,也可能引发其他国家(地区)反垄断执法机构的管辖。

根据《反垄断法》规定,企业达成并实施垄断协议或者滥用市场支配地位的,将被责令停止违法行为,没收违法所得,并处上一年度销售额百分之一以上百分之十以下的罚款。应特别注意的是,上一年度销售额一般指企业的总销售额,而不是涉案销售额。

根据《反垄断法》规定,企业违法实施经营者集中的,不仅可能被处五十万元以下的罚款,而且还可能被要求限期处分股份或者资产、限期转让营业以及采取其他必要措施恢复到集中前的状态。

第四章　企业反垄断风险评估与处置

第十九条　风险评估机制

企业在识别风险内容的基础上,可根据自身经营规模、组织管理体系、业务内容以及市场环境,分析可能发生反垄断法律风险的原因、来源、发生的可能性、后果的严重性等,建立风险评估机制,确定风险评估标准。

第二十条　企业员工风险评级

企业根据员工面临反垄断法律风险的不同程度开展风险评级,可以更有效地进行风险防控,降低反垄断法律风险的发生。以发生垄断协议的法律风险为例,企业可以对员工开展如下风险评级:

(一)可能涉入垄断协议行为的高度风险人员:包括高级管理人员,销售和营销部门人员,采购部门人员,经常参与行业协会会议的人员,经常与同行竞争者交往的人员,负责商品价格制定的人员,从具有竞争关系的企业跳槽并从事相同工作的人员;

(二)可能涉入垄断协议行为的中度风险人员:包括与竞争对手或交易相对人不经常接触的管理人员,企业财务、通信等相关部门人员,从具有竞争关系的企业跳槽但尚未被确定为高度风险的员工;

(三)不太可能涉入垄断协议行为的低度风险人员:如一般工人和后勤人员,与竞争对手不涉及往来的人力资源部门人员、行政部门人员、一线零售部门人员等。

企业可根据上述示例,结合自身实际情况,开展员工风险评级,从而确定风险管理的优先级。

第二十一条　风险处置机制

企业应建立健全风险处置机制,对识别、提示和评估的各类反垄断法律风险采取恰当的控制和应对措施。发生重大反垄断法律风险时,企业竞争合规管理机构和其他相关部门应协同配合,依法及时采取补救措施,积极运用反垄断法中的承诺制度、宽大制度,最大程度降低风险和损失。

第二十二条　妥善应对反垄断执法机构的调查

当企业受到反垄断执法机构调查时,应通知法务人员、竞争合规管理机构人员和相关业务工作负责人,按照企业内部受调查操作流程妥善应对,进行内部初步调查,分析相关法律法规并评估垄断行为成立的可能性与法律后果。

企业应积极配合反垄断执法机构调查。企业及其员工应当清楚知晓,根据《反垄断法》规定,对反垄断执法机构依法实施的调查,拒绝提供有关材料、信息,或者提供虚假材料、信息,或者隐匿、销毁、转移证据,或者有其他拒绝、阻碍调查行为的,反垄断执法机构将对有关的个人及单位处以罚款,构成犯罪的,将依法追究刑事责任。

第二十三条　立即停止违法行为

经评估发现可能已经发生反垄断法律风险,或者反垄断执法机构已立案并启动调查程序的,企业应当立即停止违法行为并与执法机构合作。

企业积极配合调查或者主动消除、减轻违法行为危害后果的,可能会获得反垄断执法机构从轻或者减轻处罚。

第二十四条　反垄断宽大制度的申请适用

反垄断宽大制度,指企业主动向反垄断执法机构报告达成垄断协议的有关情况并提供重要证据的,反垄断执法机构可以酌情减轻或者免除对该企业的处罚。

宽大制度是企业应对反垄断法律风险的重要方式,仅适用于垄断协议案件,可以帮助企业减轻或者免除处罚。成功适用宽大制度,企业需要做到:

(一)主动向反垄断执法机构报告达成垄断协议的有关情况;

(二)提供重要证据,即该证据能够对反垄断执法机构启动调查(当执法机构尚未掌握垄断协议案件情况时)或者对认定垄断协议起到关键性作用(当执法机构已掌握垄断协议案件情况但未获得充分证据时)；

(三)尽早提出宽大制度的适用申请,反垄断执法机构将根据企业主动报告的时间顺序、提供证据的重要性程度以及达成、实施垄断协议的有关情况,决定是否减轻或者免除处罚。通常情况下,对于第一个申请者,反垄断执法机构可以免除处罚或者按照不低于百分之八十的幅度减轻罚款;对于第二个申请者,可以按照百分之三十至百分之五十的幅度减轻罚款;对于第三个申请者,可以按照百分之二十至百分之三十的幅度减轻罚款。

第二十五条　反垄断承诺制度的申请适用

反垄断承诺制度,指对反垄断执法机构调查的涉嫌垄断行为,被调查的企业承诺在执法机构认可的期限内采取具体措施消除该行为的不利影响,反垄断执法机构经评估后认为可以达到执法目的的,可以作出中止调查决定。中止调查后,反垄断执法机构将对企业履行承诺的情况进行监督,企业履行承诺完毕,执法机构作出终止调查决定,案件处理结束。

承诺制度不适用于固定或者变更商品价格、限制商品生产或者销售数量、分割销售市场或者原材料采购市场的涉嫌垄断协议案件。

成功适用承诺制度,可以帮助企业免于处罚。企业可以在被调查期间,向反垄断执法机构主动提出中止调查书面申请。但反垄断执法机构对涉嫌垄断协议或者涉嫌滥用市场支配地位行为调查核实后,认为构成垄断协议或者涉嫌滥用市场支配地位行为的,不再接受企业提出的中止调查申请。

第五章　企业竞争合规运行与保障

第二十六条　企业竞争合规体系

企业可根据自身业务规模、业务结构和所面临的反垄断法律风险,建立健全竞争合规体系,细化操作流程,并定期开展评估。

企业建立健全竞争合规体系、开展定期评估,可由企业竞争合规管理机构组织实施或者委托外部专业机构实施。

第二十七条　竞争合规咨询

企业可建立竞争合规咨询机制。当业务部门及其员工在经营管理中遇到反垄断问题时，可向企业竞争合规管理机构咨询。

企业竞争合规管理机构可根据需要聘请外部专家协助开展合规咨询，也可向反垄断执法机构进行合规咨询。

第二十八条　竞争合规审核

企业可建立竞争合规审核机制。企业竞争合规管理机构负责对企业生产经营重大决策、拟签订的重要协议等是否符合反垄断法规定进行审核。

对存在重大反垄断法律风险的事项，企业竞争合规管理机构应当听取法律顾问、公司律师意见或者委托外部专业机构论证后提出审核意见。

第二十九条　竞争合规汇报

企业可建立竞争合规汇报机制。企业竞争合规管理机构定期向企业决策层和高级管理层汇报竞争合规管理情况。当发生可能给企业带来重大反垄断法律风险的违规行为时，及时向企业决策层和高级管理层汇报，提出风险评估意见和相应应对措施。

第三十条　竞争合规承诺

企业可建立竞争合规承诺机制。企业决策层和高级管理层带头作出竞争合规承诺，鼓励全体员工遵守企业竞争合规政策。

第三十一条　竞争合规培训

企业可建立竞争合规培训机制。企业将竞争合规培训纳入员工培训计划，尤其对高度风险人员重点开展有针对性的竞争合规培训。

教育培训的内容包括反垄断法律法规、高违法风险的行为类型及其法律责任、反垄断宽大制度和承诺制度、企业的竞争合规体系等，并根据企业内外部环境变化进行动态调整。

第三十二条　竞争合规考核

企业可建立竞争合规考核机制。竞争合规考核结果作为企业绩效考核的重要依据，与员工的评优评先、职务任免、职务晋升以及薪酬待遇等挂钩。

第三十三条　竞争合规管理信息化建设

企业可通过竞争合规管理信息化建设，并运用大数据分析等工具，加强对经营管理行为合规情况的实时监控和风险分析。

第三十四条　竞争文化培育

鼓励企业将竞争文化作为企业文化建设的重要内容,践行合规经营、公平竞争的价值观,不断增强员工的竞争合规意识。

鼓励行业协会在本行业内积极倡导竞争文化,强化行业的竞争合规意识。

第六章　附　　则

第三十五条　指引的解释

本指引由浙江省市场监督管理局负责解释。

第三十六条　施行日期

本指引自发布之日起施行。

商业银行合规风险管理指引

（银监发〔2006〕76 号）

第一章　总　　则

第一条　为加强商业银行合规风险管理，维护商业银行安全稳健运行，根据《中华人民共和国银行业监督管理法》和《中华人民共和国商业银行法》，制定本指引。

第二条　在中华人民共和国境内设立的中资商业银行、外资独资银行、中外合资银行和外国银行分行适用本指引。

在中华人民共和国境内设立的政策性银行、金融资产管理公司、城市信用合作社、农村信用合作社、信托投资公司、企业集团财务公司、金融租赁公司、汽车金融公司、货币经纪公司、邮政储蓄机构以及经银监会批准设立的其他金融机构参照本指引执行。

第三条　本指引所称法律、规则和准则，是指适用于银行业经营活动的法律、行政法规、部门规章及其他规范性文件、经营规则、自律性组织的行业准则、行为守则和职业操守。

本指引所称合规，是指使商业银行的经营活动与法律、规则和准则相一致。

本指引所称合规风险，是指商业银行因没有遵循法律、规则和准则可能遭受法律制裁、监管处罚、重大财务损失和声誉损失的风险。

本指引所称合规管理部门，是指商业银行内部设立的专门负责合规管理职能的部门、团队或岗位。

第四条　合规管理是商业银行一项核心的风险管理活动。商业银行应综合考虑合规风险与信用风险、市场风险、操作风险和其他风险的关联性，确保各项风险管理政策和程序的一致性。

第五条 商业银行合规风险管理的目标是通过建立健全合规风险管理框架,实现对合规风险的有效识别和管理,促进全面风险管理体系建设,确保依法合规经营。

第六条 商业银行应加强合规文化建设,并将合规文化建设融入企业文化建设全过程。

合规是商业银行所有员工的共同责任,并应从商业银行高层做起。

董事会和高级管理层应确定合规的基调,确立全员主动合规、合规创造价值等合规理念,在全行推行诚信与正直的职业操守和价值观念,提高全体员工的合规意识,促进商业银行自身合规与外部监管的有效互动。

第七条 银监会依法对商业银行合规风险管理实施监管,检查和评价商业银行合规风险管理的有效性。

第二章 董事会、监事会和高级管理层的合规管理职责

第八条 商业银行应建立与其经营范围、组织结构和业务规模相适应的合规风险管理体系。

合规风险管理体系应包括以下基本要素:

(一)合规政策;

(二)合规管理部门的组织结构和资源;

(三)合规风险管理计划;

(四)合规风险识别和管理流程;

(五)合规培训与教育制度。

第九条 商业银行的合规政策应明确所有员工和业务条线需要遵守的基本原则,以及识别和管理合规风险的主要程序,并对合规管理职能的有关事项做出规定,至少应包括:

(一)合规管理部门的功能和职责;

(二)合规管理部门的权限,包括享有与银行任何员工进行沟通并获取履行职责所需的任何记录或档案材料的权利等;

(三)合规负责人的合规管理职责;

（四）保证合规负责人和合规管理部门独立性的各项措施，包括确保合规负责人和合规管理人员的合规管理职责与其承担的任何其他职责之间不产生利益冲突等；

（五）合规管理部门与风险管理部门、内部审计部门等其他部门之间的协作关系；

（六）设立业务条线和分支机构合规管理部门的原则。

第十条 董事会应对商业银行经营活动的合规性负最终责任，履行以下合规管理职责：

（一）审议批准商业银行的合规政策，并监督合规政策的实施；

（二）审议批准高级管理层提交的合规风险管理报告，并对商业银行管理合规风险的有效性作出评价，以使合规缺陷得到及时有效的解决；

（三）授权董事会下设的风险管理委员会、审计委员会或专门设立的合规管理委员会对商业银行合规风险管理进行日常监督；

（四）商业银行章程规定的其他合规管理职责。

第十一条 负责日常监督商业银行合规风险管理的董事会下设委员会应通过与合规负责人单独面谈和其他有效途径，了解合规政策的实施情况和存在的问题，及时向董事会或高级管理层提出相应的意见和建议，监督合规政策的有效实施。

第十二条 监事会应监督董事会和高级管理层合规管理职责的履行情况。

第十三条 高级管理层应有效管理商业银行的合规风险，履行以下合规管理职责：

（一）制定书面的合规政策，并根据合规风险管理状况以及法律、规则和准则的变化情况适时修订合规政策，报经董事会审议批准后传达给全体员工；

（二）贯彻执行合规政策，确保发现违规事件时及时采取适当的纠正措施，并追究违规责任人的相应责任；

（三）任命合规负责人，并确保合规负责人的独立性；

（四）明确合规管理部门及其组织结构，为其履行职责配备充分和适当的合规管理人员，并确保合规管理部门的独立性；

（五）识别商业银行所面临的主要合规风险，审核批准合规风险管理计划，确保合规管理部门与风险管理部门、内部审计部门以及其他相关部门之间的工作协调；

（六）每年向董事会提交合规风险管理报告，报告应提供充分依据并有助于董事会成员判断高级管理层管理合规风险的有效性；

（七）及时向董事会或其下设委员会、监事会报告任何重大违规事件；

（八）合规政策规定的其他职责。

第十四条 合规负责人应全面协调商业银行合规风险的识别和管理，监督合规管理部门根据合规风险管理计划履行职责，定期向高级管理层提交合规风险评估报告。合规负责人不得分管业务条线。

合规风险评估报告包括但不限于以下内容：报告期合规风险状况的变化情况、已识别的违规事件和合规缺陷、已采取的或建议采取的纠正措施等。

第十五条 商业银行应建立对管理人员合规绩效的考核制度。商业银行的绩效考核应体现倡导合规和惩处违规的价值观念。

第十六条 商业银行应建立有效的合规问责制度，严格对违规行为的责任认定与追究，并采取有效的纠正措施，及时改进经营管理流程，适时修订相关政策、程序和操作指南。

第十七条 商业银行应建立诚信举报制度，鼓励员工举报违法、违反职业操守或可疑的行为，并充分保护举报人。

第三章 合规管理部门职责

第十八条 合规管理部门应在合规负责人的管理下协助高级管理层有效识别和管理商业银行所面临的合规风险，履行以下基本职责：

（一）持续关注法律、规则和准则的最新发展，正确理解法律、规则和准则的规定及其精神，准确把握法律、规则和准则对商业银行经营的影响，及时为高级管理层提供合规建议；

（二）制定并执行风险为本的合规管理计划，包括特定政策和程序的实施与评价、合规风险评估、合规性测试、合规培训与教育等；

（三）审核评价商业银行各项政策、程序和操作指南的合规性，组织、协调和督促各业务条线和内部控制部门对各项政策、程序和操作指南进行梳理和修订,确保各项政策、程序和操作指南符合法律、规则和准则的要求;

（四）协助相关培训和教育部门对员工进行合规培训,包括新员工的合规培训,以及所有员工的定期合规培训,并成为员工咨询有关合规问题的内部联络部门;

（五）组织制定合规管理程序以及合规手册、员工行为准则等合规指南,并评估合规管理程序和合规指南的适当性,为员工恰当执行法律、规则和准则提供指导;

（六）积极主动地识别和评估与商业银行经营活动相关的合规风险,包括为新产品和新业务的开发提供必要的合规性审核和测试,识别和评估新业务方式的拓展、新客户关系的建立以及客户关系的性质发生重大变化等所产生的合规风险;

（七）收集、筛选可能预示潜在合规问题的数据,如消费者投诉的增长数、异常交易等,建立合规风险监测指标,按照风险矩阵衡量合规风险发生的可能性和影响,确定合规风险的优先考虑序列;

（八）实施充分且有代表性的合规风险评估和测试,包括通过现场审核对各项政策和程序的合规性进行测试,询问政策和程序存在的缺陷,并进行相应的调查,合规性测试结果应按照商业银行的内部风险管理程序,通过合规风险报告路线向上报告,以确保各项政策和程序符合法律、规则和准则的要求;

（九）保持与监管机构日常的工作联系,跟踪和评估监管意见和监管要求的落实情况。

第十九条 商业银行应为合规管理部门配备有效履行合规管理职能的资源。合规管理人员应具备与履行职责相匹配的资质、经验、专业技能和个人素质。

商业银行应定期为合规管理人员提供系统的专业技能培训,尤其是在正确把握法律、规则和准则的最新发展及其对商业银行经营的影响等方面的技能培训。

第二十条 商业银行各业务条线和分支机构的负责人应对本条线和本机构经营活动的合规性负首要责任。

商业银行应根据业务条线和分支机构的经营范围、业务规模设立相应的合规管理部门。

各业务条线和分支机构合规管理部门应根据合规管理程序主动识别和管理合规风险，按照合规风险的报告路线和报告要求及时报告。

第二十一条 商业银行应建立合规管理部门与风险管理部门在合规管理方面的协作机制。

第二十二条 商业银行合规管理职能应与内部审计职能分离，合规管理职能的履行情况应受到内部审计部门定期的独立评价。

内部审计部门应负责商业银行各项经营活动的合规性审计。内部审计方案应包括合规管理职能适当性和有效性的审计评价，内部审计的风险评估方法应包括对合规风险的评估。

商业银行应明确合规管理部门与内部审计部门在合规风险评估和合规性测试方面的职责。内部审计部门应随时将合规性审计结果告知合规负责人。

第二十三条 商业银行应明确合规风险报告路线以及合规风险报告的要素、格式和频率。

第二十四条 商业银行境外分支机构或附属机构应加强合规管理职能，合规管理职能的组织结构应符合当地的法律和监管要求。

第二十五条 董事会和高级管理层应对合规管理部门工作的外包遵循法律、规则和准则负责。

商业银行应确保任何合规管理部门工作的外包安排都受到合规负责人的适当监督，不妨碍银监会的有效监管。

第四章 合规风险监管

第二十六条 商业银行应及时将合规政策、合规管理程序和合规指南等内部制度向银监会备案。

商业银行应及时向银监会报送合规风险管理计划和合规风险评估报告。

商业银行发现重大违规事件应按照重大事项报告制度的规定向银监会报告。

第二十七条 商业银行任命合规负责人,应按有关规定报告银监会。商业银行在合规负责人离任后的十个工作日内,应向银监会报告离任原因等有关情况。

第二十八条 银监会应定期对商业银行合规风险管理的有效性进行评价,评价报告作为分类监管的重要依据。

第二十九条 银监会应根据商业银行的合规记录及合规风险管理评价报告,确定合规风险现场检查的频率、范围和深度,检查的主要内容包括:

(一)商业银行合规风险管理体系的适当性和有效性;

(二)商业银行董事会和高级管理层在合规风险管理中的作用;

(三)商业银行绩效考核制度、问责制度和诚信举报制度的适当性和有效性;

(四)商业银行合规管理职能的适当性和有效性。

第五章 附 则

第三十条 本指引由银监会负责解释。

第三十一条 本指引自发布之日起实施。

保险公司合规管理办法

（保监发〔2016〕116 号）

第一章　总　　则

第一条　为了加强保险公司合规管理，发挥公司治理机制作用，根据《中华人民共和国公司法》《中华人民共和国保险法》和《保险公司管理规定》等法律、行政法规和规章，制定本办法。

第二条　本办法所称的合规是指保险公司及其保险从业人员的保险经营管理行为应当符合法律法规、监管规定、公司内部管理制度以及诚实守信的道德准则。

本办法所称的合规风险是指保险公司及其保险从业人员因不合规的保险经营管理行为引发法律责任、财务损失或者声誉损失的风险。

第三条　合规管理是保险公司通过建立合规管理机制，制定和执行合规政策，开展合规审核、合规检查、合规风险监测、合规考核以及合规培训等，预防、识别、评估、报告和应对合规风险的行为。合规管理是保险公司全面风险管理的一项重要内容，也是实施有效内部控制的一项基础性工作。

保险公司应当按照本办法的规定，建立健全合规管理制度，完善合规管理组织架构，明确合规管理责任，构建合规管理体系，推动合规文化建设，有效识别并积极主动防范、化解合规风险，确保公司稳健运营。

第四条　保险公司应当倡导和培育良好的合规文化，努力培育公司全体保险从业人员的合规意识，并将合规文化建设作为公司文化建设的一个重要组成部分。

保险公司董事会和高级管理人员应当在公司倡导诚实守信的道德准则和价值观念，推行主动合规、合规创造价值等合规理念，促进保险公司内部合规管理与外部监管的有效互动。

第五条 保险集团(控股)公司应当建立集团整体的合规管理体系,加强对全集团合规管理的规划、领导和监督,提高集团整体合规管理水平。各成员公司应当贯彻落实集团整体合规管理要求,对自身合规管理负责。

第六条 中国保监会及其派出机构依法对保险公司合规管理实施监督检查。

第二章 董事会、监事会和总经理的合规职责

第七条 保险公司董事会对公司的合规管理承担最终责任,履行以下合规职责:

(一)审议批准合规政策,监督合规政策的实施,并对实施情况进行年度评估;

(二)审议批准并向中国保监会提交公司年度合规报告,对年度合规报告中反映出的问题,提出解决方案;

(三)决定合规负责人的聘任、解聘及报酬事项;

(四)决定公司合规管理部门的设置及其职能;

(五)保证合规负责人独立与董事会、董事会专业委员会沟通;

(六)公司章程规定的其他合规职责。

第八条 保险公司董事会可以授权专业委员会履行以下合规职责:

(一)审核公司年度合规报告;

(二)听取合规负责人和合规管理部门有关合规事项的报告;

(三)监督公司合规管理,了解合规政策的实施情况和存在的问题,并向董事会提出意见和建议;

(四)公司章程规定或者董事会确定的其他合规职责。

第九条 保险公司监事或者监事会履行以下合规职责:

(一)监督董事和高级管理人员履行合规职责的情况;

(二)监督董事会的决策及决策流程是否合规;

(三)对引发重大合规风险的董事、高级管理人员提出罢免的建议;

（四）向董事会提出撤换公司合规负责人的建议；

（五）依法调查公司经营中引发合规风险的相关情况，并可要求公司相关高级管理人员和部门协助；

（六）公司章程规定的其他合规职责。

第十条 保险公司总经理履行以下合规职责：

（一）根据董事会的决定建立健全公司合规管理组织架构，设立合规管理部门，并为合规负责人和合规管理部门履行职责提供充分条件；

（二）审核公司合规政策，报经董事会审议后执行；

（三）每年至少组织一次对公司合规风险的识别和评估，并审核公司年度合规管理计划；

（四）审核并向董事会或者其授权的专业委员会提交公司年度合规报告；

（五）发现公司有不合规的经营管理行为的，应当及时制止并纠正，追究违规责任人的相应责任，并按规定进行报告；

（六）公司章程规定、董事会确定的其他合规职责。

保险公司分公司和中心支公司总经理应当履行前款第三项和第五项规定的合规职责，以及保险公司确定的其他合规职责。

第三章 合规负责人和合规管理部门

第十一条 保险公司应当设立合规负责人。合规负责人是保险公司的高级管理人员。合规负责人不得兼管公司的业务、财务、资金运用和内部审计部门等可能与合规管理存在职责冲突的部门，保险公司总经理兼任合规负责人的除外。

本条所称的业务部门指保险公司设立的负责销售、承保和理赔等保险业务的部门。

第十二条 保险公司任命合规负责人，应当依据《保险公司董事、监事和高级管理人员任职资格管理规定》及中国保监会的有关规定申请核准其任职资格。

保险公司解聘合规负责人的，应当在解聘后10个工作日内向中国保监会报告并说明正当理由。

第十三条 保险公司合规负责人对董事会负责，接受董事会和总经理的领导，并履行以下职责：

（一）全面负责公司的合规管理工作，领导合规管理部门；

（二）制定和修订公司合规政策，制订公司年度合规管理计划，并报总经理审核；

（三）将董事会审议批准后的合规政策传达给保险从业人员，并组织执行；

（四）向总经理、董事会或者其授权的专业委员会定期提出合规改进建议，及时报告公司和高级管理人员的重大违规行为；

（五）审核合规管理部门出具的合规报告等合规文件；

（六）公司章程规定或者董事会确定的其他合规职责。

第十四条 保险公司总公司及省级分公司应当设置合规管理部门。保险公司应当根据业务规模、组织架构和风险管理工作的需要，在其他分支机构设置合规管理部门或者合规岗位。

保险公司分支机构的合规管理部门、合规岗位对上级合规管理部门或者合规岗位负责，同时对其所在分支机构的负责人负责。

保险公司应当以合规政策或者其他正式文件的形式，确立合规管理部门和合规岗位的组织结构、职责和权利，并规定确保其独立性的措施。

第十五条 保险公司应当确保合规管理部门和合规岗位的独立性，并对其实行独立预算和考评。合规管理部门和合规岗位应当独立于业务、财务、资金运用和内部审计部门等可能与合规管理存在职责冲突的部门。

第十六条 合规管理部门履行以下职责：

（一）协助合规负责人制订、修订公司的合规政策和年度合规管理计划，并推动其贯彻落实，协助高级管理人员培育公司的合规文化；

（二）组织协调公司各部门和分支机构制订、修订公司合规管理规章制度；

（三）组织实施合规审核、合规检查；

（四）组织实施合规风险监测，识别、评估和报告合规风险；

（五）撰写年度合规报告；

（六）为公司新产品和新业务的开发提供合规支持，识别、评估合规风险；

（七）组织公司反洗钱等制度的制订和实施；

（八）开展合规培训，推动保险从业人员遵守行为准则，并向保险从业人员提供合规咨询；

（九）审查公司重要的内部规章制度和业务规程，并依据法律法规、监管规定和行业自律规则的变动和发展，提出制订或者修订公司内部规章制度和业务规程的建议；

（十）保持与监管机构的日常工作联系，反馈相关意见和建议；

（十一）组织或者参与实施合规考核和问责；

（十二）董事会确定的其他合规管理职责。

合规岗位的具体职责，由公司参照前款规定确定。

第十七条 保险公司应当保障合规负责人、合规管理部门和合规岗位享有以下权利：

（一）为了履行合规管理职责，通过参加会议、查阅文件、调取数据、与有关人员交谈、接受合规情况反映等方式获取信息；

（二）对违规或者可能违规的人员和事件进行独立调查，可外聘专业人员或者机构协助工作；

（三）享有通畅的报告渠道，根据董事会确定的报告路线向总经理、董事会授权的专业委员会、董事会报告；

（四）董事会确定的其他权利。

董事会和高级管理人员应当支持合规管理部门、合规岗位和合规人员履行工作职责，并采取措施切实保障合规管理部门、合规岗位和合规人员不因履行职责遭受不公正的对待。

第十八条 保险公司应当根据业务规模、人员数量、风险水平等因素为合规管理部门或者合规岗位配备足够的专职合规人员。

保险公司总公司和省级分公司应当为合规管理部门以外的其他各部门配备兼职合规人员。有条件的保险公司应当为省级分公司以外的其他分支机构配备兼职合规人员。保险公司应当建立兼职合规人员激励机制，促进兼职合规人员履职尽责。

第十九条 合规人员应当具有与其履行职责相适应的资质和经验，具有法律、保险、财会、金融等方面的专业知识,并熟练掌握法律法规、监管规定、行业自律规则和公司内部管理制度。

保险公司应当定期开展系统的教育培训,提高合规人员的专业技能。

第四章 合规管理

第二十条 保险公司应当建立三道防线的合规管理框架,确保三道防线各司其职、协调配合,有效参与合规管理,形成合规管理的合力。

第二十一条 保险公司各部门和分支机构履行合规管理的第一道防线职责,对其职责范围内的合规管理负有直接和第一位的责任。

保险公司各部门和分支机构应当主动进行日常的合规管控,定期进行合规自查,并向合规管理部门或者合规岗位提供合规风险信息或者风险点,支持并配合合规管理部门或者合规岗位的合规风险监测和评估。

第二十二条 保险公司合规管理部门和合规岗位履行合规管理的第二道防线职责。合规管理部门和合规岗位应当按照本办法第十六条规定的职责,向公司各部门和分支机构的业务活动提供合规支持,组织、协调、监督各部门和分支机构开展合规管理各项工作。

第二十三条 保险公司内部审计部门履行合规管理的第三道防线职责,定期对公司的合规管理情况进行独立审计。

第二十四条 保险公司应当在合规管理部门与内部审计部门之间建立明确的合作和信息交流机制。内部审计部门在审计结束后,应当将审计情况和结论通报合规管理部门;合规管理部门也可以根据合规风险的监测情况主动向内部审计部门提出开展审计工作的建议。

第二十五条 保险公司应当制订合规政策,经董事会审议通过后报中国保监会备案。

合规政策是保险公司进行合规管理的纲领性文件,应当包括以下内容:

(一)公司进行合规管理的目标和基本原则;

(二)公司倡导的合规文化;

(三)董事会、高级管理人员的合规责任;

（四）公司合规管理框架和报告路线；

（五）合规管理部门的地位和职责；

（六）公司识别和管理合规风险的主要程序。

保险公司应当定期对合规政策进行评估，并视合规工作需要进行修订。

第二十六条 保险公司应当通过制定相关规章制度，明确保险从业人员行为规范，落实公司的合规政策，并为保险从业人员执行合规政策提供指引。

保险公司应当制定工作岗位的业务操作程序和规范。

第二十七条 保险公司应当定期组织识别、评估和监测以下事项的合规风险：

（一）业务行为；

（二）财务行为；

（三）资金运用行为；

（四）机构管理行为；

（五）其他可能引发合规风险的行为。

第二十八条 保险公司应当明确合规风险报告的路线，规定报告路线涉及的每个人员和机构的职责，明确报告人的报告内容、方式和频率以及接受报告人直接处理或者向上报告的规范要求。

第二十九条 保险公司合规管理部门应当对下列事项进行合规审核：

（一）重要的内部规章制度和业务规程；

（二）重要的业务行为、财务行为、资金运用行为和机构管理行为。

第三十条 保险公司合规管理部门应当按照合规负责人、总经理、董事会或者其授权的专业委员会的要求，在公司内进行合规调查。

合规调查结束后，合规管理部门应当就调查情况和结论制作报告，并报送提出调查要求的机构。

第三十一条 保险公司应当建立有效的合规考核和问责制度，将合规管理作为公司年度考核的重要指标，对各部门、分支机构及其人员的合规职责履行情况进行考核和评价，并追究违法违规事件责任人员的责任。

第三十二条 保险公司合规管理部门应当与公司相关培训部门建立协作机制，制订合规培训计划，定期组织开展合规培训工作。

保险公司董事、监事和高级管理人员应当参加与其职责相关的合规培训。保险从业人员应当定期接受合规培训。

第三十三条 保险公司应当建立有效的信息系统,确保在合规管理工作中能够及时、准确获取有关公司业务、财务、资金运用、机构管理等合规管理工作所需的信息。

第三十四条 保险公司各分支机构主要负责人应当根据本办法和公司合规管理制度,落实上级机构的要求,加强合规管理。

第五章 合规的外部监督

第三十五条 中国保监会根据保险公司发展实际,采取分类指导的原则,加强督导,推动保险公司建立和完善合规管理体系。

第三十六条 中国保监会通过合规报告或者现场检查等方式对保险公司合规管理工作进行监督和评价,评价结果将作为实施风险综合评级的重要依据。

第三十七条 保险公司应当于每年 4 月 30 日前向中国保监会提交公司上一年度的年度合规报告。保险公司董事会对合规报告的真实性、准确性、完整性负责。

公司年度合规报告应当包括以下内容:

(一)合规管理状况概述;

(二)合规政策的制订、评估和修订;

(三)合规负责人和合规管理部门的情况;

(四)重要业务活动的合规情况;

(五)合规评估和监测机制的运行;

(六)存在的主要合规风险及应对措施;

(七)重大违规事件及其处理;

(八)合规培训情况;

(九)合规管理存在的问题和改进措施;

(十)其他。

中国保监会可以根据监管需要,要求保险公司报送综合或者专项的合规报告。

中国保监会派出机构可以根据辖区内监管需要,要求保险公司省级分公司书面报告合规工作情况。

第三十八条 保险公司及其相关责任人违反本办法规定的,中国保监会可以根据具体情况采取以下监管措施:

(一)责令限期改正;

(二)调整风险综合评级;

(三)调整公司治理评级;

(四)监管谈话;

(五)行业通报;

(六)其他监管措施。

对拒不改正的,依法予以处罚。

第六章 附 则

第三十九条 本办法适用于在中华人民共和国境内成立的保险公司、保险集团(控股)公司。外国保险公司分公司、保险资产管理公司以及经中国保监会批准成立的其他保险组织参照适用。

保险公司计划单列市分公司参照适用本办法有关保险公司省级分公司的规定。

第四十条 本办法所称保险公司分支机构,是指经中国保监会及其派出机构批准,保险公司依法在境内设立的分公司、中心支公司、支公司、营业部、营销服务部以及各类专属机构。

本办法所称保险从业人员,是指保险公司工作人员以及其他为保险公司销售保险产品的保险销售从业人员。

第四十一条 本办法由中国保监会负责解释。

第四十二条 本办法自2017年7月1日起施行。中国保监会2007年9月7日发布的《保险公司合规管理指引》(保监发〔2007〕91号)同时废止。

证券公司和证券投资基金管理公司合规管理办法（2020 修正）

（中国证券监督管理委员会令　第 166 号）

第一章　总　　则

第一条　为了促进证券公司和证券投资基金管理公司加强内部合规管理，实现持续规范发展，根据《中华人民共和国公司法》《中华人民共和国证券法》《中华人民共和国证券投资基金法》和《证券公司监督管理条例》，制定本办法。

第二条　在中华人民共和国境内设立的证券公司和证券投资基金管理公司（以下统称证券基金经营机构）应当按照本办法实施合规管理。

本办法所称合规，是指证券基金经营机构及其工作人员的经营管理和执业行为符合法律、法规、规章及规范性文件、行业规范和自律规则、公司内部规章制度，以及行业普遍遵守的职业道德和行为准则（以下统称法律法规和准则）。

本办法所称合规管理，是指证券基金经营机构制定和执行合规管理制度，建立合规管理机制，防范合规风险的行为。

本办法所称合规风险，是指因证券基金经营机构或其工作人员的经营管理或执业行为违反法律法规和准则而使证券基金经营机构被依法追究法律责任、采取监管措施、给予纪律处分、出现财产损失或商业信誉损失的风险。

第三条　证券基金经营机构的合规管理应当覆盖所有业务，各部门、各分支机构、各层级子公司和全体工作人员，贯穿决策、执行、监督、反馈等各个环节。

第四条　证券基金经营机构应当树立全员合规、合规从管理层做起、合规创造价值、合规是公司生存基础的理念，倡导和推进合规文化建设，培育全体工作人员合规意识，提升合规管理人员职业荣誉感和专业化、职业化水平。

第五条 中国证券监督管理委员会(以下简称中国证监会)依法对证券基金经营机构合规管理工作实施监督管理。中国证监会派出机构按照授权履行监督管理职责。

中国证券业协会、中国证券投资基金业协会等自律组织(以下简称协会)依照本办法制定实施细则,对证券基金经营机构合规管理工作实施自律管理。

第二章 合规管理职责

第六条 证券基金经营机构开展各项业务,应当合规经营、勤勉尽责,坚持客户利益至上原则,并遵守下列基本要求:

(一)充分了解客户的基本信息、财务状况、投资经验、投资目标、风险偏好、诚信记录等信息并及时更新。

(二)合理划分客户类别和产品、服务风险等级,确保将适当的产品、服务提供给适合的客户,不得欺诈客户。

(三)持续督促客户规范证券发行行为,动态监控客户交易活动,及时报告、依法处置重大异常行为,不得为客户违规从事证券发行、交易活动提供便利。

(四)严格规范工作人员执业行为,督促工作人员勤勉尽责,防范其利用职务便利从事违法违规、超越权限或者其他损害客户合法权益的行为。

(五)有效管理内幕信息和未公开信息,防范公司及其工作人员利用该信息买卖证券、建议他人买卖证券,或者泄露该信息。

(六)及时识别、妥善处理公司与客户之间、不同客户之间、公司不同业务之间的利益冲突,切实维护客户利益,公平对待客户。

(七)依法履行关联交易审议程序和信息披露义务,保证关联交易的公允性,防止不正当关联交易和利益输送。

(八)审慎评估公司经营管理行为对证券市场的影响,采取有效措施,防止扰乱市场秩序。

第七条 证券基金经营机构董事会决定本公司的合规管理目标,对合规管理的有效性承担责任,履行下列合规管理职责:

(一)审议批准合规管理的基本制度;

（二）审议批准年度合规报告；

（三）决定解聘对发生重大合规风险负有主要责任或者领导责任的高级管理人员；

（四）决定聘任、解聘、考核合规负责人，决定其薪酬待遇；

（五）建立与合规负责人的直接沟通机制；

（六）评估合规管理有效性，督促解决合规管理中存在的问题；

（七）公司章程规定的其他合规管理职责。

第八条 证券基金经营机构的监事会或者监事履行下列合规管理职责：

（一）对董事、高级管理人员履行合规管理职责的情况进行监督；

（二）对发生重大合规风险负有主要责任或者领导责任的董事、高级管理人员提出罢免的建议；

（三）公司章程规定的其他合规管理职责。

第九条 证券基金经营机构的高级管理人员负责落实合规管理目标，对合规运营承担责任，履行下列合规管理职责：

（一）建立健全合规管理组织架构，遵守合规管理程序，配备充足、适当的合规管理人员，并为其履行职责提供充分的人力、物力、财力、技术支持和保障；

（二）发现违法违规行为及时报告、整改，落实责任追究；

（三）公司章程规定或者董事会确定的其他合规管理职责。

第十条 证券基金经营机构各部门、各分支机构和各层级子公司（以下统称下属各单位）负责人负责落实本单位的合规管理目标，对本单位合规运营承担责任。

证券基金经营机构全体工作人员应当遵守与其执业行为有关的法律、法规和准则，主动识别、控制其执业行为的合规风险，并对其执业行为的合规性承担责任。

下属各单位及工作人员发现违法违规行为或者合规风险隐患时，应当主动及时向合规负责人报告。

第十一条 证券基金经营机构设合规负责人。合规负责人是高级管理人员，直接向董事会负责，对本公司及其工作人员的经营管理和执业行为的合规性进行审查、监督和检查。

合规负责人不得兼任与合规管理职责相冲突的职务,不得负责管理与合规管理职责相冲突的部门。

证券基金经营机构的章程应当对合规负责人的职责、任免条件和程序等作出规定。

第十二条　证券基金经营机构合规负责人应当组织拟定合规管理的基本制度和其他合规管理制度,督导下属各单位实施。

合规管理的基本制度应当明确合规管理的目标、基本原则、机构设置及其职责,违法违规行为及合规风险隐患的报告、处理和责任追究等内容。

法律法规和准则发生变动的,合规负责人应当及时建议董事会或高级管理人员并督导有关部门,评估其对合规管理的影响,修改、完善有关制度和业务流程。

第十三条　合规负责人应当对证券基金经营机构内部规章制度、重大决策、新产品和新业务方案等进行合规审查,并出具书面合规审查意见。

中国证监会及其派出机构、自律组织要求对证券基金经营机构报送的申请材料或报告进行合规审查的,合规负责人应当审查,并在该申请材料或报告上签署合规审查意见。其他相关高级管理人员等人员应当对申请材料或报告中基本事实和业务数据的真实性、准确性及完整性负责。

证券基金经营机构不采纳合规负责人的合规审查意见的,应当将有关事项提交董事会决定。

第十四条　合规负责人应当按照中国证监会及其派出机构的要求和公司规定,对证券基金经营机构及其工作人员经营管理和执业行为的合规性进行监督检查。

合规负责人应当协助董事会和高级管理人员建立和执行信息隔离墙、利益冲突管理和反洗钱制度,按照公司规定为高级管理人员、下属各单位提供合规咨询、组织合规培训,指导和督促公司有关部门处理涉及公司和工作人员违法违规行为的投诉和举报。

第十五条　合规负责人应当按照公司规定,向董事会、经营管理主要负责人报告证券基金经营机构经营管理合法合规情况和合规管理工作开展情况。

合规负责人发现证券基金经营机构存在违法违规行为或合规风险隐患的,

应当依照公司章程规定及时向董事会、经营管理主要负责人报告,提出处理意见,并督促整改。合规负责人应当同时督促公司及时向中国证监会相关派出机构报告;公司未及时报告的,应当直接向中国证监会相关派出机构报告;有关行为违反行业规范和自律规则的,还应当向有关自律组织报告。

第十六条 合规负责人应当及时处理中国证监会及其派出机构和自律组织要求调查的事项,配合中国证监会及其派出机构和自律组织对证券基金经营机构的检查和调查,跟踪和评估监管意见和监管要求的落实情况。

第十七条 合规负责人应当将出具的合规审查意见、提供的合规咨询意见、签署的公司文件、合规检查工作底稿等与履行职责有关的文件、资料存档备查,并对履行职责的情况作出记录。

第三章 合规管理保障

第十八条 合规负责人应当通晓相关法律法规和准则,诚实守信,熟悉证券、基金业务,具有胜任合规管理工作需要的专业知识和技能,并具备下列任职条件:

(一)从事证券、基金工作10年以上,并且通过中国证券业协会或中国证券投资基金业协会组织的合规管理人员胜任能力考试;或者从事证券、基金工作5年以上,并且通过法律职业资格考试;或者在证券监管机构、证券基金业自律组织任职5年以上;

(二)最近3年未被金融监管机构实施行政处罚或采取重大行政监管措施;

(三)中国证监会规定的其他条件。

第十九条 证券基金经营机构聘任合规负责人,应当向中国证监会相关派出机构报送人员简历及有关证明材料。证券公司合规负责人应当经中国证监会相关派出机构认可后方可任职。

合规负责人任期届满前,证券基金经营机构解聘的,应当有正当理由,并在有关董事会会议召开10个工作日前将解聘理由书面报告中国证监会相关派出机构。

前款所称正当理由,包括合规负责人本人申请,或被中国证监会及其派出机构责令更换,或确有证据证明其无法正常履职、未能勤勉尽责等情形。

第二十条 合规负责人不能履行职务或缺位时,应当由证券基金经营机构董事长或经营管理主要负责人代行其职务,并自决定之日起3个工作日内向中国证监会相关派出机构书面报告,代行职务的时间不得超过6个月。

合规负责人提出辞职的,应当提前1个月向公司董事会提出申请,并向中国证监会相关派出机构报告。在辞职申请获得批准之前,合规负责人不得自行停止履行职责。

合规负责人缺位的,公司应当在6个月内聘请符合本办法第十八条规定的人员担任合规负责人。

第二十一条 证券基金经营机构应当设立合规部门。合规部门对合规负责人负责,按照公司规定和合规负责人的安排履行合规管理职责。合规部门不得承担与合规管理相冲突的其他职责。

证券基金经营机构应当明确合规部门与其他内部控制部门之间的职责分工,建立内部控制部门协调互动的工作机制。

第二十二条 证券基金经营机构应当为合规部门配备足够的、具备与履行合规管理职责相适应的专业知识和技能的合规管理人员。合规部门中具备3年以上证券、金融、法律、会计、信息技术等有关领域工作经历的合规管理人员数量不得低于公司总部人数的一定比例,具体比例由协会规定。

第二十三条 证券基金经营机构各业务部门、各分支机构应当配备符合本办法第二十二条规定的合规管理人员。

合规管理人员可以兼任与合规管理职责不相冲突的职务。合规风险管控难度较大的部门和分支机构应当配备专职合规管理人员。

第二十四条 证券基金经营机构应当将各层级子公司的合规管理纳入统一体系,明确子公司向母公司报告的合规管理事项,对子公司的合规管理制度进行审查,对子公司经营管理行为的合规性进行监督和检查,确保子公司合规管理工作符合母公司的要求。

从事另类投资、私募基金管理、基金销售等活动的子公司,应当由证券基金经营机构选派人员作为子公司高级管理人员负责合规管理工作,并由合规负责人考核和管理。

第二十五条 证券基金经营机构应当保障合规负责人和合规管理人员充分履行职责所需的知情权和调查权。

证券基金经营机构召开董事会会议、经营决策会议等重要会议以及合规负责人要求参加或者列席的会议的,应当提前通知合规负责人。合规负责人有权根据履职需要参加或列席有关会议,查阅、复制有关文件、资料。

合规负责人根据履行职责需要,有权要求证券基金经营机构有关人员对相关事项作出说明,向为公司提供审计、法律等中介服务的机构了解情况。

合规负责人认为必要时,可以证券基金经营机构名义直接聘请外部专业机构或人员协助其工作,费用由公司承担。

第二十六条 证券基金经营机构应当保障合规负责人和合规管理人员的独立性。

证券基金经营机构的股东、董事和高级管理人员不得违反规定的职责和程序,直接向合规负责人下达指令或者干涉其工作。

证券基金经营机构的董事、监事、高级管理人员和下属各单位应当支持和配合合规负责人、合规部门及本单位合规管理人员的工作,不得以任何理由限制、阻挠合规负责人、合规部门和合规管理人员履行职责。

第二十七条 合规部门及专职合规管理人员由合规负责人考核。对兼职合规管理人员进行考核时,合规负责人所占权重应当超过50%。证券基金经营机构应当制定合规负责人、合规部门及专职合规管理人员的考核管理制度,不得采取其他部门评价、以业务部门的经营业绩为依据等不利于合规独立性的考核方式。

证券基金经营机构董事会对合规负责人进行年度考核时,应当就其履行职责情况及考核意见书面征求中国证监会相关派出机构的意见,中国证监会相关派出机构可以根据掌握的情况建议董事会调整考核结果。

证券基金经营机构对高级管理人员和下属各单位的考核应当包括合规负责人对其合规管理有效性、经营管理和执业行为合规性的专项考核内容。合规性专项考核占总考核结果的比例不得低于协会的规定。

第二十八条 证券基金经营机构应当制定合规负责人与合规管理人员的薪酬管理制度。合规负责人工作称职的,其年度薪酬收入总额在公司高级管理人员年度薪酬收入总额中的排名不得低于中位数;合规管理人员工作称职的,其年度薪酬收入总额不得低于公司同级别人员的平均水平。

第二十九条　中国证监会及其派出机构和自律组织支持证券基金经营机构合规负责人依法开展工作,组织行业合规培训和交流,并督促证券基金经营机构为合规负责人提供充足的履职保障。

第四章　监督管理与法律责任

第三十条　证券基金经营机构应当在报送年度报告的同时向中国证监会相关派出机构报送年度合规报告。年度合规报告包括下列内容:

(一)证券基金经营机构和各层级子公司合规管理的基本情况;

(二)合规负责人履行职责情况;

(三)违法违规行为、合规风险隐患的发现及整改情况;

(四)合规管理有效性的评估及整改情况;

(五)中国证监会及其派出机构要求或证券基金经营机构认为需要报告的其他内容。

证券基金经营机构的董事、高级管理人员应当对年度合规报告签署确认意见,保证报告的内容真实、准确、完整;对报告内容有异议的,应当注明意见和理由。

第三十一条　证券基金经营机构应当组织内部有关机构和部门或者委托具有专业资质的外部专业机构对公司合规管理的有效性进行评估,及时解决合规管理中存在的问题。对合规管理有效性的全面评估,每年不得少于 1 次。委托具有专业资质的外部专业机构进行的全面评估,每 3 年至少进行 1 次。

中国证监会及其派出机构发现证券基金经营机构存在违法违规行为或重大合规风险隐患的,可以要求证券基金经营机构委托指定的具有专业资质的外部专业机构对公司合规管理的有效性进行评估,并督促其整改。

第三十二条　证券基金经营机构违反本办法规定的,中国证监会可以采取出具警示函、责令定期报告、责令改正、监管谈话等行政监管措施;对直接负责的董事、监事、高级管理人员和其他责任人员,可以采取出具警示函、责令参加培训、责令改正、监管谈话、认定为不适当人选等行政监管措施。

证券基金经营机构违反本办法规定导致公司出现治理结构不健全、内部控制不完善等情形的，对证券基金经营机构及其直接负责的董事、监事、高级管理人员和其他直接责任人员，依照《中华人民共和国证券投资基金法》第二十四条、《证券公司监督管理条例》第七十条采取行政监管措施。

第三十三条 合规负责人违反本办法规定的，中国证监会可以采取出具警示函、责令参加培训、责令改正、监管谈话、认定为不适当人选等行政监管措施。

第三十四条 证券基金经营机构的董事、监事、高级管理人员未能勤勉尽责，致使公司存在重大违法违规行为或者重大合规风险的，依照《中华人民共和国证券法》第一百四十条、第一百四十二条、《中华人民共和国证券投资基金法》第二十五条采取行政监管措施。

第三十五条 证券基金经营机构违反本办法第十八条、第十九条、第二十条、第二十一条、第二十二条、第二十三条、第二十四条、第二十五条、第二十六条、第二十七条、第二十八条规定，情节严重的，对证券基金经营机构及其直接负责的董事、监事、高级管理人员和其他直接责任人员，处以警告、3 万元以下罚款。

合规负责人未按照本办法第十五条第二款的规定及时向中国证监会相关派出机构报告重大违法违规行为的，处以警告、3 万元以下罚款。

第三十六条 证券基金经营机构通过有效的合规管理，主动发现违法违规行为或合规风险隐患，积极妥善处理，落实责任追究，完善内部控制制度和业务流程并及时向中国证监会或其派出机构报告的，依法从轻、减轻处理；情节轻微并及时纠正违法违规行为或避免合规风险，没有造成危害后果的，不予追究责任。

对于证券基金经营机构的违法违规行为，合规负责人已经按照本办法的规定尽职履行审查、监督、检查和报告职责的，不予追究责任。

第五章 附 则

第三十七条 本办法下列用语的含义：

（一）合规负责人，包括证券公司的合规总监和证券投资基金管理公司的督察长。

(二)中国证监会相关派出机构,包括证券公司住所地的中国证监会派出机构,和证券投资基金管理公司住所地或者经营所在地的中国证监会派出机构。

第三十八条 中国证监会根据审慎监管的原则,可以提高对行业重要性证券基金经营机构的合规管理要求,并可以采取增加现场检查频率、强化合规负责人任职监管、委托外部专业机构协助开展工作等方式加强合规监管。

前款所称行业重要性证券基金经营机构,是指中国证监会认定的,公司内部经营活动可能导致证券基金行业、证券市场产生重大风险的证券基金经营机构。

第三十九条 开展公开募集证券投资基金管理业务的保险资产管理机构、私募资产管理机构等,参照本办法执行。

第四十条 本办法自 2017 年 10 月 1 日起施行。《证券投资基金管理公司督察长管理规定》(证监基金字〔2006〕85 号)、《证券公司合规管理试行规定》(证监会公告〔2008〕30 号)同时废止。

医药行业合规管理规范（节选）

（药协字〔2021〕7 号）

前　　言

医药行业，与其他行业最重要的区别，在于其最终服务的对象为人，为人提供医疗服务、药品、医药器械等，涉及人的生命、健康和身体。由此，医药行业成为了监管机关执法最为严格和细致的行业，医药企业较其他行业企业面临更大的法律监管风险。同时，近几年，国家市场监督管理局、国家药品监督管理局、国家财政部、国家税务局、国家发展和改革委员会、国家卫生和健康委员会、中共中央网络安全和信息化委员会办公室等监管部门不断出台新政，进行单独及联合执法，从反商业贿赂、反垄断、财务与税务、产品推广、集中采购、环境、健康和安全、不良反应报告、数据合规及网络安全等领域对医药行业内的企业进行全面规范，对企业合规管理提出了更加严格的要求。

引　　言

本规范帮助医药企业发现行业及法律监管方面的漏洞，理顺监管和报告体系，制定并落实有效的预防措施。能够通过对风险的预判、分析、处置，为企业建立有效的合规管理风险控制体系，控制或降低企业运营、流程操作中存在的潜在风险，帮助医药企业提高防范和化解合规管理风险的能力，保障医药企业高效稳健安全运营，提高经营管理水平，增强市场竞争力。

1. 目　标

控制风险:确保将法律风险控制在与医药企业经营总体目标相适应并可承受的范围。

信息通畅:确保医药企业内外部之间实现真实、可靠的信息沟通。

守法合规:确保遵守有关法律法规及规范性文件。

有效管理:确保医药企业有关规章制度和为实现经营目标而采取的重大措施的贯彻执行,保障经营管理的有效性,提高经营活动的效果和效率,降低实现经营目标的不确定性。

危机应对:确保医药企业建立针对各项重大风险发生后的危机处理计划,保护医药企业不因灾害性风险或人为失误而遭受重大损失。

制度完善:根据医药企业行业特点、管理架构等实际情况,为医药企业建立和完善的合规管理体系、切实防范法律风险提供参考。

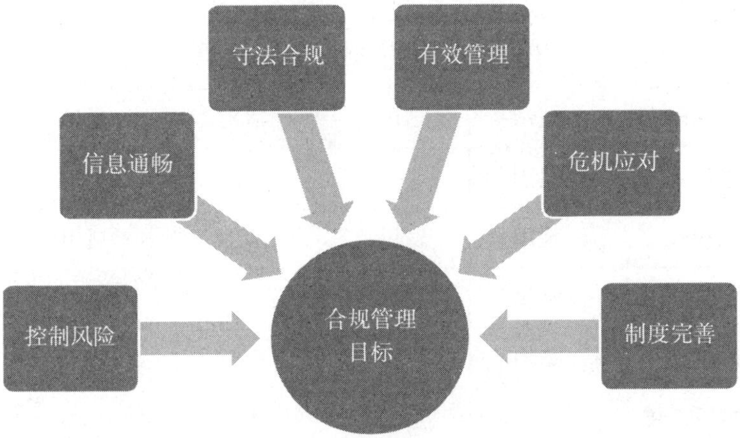

图1　合规管理目标

2. 范　　围

2.1. 医药行业合规管理领域范围

第一阶段(2020 年)医药行业合规管理领域范围包括:反商业贿赂、反垄断、财务与税务、产品推广、集中采购。

第二阶段(2021 年)医药行业合规管理领域范围包括:环境、健康和安全,不良反应报告,数据合规及网络安全。

2.2. 医药行业合规管理规范适用主体范围

医药行业适用主体范围包括:药品或医药器械上市许可持有人(MAH)企业。

2.3. 医药行业主体可适用(选择评估)的合规管理领域范围

2.3.1. 药品相关

表 1　医药行业主体可适用的合规管理领域范围(药品相关)

类型 领域	药品上市许可持有人(MAH)	药品合同研究组织(CRO)	药品合同生产组织(包括CMO、CDMO)	药品合同销售组织(CSO)	药品商业流通
反商业贿赂	适用	适用	适用	适用	适用
反垄断	适用			适用	适用
财务与税务	适用	适用	适用	适用	适用
产品推广	适用			适用	适用
集中采购	适用		适用		适用
环境、健康和安全		适用	适用		
不良反应报告	适用	适用	适用	适用	适用
数据合规及网络安全	适用	适用	适用	适用	适用

2.3.2. 医疗器械相关

表 2　医药行业主体可适用的合规管理领域范围(医疗器械相关)

类型 领域	医疗器械上市许可持有人(MAH)	医疗器械合同研究组织(CRO)	医疗器械合同生产组织(包括CMO、CDMO)	医疗器械合同销售组织(CSO)	医疗器械商业流通
反商业贿赂	适用	适用	适用	适用	适用
反垄断	适用			适用	适用
财务与税务	适用	适用	适用	适用	适用
产品推广	适用			适用	适用
集中采购	适用		适用		适用
环境、健康和安全		适用	适用		
不良反应报告	适用	适用	适用	适用	适用
数据合规及网络安全	适用	适用	适用	适用	适用

3. 规范性引用文件

下列文件对于本文件的应用是必不可少的。凡是注日期的引用文件,仅注日期的版本适用于本文件。凡是不注日期的引用文件,其最新版本(包括所有的修改版)适用于本文件。

GB/T 1.1—2009

GB/T 35770—2017/ISO 19600:2014

GB/T 51116—2016　医药工程安全风险评估技术标准

2019 年 1 月 9 日国家标准化管理委员会等发布的关于印发《团体标准管理规定》的通知(国标委联〔2019〕1 号)

2018 年 11 月 2 日国资委发布《中央企业合规管理指引(试行)》(国资发法规〔2018〕106 号)

2018 年 12 月 26 日国家发改委等七部门联合发布《企业境外经营合规管理指引》(发改外资〔2018〕1916 号)

2018 年 12 月 28 日上海市国资委发布《上海市国资委监管企业合规管理指引(试行)》(沪国资委法规〔2018〕464 号)

SZDB/Z 245 –2017 反贿赂管理体系(深圳标准)

4. 术语和定义

合规(Compliance)

是指使医药企业的经营活动符合法律法规、监管规定、行业准则和企业章程、规章制度等要求。

合规风险(Compliance Risk)

是指医药企业因没有遵循法律、规则和准则可能遭受法律制裁、监管处罚、重大财务损失和声誉损失的风险。

合规管理(Compliance Management)

是指以有效防控合规风险为目的,以医药企业经营管理行为为对象,开展包括制度制定、风险识别、合规审查、风险应对、责任追究、考核评价、合规培训等有组织、有计划的管理活动。

合规管理评估领域(Compliance Management Assessment Areas)

是指专门针对医药企业常见的合规管理风险而识别出并收录于本《医药行业合规管理规范》项下的 8 个合规管理领域,分别为反商业贿赂,反垄断,财务与税务,产品推广,集中采购,环境、健康和安全,不良反应报告,以及数据合规及网络安全。

合规风险指标(Compliance Risk Indicator)

即合规管理评估指标,是指针对各合规管理领域的核心风险点细化而成的具体合规管理评估指标,用以衡量医药企业在具体合规管理领域的合规表现。合规风险指标包括关键合规风险指标和一般合规风险指标。

关键合规风险指标(Key Compliance Risk Indicator)

是指对医药企业在相应合规管理领域内的表现是否能够被判定为合规具有显著甚至是决定性影响的关键指标。

一般合规风险指标(Non-key Compliance Risk Indicator)

是指对医药企业在相应合规管理领域内的表现是否能够被判定为合规具有一定而非决定性影响的指标。

药品(Pharmaceutical Product)

是指用于预防、治疗、诊断人的疾病,有目的地调节人的生理机能并规定有适应症或者功能主治、用法和用量的物质,包括中药、化学药和生物制品等。

医疗器械(Medical Device)

是指直接或者间接用于人体的仪器、设备、器具、体外诊断试剂及校准物、材料以及其他类似或者相关的物品,包括所需要的计算机软件;其效用主要通过物理等方式获得,不是通过药理学、免疫学或者代谢的方式获得,或者虽然有这些方式参与但是只起辅助作用;其目的是:

a)疾病的诊断、预防、监护、治疗或者缓解;

b)损伤的诊断、监护、治疗、缓解或者功能补偿;

c)生理结构或者生理过程的检验、替代、调节或者支持;

d)生命的支持或者维持;

e)妊娠控制;

f)通过对来自人体的样本进行检查,为医疗或者诊断目的提供信息。

医药产品(Pharmaceutical and Medical Device Product)

是指包括药品(含疫苗)和医疗器械(含设备、耗材)等医疗相关产品。

医药企业(Pharmaceutical and Medical Device Enterprise)

是指包括但不限于药品/医疗器械上市许可持有人(MAH)、药品/医疗器械合同研究组织(CRO)、药品/医疗器械合同生产组织(包括CMO、CDMO)、药品/医疗器械合同销售组织(CSO)、药品或医疗器械商业流通等企业的合称。

药品上市许可持有人/医疗器械注册人(Market Authorization Holder/MAH)

就药品行业而言,是指取得药品注册证书的企业或者药品研制机构等。就医疗器械行业而言,取得备案凭证或者医疗器械注册证的,为医疗器械注册人。

医药产品生产企业(Pharmaceutical and Medical Device Product Manufacturing Enterprise)

指生产和制造医药产品的专营企业或者兼营企业。

境外药品上市许可持有人境内代理人(Domestic Agency of a Foreign Market Authorization Holder)

指取得我国药品注册证书或医疗器械注册证书/备案凭证的境外持有人依法指定,代表其履行法律法规规定的药品上市许可持有人/医疗器械注册人义务的中国境内企业法人。

医药产品经营企业(Pharmaceutical and Medical Device Product Distributing Enterprise)

指经营医药产品的专营企业或者兼营企业。

药品/医疗器械合同研究组织(Contract Research Organization/CRO)

是通过合同形式向药品或医疗器械企业提供医药产品的临床或临床前研究等服务的专业机构。申办者可委托其执行临床试验中的某些工作和任务,此种委托必须作出书面规定。

药品/医疗器械合同生产组织(Contract Manufacturing Organization/CMO)

是指主要是接受药品或者医疗器械企业的委托,提供产品生产时所需要的工艺开发、配方开发、临床试验用药、化学或生物合成的原料药生产、中间体制造、制剂生产(如粉剂、针剂)以及包装等服务的机构。

药品/医疗器械合同研究生产组织(Contract Development and Manufacturing Organization/CDMO)

是指为药品和医疗器械提供工艺研发和生产服务的机构,提供包括工艺研究、优化、分析检测、制剂、医疗器械材料研究等研发服务和药品及医疗器械的生产服务。

药品/医疗器械合同销售组织(Contract Sales Organization/CSO)

是指根据与药品/医疗器械上市许可持有人或生产/经营企业签订推广合同取得药品或医疗器械推广权的销售推广组织,合同销售组织雇用医药代表进行推广行为,应取得药品/医疗器械上市许可持有人的授权。

医疗卫生专业人士(Healthcare Professionals/HCP)

医疗、牙科、药剂或护理领域中的专业人员,或其他任何在其专业活动中可能开具药品处方或推荐、采购、供应药品或将药品用于病人的人员。

医疗卫生专业机构(Healthcare Organization/HCO)

是指由医疗卫生专业人士组成的机构,或提供医疗服务和/或进行医疗研究的机构。

5. 结　构

5.1. 内容结构

总则

附录 A:反商业贿赂

附录 B:反垄断

附录 C:财务与税务

附录 D:产品推广

附录 E:集中采购

附录 F:环境、健康和安全

附录 G:不良反应报告

附录 H:数据合规及网络安全

附录 I:医药行业合规管理评估规范

附录 J:医药行业合规管理规范贯标专业服务机构监督办法

6. 合规管理

6.1. 概述

合规管理是个持续改进、不断完善的动态循环过程,是一系列步骤和活动的有机组合,形成一个完整的管理程序;同时,合规管理过程自我形成了一个闭环系统,即"了解现状—识别风险—应对风险—效果检验和持续改进"几个步骤循环往复,不断提高合规管理水平,促使医药企业安全、有效、合规运营。

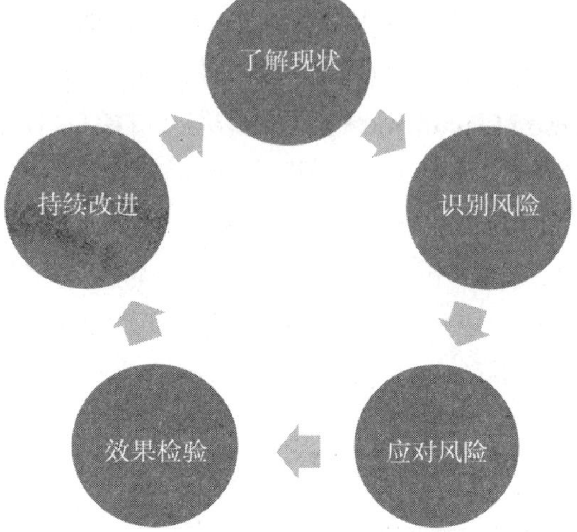

图2　合规管理过程闭环系统

6.2. 合规管理措施

合规管理措施主要是从五个角度出发：一是建立合规管理组织架构；二是确定合规管理内容；三是建立和完善合规管理体系；四是树立和宣传合规文化；五是合规管理运行及保障机制。

6.2.1. 建立合规管理组织架构

6.2.1.1. 合规管理组织权利来源

医药企业合规管理组织权利应该来源于医药企业中的最高管理人员（如医药企业 CEO）或者组织（如由最高管理人员组建的合规委员会），或者由医药企业最高管理人员或者组织授权的相应部门。

6.2.1.2. 合规管理组织架构

合规管理组织架构中应包括合规管理领导人员或组织、合规管理监督责任人员或组织、合规管理执行责任人员或组织，医药企业通过组织体系及架构的建设，建立完整的、自上至下的合规管理组织架构，明确合规管理责任人员或组织，以及其具体职责。

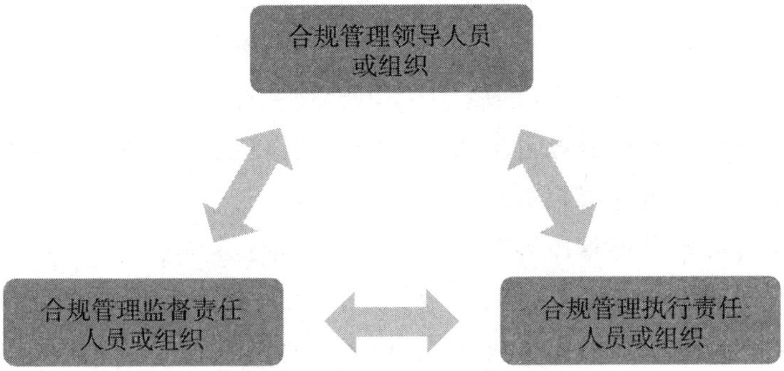

图 3　合规管理组织架构图

6.2.1.3. 合规管理组织的职责

a) 合规管理领导人员或组织的职责:

1) 批准医药企业合规管理战略规划和年度报告;

2) 建立和推动完善合规管理体系;

3) 确定合规管理基本制度和合规管理流程;

4) 决定合规管理监督和执行负责人的任免;

5) 决定合规管理监督和执行部门的设置和职能;

6) 研究决定合规管理有关重大事项;

7) 按照权限决定有关违规人员的处理事项;

8) 批准合规管理具体制度;

9) 批准合规管理长期和短期计划等。

b) 合规管理监督责任人员或组织的职责:

1) 向合规管理领导人员或组织提出合规管理建议;

2) 对合规管理具体制度和合规管理计划等提出建议;

3) 监督合规管理制度的落实;

4) 监督合规管理执行责任人员的合规管理职责履行情况;

5) 合规管理风险评价结果;

6) 作为举报管理部门的常设机构,负责企业的日常举报管理事务;

7) 对引发重大合规风险的部门负责人员或者主要负责人员提出监督意见等。

c)合规管理执行责任人员或组织的职责：

1)向合规管理领导人员或组织报告合规管理年度报告；

2)向合规管理领导人员或组织提出合规管理战略规划建议；

3)执行合规管理领导人员或组织确定的合规管理体系、合规管理基本制度和合规管理流程；

4)执行合规管理具体制度和合规管理计划；

5)按期向合规管理领导人员及组织汇报合规管理执行情况；以及第六，对企业各部门开展合规检查与考核等。

6.2.1.4. 合规管理组织的落实与运行

医药企业在建立专业化、高素质的合规管理组织及人员和明确合规管理组织职责的基础上，根据医药企业的业务规模、合规风险水平等因素配备合规管理相应人员，持续加强合规管理业务培训，提升整体合规管理组织能力水平。

6.2.2. 确定合规管理内容

确定合规管理内容包括对合规管理风险进行识别、分析、评价三部分内容，以下对前述三部分内容进行详细阐述。

6.2.2.1. 合规管理风险识别

a)合规风险识别领域

除了附录中的反商业贿赂，反垄断，财务与税务，药品推广，集中采购，环境、健康和安全，不良反应报告，数据合规及网络安全合规管理风险领域外，医药企业的合规管理风险领域视企业具体业务情况而定，还包括电子商务、劳动用工、贸易与出口管制、环境保护、内幕交易、知识产权、反歧视、反洗钱等领域。

b)合规风险识别方法

合规风险识别方法包括但不限于实地调研、合规访谈、问卷调查、公开信息收集与查询、风险点清单、数据图表分析（热力图）等合规风险识别方法。

c)合规风险识别信息数据来源

合规风险识别信息数据来源包括但不限于监管机关和司法机关公开的

信息数据、媒体公开的信息数据、医药企业自报信息数据、通过合规评估或调查获得的信息数据等。

d)合规风险识别内容

合规风险识别内容包括但不限于各合规管理领域风险点及风险指标。具体合规风险点和风险指标可参阅各附则内容。

6.2.2.2. 合规管理风险分析

a)合规管理风险分析目标

合规管理风险分析是指对识别出的合规管理风险进行定性、定量的分析,为合规管理风险的评价和应对提供支持。

b)合规管理风险分析因素

如医药企业部门或个人违规行为出现的原因、导致合规管理风险事件的原因、合规管理风险事件发生的可能性及后果等因素。

c)合规管理风险分析阶段

合规管理风险分析包括合规管理事前风险分析和合规管理事后风险分析。

合规管理事前风险分析包括:全面系统梳理经营管理活动中存在的合规风险,对风险发生的可能性、影响程度、潜在后果等进行系统分析,对于典型性、普遍性和可能产生较严重后果的风险进行分析结果梳理,为医药企业建立合规识别风险预警机制或者合规管理体系奠定基础。

合规管理事后风险分析包括:定期对合规管理体系的有效性进行分析,对重大或反复出现的合规风险和违规问题,深入查找根源,以帮助医药企业完善相关制度,堵塞合规管理漏洞,强化过程管控,持续改进提升。

6.2.2.3. 合规管理风险评价

a)合规管理风险评价目标

合规管理风险评价是指将合规管理风险分析结果与风险主体的合规管理要求相比较,或在各种合规管理风险的分析结果之间进行比较,确定合规管理风险等级和合规管理是否满足要求,以及合规管理风险应对就存在哪些不足和缺陷，以帮助医药企业做出合规管理风险应对的决策等。

b)合规管理风险评价步骤

1)在合规管理风险分析的基础上，对合规管理风险进行不同维度的排序，包括合规管理的目标、成本和收益、资源的投入安排等因素，包括合规管理风险事件发生可能性的高低、影响程度的大小及风险水平高低，以明确合规管理风险对相应责任部门或人员的影响程度。

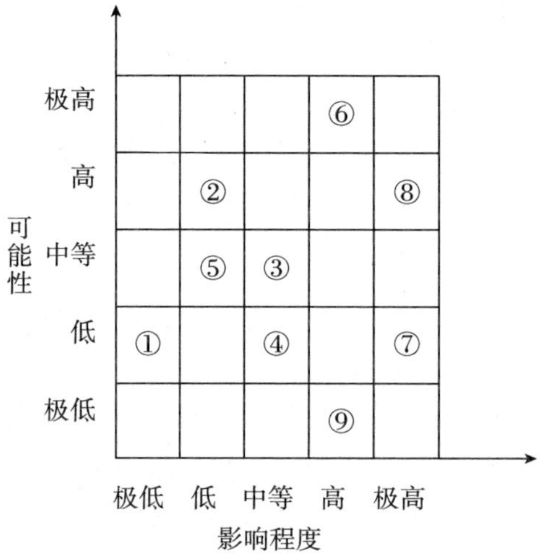

图4 合规管理风险发生可能性及影响程度坐标图

2)在合规管理风险排序的基础上，可以对合规管理风险进行分级，具体等级划分的层次可以根据合规管理组织的管理需要设定。

3)在合规管理风险排序和分级的基础上，合规管理组织可以根据合规管理需要，进一步确定需要重点关注和优先应对的合规管理风险，以及确定后续的合规管理措施及完善合规管理体系。

c)合规管理风险评价考虑因素

医药企业在进行合规管理风险评价时，应考虑以下因素：

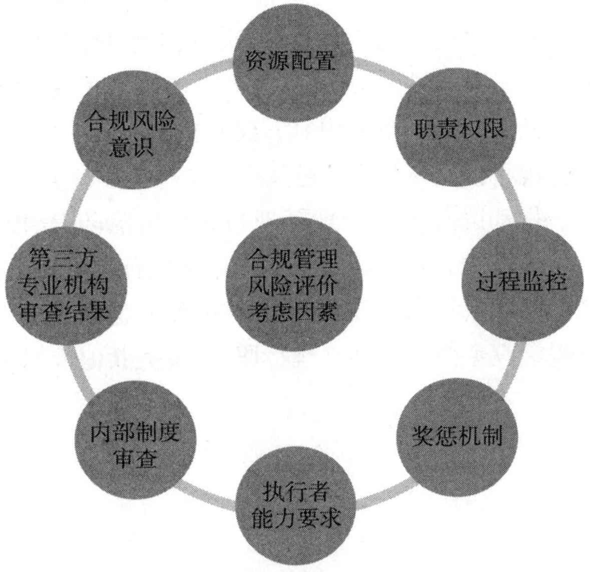

图 5 合规管理风险评价考虑因素图

d)合规管理风险重新评估

医药企业可以根据企业经营的需要,定期或者不定期地对合规管理风险进行重新评估。

定期进行重新评估的周期可根据《医药行业合规管理评估规范》以及医药企业合规管理计划确定。

不定期进行重新评估适用的情形简要如下:

1)医药企业出现新的商业模式、产品、服务、流程等;第二,医药企业组织架构和策略的调整;

2)医药企业外部环境的重大变化,如经济环境、执法环境、市场及行业风向;

3)法律法规的调整导致医药企业需履行的合规义务发生变化;以及

4)发现违规事件(违规事件的调查过程中可以直观了解到业务中的实际风险及管控措施的漏洞)。

6.2.3.建立和完善合规管理体系

医药企业建立的合规管理体系应该满足以下原则:

a）全面覆盖。医药企业应该坚持将合规要求覆盖各业务领域、各部门、各级子企业和分支机构、全体员工，贯穿决策、执行、监督全流程。

b）强化责任。医药企业应该把加强合规管理作为企业主要负责人履行推进法治建设第一责任人职责的重要内容。建立全员合规责任制，明确管理人员和各岗位员工的合规责任并督促有效落实。

c）协同联动。推动医药企业合规管理与法律风险防范、监察、审计、内控、风险管理等工作相统筹、相衔接，确保合规管理体系有效运行。

d）客观独立。严格依照法律法规等规定对医药企业和员工行为进行客观评价和处理。合规管理牵头部门独立履行职责，不受其他部门和人员的干涉。

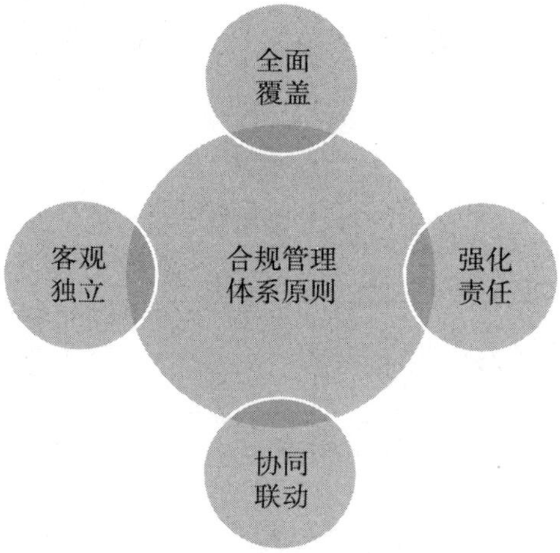

图6　合规管理体系建立原则图

医药企业合规管理体系内容包括建立和完善合规管理制度、对医药企业人员部门开展合规培训以及开展医药企业长期和短期的合规管理计划等。

6.2.3.1. 建立和完善合规管理制度

a）合规管理制度建立健全的含义

建立健全合规管理制度，是指要求医药企业建立制定企业全员普遍遵守的合规行为规范，针对重点领域制定专项合规管理制度，并根据法律法规变化和监管动态，及时将外部有关合规要求转化为内部规章制度。

b)合规管理制度建立健全的方法

合规管理制度一般根据医药企业各业务部门的设立情况,分别建立相应的合规管理制度。

各医药企业可以根据企业实际存在的部门及合规管理重点,建立相应的合规管理制度。

6.2.3.2. 合规培训

a)建立合规培训制度的含义

建立合规培训制度是指医药企业需要重视合规培训,结合法治宣传教育,建立制度化、常态化培训机制,以确保企业相关部门及员工理解、遵循企业合规目标和要求。

b)合规培训开展的要求

1)从时间安排角度,可以根据医药企业业务发展及合规培训开展的需求,定期开展合规培训。

2)从人员和部门覆盖率角度,可以根据医药企业的规模及企业人员及部门的数量安排培训,建议对企业核心及风险较大的业务部门及其相应管理人员进行培训。

3)从培训人员角度,由合规管理执行人员或者组织安排培训人员,具体培训人员可以是合规管理组织成员,也可以是委托第三方专业机构人员。

c)合规培训开展形式

合规培训开展形式除了常规讲座分享之外,还可以进行外部调查的模拟演练、合规案例分享、合规测试认证等形式。

1)讲座分享。医药企业在实践中考虑到参与者的广度,除了采用在会议室开办讲座外,还可以借助网络技术支持等方式,开展部门或者人员在线课程;此外,除了单向的宣传,培训人员可以针对参加培训主体提出的具体问题给予及时的咨询和指导。

2)外部调查模拟演练。考虑到外部执法机构执法时的突击性,医药企业可以邀请或者委托第三方专业机构对医药企业进行外部调查模拟演练,以增强相关部门及人员对外部调查的应对能力。

3)合规案例分享。合规管理组织可以总结医药企业日常发生的合规管理风险事件，组织相关部门及人员进行讨论。

4）合规测试。对于比较重要的合规管理文件，相关部门及人员在学习讨论后，要通过测试。

6.2.3.3. 合规管理计划

合规管理计划，是指根据合规管理目标实现的时间长短，合规管理执行负责人员及组织根据每年企业合规管理的具体情况，向合规管理领导人员及组织报告长期或者短期的合规管理计划，在获得前述人员或组织同意后，执行合规管理规划。

a）合规管理长期计划：是指需要三年及以上时间实现的合规管理计划。

b）合规管理短期计划：是指需要三年以下时间实现的合规管理计划。

6.2.4. 树立和宣传合规文化

树立和宣传合规文化，一般是指通过制定发放合规手册、签订合规承诺书、召开日常合规会议、合规要求公告等方式，强化医药企业部门及人员安全、质量、诚信、守纪和廉洁等意识，树立依法合规、守法诚信的价值观，筑牢合规经营的思想基础和文化基础。

a）合规文化建设的阶段

合规文化的建设一般由三个阶段组成：第一阶段服从，即在合规文化培育初期，通过制度流程的管理使得部门或人员被动接受医药企业的合规要求；第二阶段认同，即部门或者人员认可医药企业的价值观，但对这一观念未真正的理解和接受；第三阶段内化且作为行动指导，即医药企业部门或人员不仅能够理解合规文化的正确性，而且按照这一价值观念自觉地约束自己的思想和行为，并且予以扩散和传播。

图7 合规文化建设阶段图

b）合规文化建设的要求

1）明确合规管理组织的合规文化建设职责。合规管理领导人员及组织需要重视医药企业合规文化的建设；合规管理监督负责人员及组织需要积极对医药企业合规文化建设情况进行监督;合规管理负责执行人员及组织需要积极贯彻执行合规文化建设措施。

2)通过培训、教育、会议讨论、测试认证等系列措施对医药企业各业务部门及人员进行合规文化宣传,加强部门及人员对合规文化的认同感。

6.2.5. 合规管理运行及保障机制

6.2.5.1. 落实合规管理

落实合规管理,是指合规管理体系、合规管理制度、合规管理流程等都已经建立完善的情况下,合规管理执行人员及组织应该将其落实至日常经营管理活动中,并接受合规管理监督人员及机构的监督指导,及时向合规管理领导人员及组织报告合规管理情况。

6.2.5.2. 合规考核机制

合规考核机制,是指医药企业内部加强合规考核评价,把合规经营管理情况纳入对各部门和负责人的年度综合考核,细化评价指标。对所属部门和员工合规职责履行情况进行评价,并将结果作为年度考核结果、评先选优、员工个人职位升迁、部门资源调配等工作的重要依据。

6.2.5.3. 举报制度

报告和举报制度,是指为了加强内部合规管理,防止医药企业各种不正行为、以及违法违纪等行为的产生与纠正,保障报告和举报管理工作规范进行所建立的制度,依法保护举报人的合法权益。

a)举报机构及职责

合规管理监督组织为举报管理部门的常设机构,负责企业的日常举报管理事务。举报部门接到相关人员举报后,应在第一时间予以立案调查,满足一定条件的,将举报事实和调查情况反馈给合规管理领导部门。

b)举报方式

举报人可以采用电话、手机短信、电报、特快专递、信函、电子邮件、当面举报等方式举报,也可以委托他人代理举报(举报人委托他人代理举报,必须向受委托人出具的授权委托书)。

c)举报奖励及保护措施

向举报管理部门举报的人员,其人身权利、财产权利、工作权利、民主权利、名誉权利和其他合法权益受法律保护。

对于经过调查核实的举报案件,符合相关条件的,根据案件性质对举报人员给予相应的奖励。

6.2.5.4. 合规案件调查

合规案件调查,是指根据调查主体是否属于医药企业内部人员或者组织而划分为内部调查和外部调查。

a)外部调查:即外部执法机关(包括但不限于公检法部门、市场监管部门、税务部门、发展与改革部门、网络安全管理部门、财政部门等)的日常拜访、突击检查、企业竞争对方或消费者举报后调查等。

医药企业应当依据企业合规制度、政策、流程要求,基于企业现有资源及相关情况,建立外部调查配合机制。面临外部调查时,医药企业应当依法配合、合法应对外部调查。

b)内部调查:即因企业员工内部举报或者合规管理活动中发现的风险事件,所引发企业内部组织进行的调查。

医药企业应当依据企业合规制度、政策、流程要求,基于企业现有资源及相关情况,建立企业内部调查流程,确保内部调查流程合法、合规。

6.2.5.5. 合规管理问责

合规管理问责,是指医药企业建立完善违规行为处罚机制,明晰违规责任范围,细化惩处标准。在企业畅通举报渠道,针对反映的问题和线索及时开展调查后,严肃追究违规部门及人员责任。

a)部门和个人负责制:即在企业的违规行为处罚机制中,应将合规管理风险事件责任归咎至负责的部门和个人,使得违规责任能够得以具体落实。

b)合规整改和纪律处分:即对于产生合规管理风险事件的部门进行合规整改,包括但不限于调配合规管理资源、降低年终考核分数等整改措施;对于引发或者疏于管理的合规管理风险事件的责任人,依照处罚机制对其进行降职、职位调换、降低年终奖等处罚措施,或者进行警告(口头或者书面)、解除劳动合同且不支付经济赔偿金等纪律处分。

6.3. 合规管理评估

本节具体参阅《医药行业合规管理评估规范》。

6.3.1. 合规管理评估基础

6.3.1.1. 合规管理评估领域

《医药行业合规管理规范》包括8个合规管理领域,分别为反商业贿赂,反垄断,财务与税务,产品推广,集中采购,环境、健康和安全,不良反应报告,以及数据合规及网络安全(具体参阅附录A~H)。

医药企业可自行选择并申请接受单一或多个合规管理评估领域的评估。

6.3.1.2. 合规管理评估指标

根据医药行业合规风险类型和特点,《医药行业合规管理规范》针对项下的8个合规管理领域分别识别出领域内的核心风险点,并进一步将各核心风险点细化为具体的合规管理评估指标,即合规风险指标。各合规管理领域分别对应不同的核心风险点和合规风险指标。

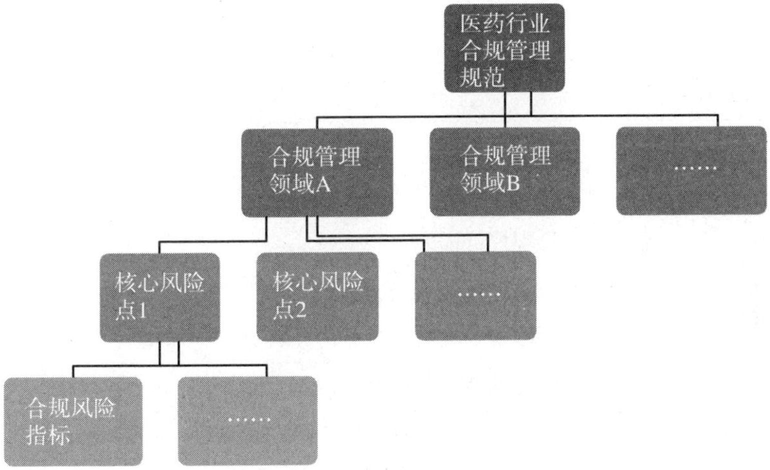

图8 合规管理评估指标

针对任一合规管理领域,合规风险指标分为关键合规风险指标和一般合规风险指标。

关键合规风险指标,是指对医药企业在相应合规管理领域内的表现是否能够被判定为合规具有显著甚至是决定性影响(即"一票否决")的关键指标,即如果医药企业在一项关键合规风险指标上未能达标,根据《医药行业合规管理规范》的评估方式,该企业在该合规管理领域将被判定为"不合格"。关键合规风险指标在下述合规管理绩效考核评分表中表现为标注"★"的指标。

一般合规风险指标,是指对医药企业在相应合规管理领域内的表现是否能够被判定为合规具有一定而非决定性影响的指标,即根据《医药行业合规管理规范》的评估方式,医药企业在一项一般合规风险指标上未能达标,并不必然导致该企业在该合规管理领域被判定为"不合格";但如果医药企业在多项一般合规风险指标上未能达标,仍将可能致使其在该合规管理领域内总评估得分达不到合格标准,进而在该合规管理领域被判定为"不合格"。

合规管理评价各级指标的具体内容可参阅附录 A ~ H 的内容。

6.3.1.3. 制定合规管理评估评分表

合规管理绩效考核评分表由五类表单组成,具体如下。

在开展合规风险评估时,针对医药企业具体参与评估的单一或多个合规管理评估领域,评估人员可从下列表单中选用具体适用的表单。

表 3 合规管理评估评分表单

表单编号		表单内容
1		使用说明
2		目录
3		合规管理评价标准
4		医药企业打分计算表(总表)
5	5 - 1	反商业贿赂合规绩效考核评分表
	5 - 2	反垄断合规绩效考核评分表
	5 - 3	财务与税务合规绩效考核评分表
	5 - 4	产品推广合规绩效考核评分表
	5 - 5	集中采购合规绩效考核评分表
	5 - 6	环境、健康和安全合规绩效考核评分表
	5 - 7	不良反应报告合规绩效考核评分表
	5 - 8	数据合规及网络安全合规绩效考核评分表

6.3.2. 合规管理评估评分步骤

合规管理绩效考核评分步骤可参照附录 I《医药行业合规管理评估规范》

中的具体内容。

针对医药企业参与评估的任一合规管理评估领域,合规管理绩效考核评分步骤一般如下,具体内容参阅相应合规管理评估领域附录:

第一步:根据现有数据或者医药企业实际存在风险行为,基于合规管理评估标准,对每个适用的合规风险指标进行评分。

对于各项关键合规风险指标(★),受评医药企业的相关行为满足相应关键合规风险指标要求的,按照该项关键合规风险指标的实际分值得分;受评医药企业的相关行为不满足相应关键合规风险指标要求的,该项关键合规风险指标不得分。

对于任一一般合规风险指标,其项下可能进一步划分为具体的计分项。关于一般合规风险指标项下的任一最小计分项,受评医药企业或得零分或得满分,不存在在最小计分项项下仅取得部分得分的情况。采取抽样方式进行评估的,受评医药企业的超过70%的抽样样本在相应最小计分项得分的,视为该受评医药企业在该最小计分项得分。

第二步:计算所有适用的合规风险指标分值总分;计算所有适用的合规风险指标得分总分。

第三步:受评医药企业在该合规管理评估领域的评估得分=(所有适用的合规风险指标得分总分/所有适用的合规风险指标分值总分)×100(四舍五入保留小数点后1位)。

6.3.3. 合规管理评估结果

根据前述评分步骤,受评医药企业在某一合规管理评估领域内评估合格的标准为:

a)所有关键合规风险指标(★)全部得分,即任一关键合规风险指标未达标将导致受评医药企业在该合规管理评估领域内评估不合格;

b)受评医药企业在该合规管理评估领域的评估得分不低于70.0分。

6.4. 合规管理持续改进

6.4.1. 完善合规管理体系

根据医药企业合规管理运行情况和合规管理绩效评估及考核结果,对于合规管理体系进行有效性的分析,对重大或反复出现的合规风险和部门及个人的违规问题，深入查找根源，调查事件产生原因，完善和修改具体的相关制度，堵塞管理漏洞，强化合规管理流程和对合规管理过程的管控，持续修改和完善合规管理体系。

6.4.2. 合规管理持续改进

医药企业实时跟踪内外部法律风险环境的变化，及时监督和检查合规管理的运行状况，以确保合规管理保障机制及应对计划有效执行，并根据发现的问题对合规管理工作进行持续改进。

附　录　A
（规范性附录）
反商业贿赂

A.1. 适用主体范围

A.1.1. 药品/医疗器械上市许可持有人（MAH）

A.1.2. 药品/医疗器械生产企业

A.1.3. 药品/医疗器械合同研发组织（CRO）

A.1.4. 药品/医疗器械合同生产组织（CMO）

A.1.5. 药品/医疗器械合同研发生产组织（CDMO）

A.1.6. 药品/医疗器械合同销售组织（CSO）

A.2. 规范性引用文件

《中华人民共和国刑法》

《中华人民共和国反不正当竞争法》

《关于禁止商业贿赂行为的暂行规定》

《合规管理体系指南》（ISO 19600:2014）

《反贿赂管理体系》（ISO 37001）（英文版）

《中央企业合规管理指引（试行）》（国资发法规〔2018〕106 号）

《企业境外经营合规管理指引》（发改外资〔2018〕1916 号）

A.3. 术语和定义

A.3.1. 合规(Compliance)

是指使医疗企业的经营活动符合法律法规、监管规定、行业准则和企业章程、规章制度等要求。

A.3.2. 合规风险(Compliance Risk)

是指医疗企业因没有遵循法律、规则和准则可能遭受法律制裁、监管处罚、重大财务损失和声誉损失的风险。

A.3.3. 药品(Drug)

是指用于预防、治疗、诊断人的疾病,有目的地调节人的生理机能并规定有适应症或者功能主治、用法和用量的物质,包括中药、化学药和生物制品等。

A.3.4. 医疗器械(Medical Device)

是指直接或者间接用于人体的仪器、设备、器具、体外诊断试剂及校准物、材料以及其他类似或者相关的物品,包括但不限于所需要的计算机软件;其效用主要通过物理等方式获得,不是通过药理学、免疫学或者代谢的方式获得,或者虽然有这些方式参与但是只起辅助作用,其目的是:

a)疾病的诊断、预防、监护、治疗或者缓解;

b)损伤的诊断、监护、治疗、缓解或者功能补偿;

c)生理结构或者生理过程的检验、替代、调节或者支持;

d)生命的支持或者维持;

e)妊娠控制;

f)通过对来自人体的样本进行检查,为医疗或者诊断目的提供信息。

A.3.5. 医疗产品(Pharmaceutical and Medical Device Product)

是指包括药品(含疫苗)和医疗器械(含设备、耗材)等医疗相关产品。

A.3.6. 药品/医疗器械上市许可持有人(Market Authorization Holder/MAH)

就药品行业而言,是指取得药品注册证书的企业或者药品研制机构;就医疗器械行业而言,是指取得医疗器械备案凭证或者医疗器械注册证的企业。

A.3.7. 药品/医疗器械生产企业(Drug/Medical Device Manufacturing Enterprise)

指生产和制造药品、医疗器械的企业。

A.3.8. 药品/医疗器械合同研发组织(Contract Research Organization/CRO)

是通过合同形式向药品或医疗器械企业提供医药产品的临床或临床前研究等服务的专业机构。

A.3.9. 药品/医疗器械合同生产组织(Contract Manufacturing Organization/CMO)

是指主要接受药品或者医疗器械企业的委托,提供产品生产时所需要的工艺开发、配方开发、临床试验用药、化学或生物合成的原料药生产、中间体制造、制剂生产(如粉剂、针剂)以及包装等服务的机构。

A.3.10. 药品/医疗器械合同研发生产组织(Contract Development and Manufacturing Organization/CDMO)

是指为药品和医疗器械提供工艺研发和生产服务的机构,提供包括工艺研究、优化、分析检测、制剂、医疗器械材料研究等研发服务和药品及医疗器械的生产服务。

A.3.11. 药品/医疗器械合同销售组织(Contract Sales Organization/CSO)

是指根据与药品/医疗器械上市许可持有人或生产/经营企业签订推广合同等方式取得药品或医疗器械推广权或者为药品或者医疗器械提供推广服务的销售推广组织。

A.3.12. 商业贿赂(Commercial Bribery)

在商业活动中,经营者以谋取交易机会或者竞争优势为目的,采用给予财物或者其他利益,向交易相对方的工作人员、受交易相对方委托办理相关事务的单位或者个人,以及利用职权或者影响力影响交易的单位或者个人提供不当利益的行为。给予财物或其他利益的一方,为行贿方;收受的一方为受贿方。贿赂目的是否实现以及实现的程度,不影响贿赂行为的成立。

A.3.13. 财物(Things of Value)

金钱及金钱等价物(包括有价证券、银行票据、电子红包、礼品卡、购物卡以及可折抵消费的各类票券等)和具有财产价值的各类实物。财物给付方式包括直接给付,也包括假借促销费、宣传费、赞助费、科研费、劳务费、咨询费、佣金等名义,或者通过报销费用等方式进行给付。

A.3.14. 其他利益(Other Benefits)

可以用金钱衡量的其他经济利益,包括但不限于提供国内外各种名义的旅游、免费会员服务、贵重物品的无偿使用权、大额无息或低息贷款、免除债务等。

A.3.15. 医疗卫生专业人士(Health Care Professionals,HCP)

医疗、牙科、药剂或护理领域中的专业人员。

A.3.16. 医疗卫生专业机构(Health Care Organizations,HCO)

一般指由医疗专业人士组成的机构,或提供医疗服务和/或进行医疗研究的机构。

A.3.17. 政府官员(Government Officials)

包括:任何政府及其部门、机关或机构(包括国有企事业单位)的官员或员工;在依照法律、法规规定行使国家行政管理职权的组织中从事公务的人员;任何国际公共组织(如世界银行)的官员或员工;任何政党的官员(包括在政党机关、人民政协机关中从事公务的人员);任何政治职位的候选人(包括全国人民代表大会代表的候选人);任何代理或代表前述人员的人。本附录所指的政府官员不包括医疗卫生专业人员。

A.3.18. 第三方(Third Party)

所有代表企业行事或向企业提供货物或服务的个人或公司,包括但不限于CRO、CMO、CDMO、CSO、经销商、供应商、渠道商、居间商、外包商以及代理人等。

A.3.19. 高风险第三方(High-risk Third Party)

可能引发较高腐败风险的第三方,包括但不限于:1)与涉及企业业务的政府官员发生或可能发生直接或间接往来的任何第三方;2)向政府实体,例如公立医院、军事机构、政府机关等,经销、推广或销售企业产品的任何第三方;3)由涉及企业业务的政府官员或是与该等政府官员具有亲属关系的其他人员担任股东、董事或其他职位的任何第三方;以及4)被指控涉嫌贿赂、违法或违反职业准则的任何第三方。

A.4. 风险点与风险指标

A.4.1. 产品销售

A.4.1.1. 总体原则

企业在产品销售活动中,不得通过直接或间接给予、许诺给予交易相对方的工作人员、受交易相对方委托办理相关事务的单位或者个人,以及利用职权或者影响力影响交易的单位或者个人财物或其他任何不当利益等方式,以谋取交易机会或竞争优势。

【注:例如,不得直接或通过 CSO 等第三方,向各级各类 HCO、集中采购机构及其工作人员给予不当利益,以谋取交易机会或竞争优势。】

A.4.1.2. 明示折扣、如实入账

企业在产品销售活动中,可以以明示方式向交易相对方支付折扣,或者向中间人支付佣金。企业向交易相对方支付折扣、向中间人支付佣金的,应当如实入账。

A.4.1.3. 书面协议

实际交易发生前,企业应与交易相对方签订书面协议,协议应载明交易内容、交易金额、费用支付方式等,约定折扣的应在协议中明确体现。

【注:协议应经企业法务部门审阅,若发现可能存在商业贿赂风险,应提交企业合规部门审核。】

A.4.2. 发票接受及核验

A.4.2.1. 总体原则

企业应建立相应的发票核验制度,用以验证发票本身的真实性以及发票所对应交易关系的真实性。

A.4.2.2. 发票接受

企业接受发票应当以发生真实交易为基础。企业不得接受虚开的发票用于抵扣税款,或用于套取企业资金、进行商业贿赂等其他违法目的。

A.4.2.3. 发票核验

企业应当建立与其业务规模相适应的发票核验制度,对于超过一定金额以上的发票,除核验发票本身的真实性以外,还应当核验发票所对应交易关系的真实性,包括审查相应交易关系是否签订书面合同、合同内容是否合理、合同是否真实履行等。

【注:企业应格外重视与 CSO 等经销企业及其他第三方之间交易关系真实性的核验,对 CSO 等第三方的经销行为应遵循本规范第 4.8 节“第三方管控”的相关要求实施一定的管控措施,尽最大努力避免企业内部员工与第三方之间

串通套取企业资金并用于对外行贿等违法目的的情况发生。】

A.4.3. 人事聘用

A.4.3.1. 总体原则

企业不得以换取任何不正当好处或利益为目的，聘用具有影响力的离任或退休政府官员、该等政府官员的直系亲属或者该等政府官员推荐的任何其他人(以下统称“政府官员及相关人士”)。

A.4.3.2. 具体要求

企业聘用政府官员及相关人士应当具有合法的商业目的，并至少符合下列条件：

a)拟聘用的政府官员及相关人士在教育、背景和经验方面符合其将从事的职责要求；

b)聘用的政府官员及相关人士在法律规定的期限内，不会从事与相关政府部门有利益关系的事务；

c)企业聘用政府官员及相关人士，应当经过企业内部合规部门的事前批准。

A.4.4. 与政府官员的互动交流

A.4.4.1. 总体原则

允许企业与政府官员开展互动交流，以合法探讨业务、沟通情况。企业应谨慎对待与有决策权且其决定可能对企业业务产生实质影响的政府官员的互动交流。

A.4.4.2. 禁止行为

企业不得直接或间接给予、许诺或授权给予财物，或提供任何不当利益，以诱使政府官员在药品上市许可、医疗器械备案/注册、价格谈判、供应企业产品等方面给予不正当优惠待遇，或给予其他任何不正当优势。

不得赞助或提供资金给政府官员参加由第三方组织的论坛、会议、庆典等活动，除非已获得政府官员所在单位的书面批准。

不得邀请政府官员的配偶、子女、亲戚等无关人士参与互动交流活动，且在任何情况下不得为该等无关人士支付任何费用。

不得在与政府官员的互动交流中提供娱乐服务。

A.4.4.3. 与政府官员互动交流的具体要求

与政府官员的互动交流活动包括但不限于与政府官员的业务交流会议、政府官员现场考察等。

A.4.4.3.1. 活动申请与审批

企业应针对与政府官员的互动交流活动制定科学、合理的申请及审批程序,活动的开展须经企业内部合规部门事先书面批准。

活动申请应当写明本次互动交流的必要性、拟邀请的政府官员及人数、需要支付的费用等内容,并附相关支持文件。

【注:企业可根据自身特点,制定相应类型的活动申请表,经企业合规部门批准后,供活动申请人员使用。】

A.4.4.3.2. 业务交流会议

在符合相关法律法规、企业内部政策的前提下,允许企业邀请政府官员参加业务交流会议以探讨相关业务问题。

业务交流会议应有明确的议程,探讨的议题应具有现实必要性和合理性,原则上不向参加业务交流活动的政府官员支付报酬,因邀请政府官员演讲、授课、提供专业意见等确需向政府官员支付报酬的,支付标准不得超出市场公允价格。

业务交流会议的举办地点应有助于实现会议目的,并应避免选择旅游胜地或铺张奢侈的地点举办业务交流会议。

业务交流会议讨论情况应有书面记录,并至少保存5年。

【注:业务交流主题可围绕药品上市许可、价格及报销、医疗器械备案/注册申请、公共医疗政策、影响科学方法及加工技术的政策、医学道德、疾病领域及监管要求等事项展开,但仅可限于合法探讨交流,不得与获取业务或其他不正当优势相关联。】

A.4.4.3.3. 现场考察

在符合相关法律法规、企业内部政策的前提下,允许邀请相关医疗卫生监管部门的政府官员访问企业的场所,以进行监管视察或进行其他基于临床、科学、技术、监管或医疗等合理理由的考察。

现场考察期间,不得安排与考察内容无关的活动。

不得为前来现场考察的政府官员支付差旅、住宿等费用,不得向前来现场考察的政府官员支付报酬。

A.4.4.3.4. 邀请函

邀请函应直接送至适当的政府部门或机构,以便该部门或机构能够自由确定是否参加交流会议或现场考察,以及具体参加活动的政府官员。

【注:对于开展业务交流会议或现场考察活动较为频繁的企业而言,应适当考虑为业务人员制定邀请函模板,经企业法务部门/合规部门批准后予以适用。】

A.4.5. 与 HCP/HCO 之间的互动交流

总体原则

与 HCP/HCO 之间开展互动交流活动,应集中在企业向 HCP 传达药品信息/医疗器械信息、提供科学及教育方面的资讯、以及支持医学研究和教育。

与 HCP/HCO 的互动交流应符合业务需要,活动类型包括但不限于业务交流会议、学术赞助、商业赞助、资助及捐赠等。

【注:企业与 HCP 及 HCO 之间开展互动交流活动的目的不得与获取业务相关。】

A.4.5.1. 禁止行为

不得以聘用 HCP 提供相关服务或向 HCP/HCO 支付任何费用等方式,诱导其在开具药品处方,推荐、采购、供应和/或使用任何企业产品方面提供便利。

不得以支付讲课费、培训费等形式,直接或间接影响 HCP 在有关学术或专业会议中宣传或变相宣传任何企业产品。

不得邀请 HCP 的配偶、子女、亲戚等无关人士参与互动交流活动,且在任何情况下均不得为该等无关人士参与互动交流而支付任何费用。

不得在互动交流中向 HCP 提供娱乐服务。

不得直接向 HCP 个人提供学术赞助、商业赞助、资助及捐赠。

A.4.5.2. 与 HCP/HCO 互动交流的具体要求

参与互动交流的 HCP/HCO 应当具有适当资质,例如具有实现企业赞助目的的必要能力等。

【注:企业可参照本规范第 4.8 节"第三方管控"中的尽职调查措施,针对参

与互动交流的 HCP/HCO 进行适当的尽职调查,以确保其具有适当资质。】

A.4.5.2.1. 活动申请与审批

企业应针对不同类型的互动交流活动制定科学、合理的申请及审批程序,活动的开展须经企业内部合规部门事先书面批准。

活动申请应当写明本次互动交流的必要性、主要议程、拟邀请的 HCP 及人数、需要支付的费用及标准等内容,并附相关支持文件。

【注:企业应结合自身特点,适当考虑针对开展次数较多的活动类型制定活动申请表,经企业法务部门/合规部门批准后供活动申请人员使用。

企业审批互动交流活动申请,应考虑活动开展的必要性、接受方是否具备适当资质、企业对外支付的费用/款项是否合理、支付方式是否恰当等。】

A.4.5.2.2. 业务交流会议

邀请参加业务交流活动的 HCP 应当具有专业相关知识,邀请 HCP 的人数应符合会议的规模。

因演讲、授课、提供专业意见等需向 HCP 支付劳务报酬的,支付标准不得超出市场公允价格。

业务交流会议的举办地点应有助于实现会议目的,并应避免选择旅游胜地或铺张奢侈的地点举办业务交流会议。

【注:应避免选择与奢侈的娱乐活动相关的场所,例如 SPA、温泉、度假、滑雪、高尔夫、赌博、邮轮等。】

业务交流会议讨论情况应有书面记录,并至少保存 5 年。

A.4.5.2.3. 学术赞助

企业赞助 HCP 参加学术会议应通过其所在的 HCO 进行,企业应谨慎赞助在境外举办的学术会议,确需赞助的,应具有充分、合理的理由。

对 HCP 参加学术会议的赞助应限于对交通、住宿、餐费及会议注册费的支付,且赞助的标准应符合市场通常水平。

不得为赞助参加学术会议的 HCP 安排旅游、休闲等活动,不得为其个人消费支付费用。

【注:企业可结合自身情况,对提供赞助事宜进行具体限制,例如规定每名 HCP 每年可接受的赞助金额、次数上限等。】

A.4.5.2.4. 商业赞助

企业可以基于实现双方共同利益并促进合法商业目的的合理理由,向 HCO 提供财务支持或非财务支持,例如为推广企业形象、品牌或产品等。

商业赞助应基于公开的商业邀请函/招商函。

A.4.5.2.5. 资助及捐赠

企业可提供财务资助给 HCO 进行独立的活动,包括但不限于医学教育项目、科学研究等。对于按照设立地国家的适用法律注册并被允许接受公益或慈善捐赠的公益组织,企业可向其提供慈善捐赠,支持公益活动。

企业资助的医疗教育项目类型可包括:由政府认可或批准提供医学继续教育项目的组织提供的医学继续教育项目、为教育目的而专为 HCP 提供的项目、致力于与公共卫生政策相关的研究和教育的项目等。若向医学继续教育活动提供教学材料,这些材料必须公平、全面、客观。

企业提供捐赠的方式可包括提供资金、设备或产品等;若为实物捐赠,应直接交付至捐赠接受者的负责部门或其正式办公场所。

企业提供资助或捐赠不应以获取任何交易机会或竞争优势作为回报。

A.4.5.2.6. 书面协议

企业应在与 HCP 或 HCO 开展互动交流活动之前,与相关人士/机构签订恰当的书面协议。

企业与 HCP 或 HCO 签订的书面协议中应包含《反腐败/反贿赂条款》(可参考本规范第 4.8.7 节"反商业贿赂条款及反腐败合规声明")。

【注:企业应结合自身特点,适当考虑针对开展次数较多的活动类型制定书面协议模板,经企业法务部门/合规部门批准后供业务人员使用。

企业签订服务协议,应明确约定合同目的、服务内容、提供服务人员、是否已获得所在机构批准、合同金额、计费依据及费用支付方式等。

企业签订科学/教育资助协议,协议内容包括该活动/项目的目标和预期结果,资助金额应与实现活动目标/预期相符,并符合市场通常标准。

企业提供学术赞助或商业赞助,应基于公开的邀请函/招商函,企业获得的利益(如冠名授权、会员权利、广告权利等)应在文件中明示,并应与市场公允价值相符。

企业签订捐赠协议,协议应明确捐赠人及受赠人信息、捐赠财产(包括种类、数量及价值)、捐赠意愿(是否明确捐赠财产用途)、履行期限及方式等。】

A.4.5.2.7. 签到表

企业应当对其赞助或支持的会议或活动准备签到表,签到表应由参与者本人签署,并至少保存5年。

A.4.5.2.8. 款项支付与记录

在互动交流中,原则上所有款项支付均应通过电子转账方式,确需以现金方式支付的,应说明理由并经企业合规部门批准。

企业应要求学术赞助、商业赞助、资助及捐赠的接受方就其接受的赞助、资助及捐赠款项提供正式发票或正式收据。

【注:企业应注意核验发票真实性。发票或收据内容应与所接受款项性质相符,例如,接受捐赠的单位所开具发票应为“捐赠款”,不得为“广告费”或“业务宣传费”等。】

企业应准确地记录相关互动交流活动中涉及的支出、提供给HCP/HCO的相关利益等。费用类别可包括但不限于资助、赞助、捐赠、会议费、讲课费、咨询费等。

【注:企业与HCO或HCP之间所约定的捐赠、资助或赞助的金额应为市场公允价格。在任何情况下企业均不得直接向HCP个人或医院科室直接支付任何款项,或直接将资助/赞助资金转入其账户。】

A.4.6. 招待与礼品

A.4.6.1. 总体原则

企业仅可提供服务于互动交流活动的、必要且适当的招待。不得为直接或间接影响对企业产品的采购、推荐或使用,或为酬谢该等行为而提议给予或提供任何招待或其他财物。

A.4.6.2. 禁止行为

A.4.6.2.1. 禁止提供娱乐活动

不得在互动交流活动中向HCP或政府官员提供任何娱乐活动。

【注:禁止提供的娱乐活动,例如:剧院或体育赛事门票、休闲或度假旅游。】

A. 4. 6. 2. 2. 禁止提供个人礼品或服务

不得向 HCP 提供个人礼品或个人服务,但符合商业习惯、且金额适当的风俗礼品、纪念品除外。

【注:禁止提供的个人礼品,例如电子产品、化妆品;禁止提供的个人服务是指,任何与 HCP 的职业无关、仅 HCP 个人获益的服务等。

企业应当根据实际情况制定政策,明确允许赠送的礼品、纪念品价值的标准,例如不超过 300 元。超过该等标准的礼品,应当经过合规部门的特别审批。企业还应当制定标准,明确一定时期内向同一主体赠送礼品、纪念品的累计金额标准。】

A. 4. 6. 3. 提供招待的限制

可提供的服务于互动交流活动的招待类型应限于:1)住宿;2)交通;3)适当餐饮。原则上,所提供的招待应当:1)依据当地标准适度且合理;2)招待的频次合理;以及 3)与业务目的相关。

【注:企业应根据自身性质、企业所在地域的不同,对招待标准进行规定,可以考虑从人均限额、一定期限内的招待总额、招待地点不得为奢华地点等方面进行规定。】

A. 4. 6. 4. 提供礼品的限制

A. 4. 6. 4. 1. 推广辅助用品

在企业自办活动或第三方会议中,在满足"最小价值"及"最少数量"的前提下,可以提供带有企业标识的小礼品。

【注:可提供的小礼品,例如:带有企业标识的笔、记事本、杯子等。企业可结合自身特点及企业所在地域,针对"最小价值"及"最少数量"的标准做出规定。一般而言,"最小价值"可解释为每件物品的价值不超过人民币 100 元。】

A. 4. 6. 4. 2. 医用物品

企业可向 HCP 提供价值适度、不超出日常执业工作范围、且有助于其实现医疗和病患服务的医用物品。

【注:企业可结合自身特点及企业所在地域,针对医用物品的价格标准进行规定。一般而言,单个医用物品的价值不得超过人民币 500 元,甚至更低。】

A.4.7. 费用报销

A.4.7.1. 总体原则

企业员工报销费用应坚持真实性原则;针对容易产生腐败贿赂风险的餐饮、礼品、差旅、会议等费用类型的报销,应严格遵守本节相关规定。

A.4.7.2. 报销支持文件

报销举办互动交流活动中所产生的费用,应当根据活动类型的不同,在报销申请中附有费用报销支持文件,以说明/证明费用发生的真实性及合理性。

【注:根据活动类型/费用类型的不同,报销支持文件可以为下列部分或全部文件:

a)邀请函;

b)签订的协议;

c)受邀者/出席者名单(若无法取得名单,可对受邀者进行描述;例如,“某医院的药剂科”);

d)签到表;

e)详细的会议议程;

f)使用的幻灯片;

g)发票原件;

h)银行卡/信用卡收据;

i)酒店住宿水单;

j)场地租赁费明细;

k)礼品费用明细;

l)餐饮小票;

m)活动照片;

n)其他可辅助证明的文件等。】

A.4.7.3. 报销审批

企业可根据自身特点,依照一定的标准设置费用报销审批制度,且可以设置多层级审批程序。一般情况下,费用报销须经员工所在部门确认并由财务部门审批;在报销金额达到一定标准时,财务部门可征求合规部门的意见,并最终可上报至公司高级管理人员审批。

【注:例如,可结合费用类型,以费用报销金额为标准设置多层级审批程序。示例:餐费单次报销金额2000元以上,须经报销员工的直接管理人员审批;餐费单次报销金额5000元以上,须经报销员工所在部门负责人审批。】

A.4.8. 第三方管控

A.4.8.1. 总体原则

企业与第三方建立商业关系,必须具备商业上的正当理由。

如第三方本身为HCP或HCO,则应遵守本规范第4.5节“与HCP/HCO之间的互动交流”中的相关规定。

A.4.8.2. 合规尽职调查

企业应针对第三方制定科学、合理的合规尽职调查方案及流程,对包括新增第三方、高风险第三方、高风险交易所涉第三方等在内的主体进行交易前的适当尽职调查。

针对风险程度的不同,合规尽职调查的种类可包括常规尽职调查及高风险尽职调查。针对高风险第三方、高风险交易所涉第三方应进行高风险尽职调查。

【注:进行常规尽职调查时的考量因素应至少包括:

a)该第三方如何被企业选中?

b)第三方是否具有相关经验及资质证明文件?

c)所约定费用是否符合市场公允价格?

d)第三方历史上是否存在腐败贿赂传闻/历史?】

A.4.8.3. 高风险交易信号

若发现交易涉及一个或多个以下高风险信号示例的,应当将交易判定为高风险交易,并对交易所涉第三方进行高风险尽职调查。

【注:高风险交易信号的示例如下,包括但不限于:

a)该交易涉及政府审批、审查、检查活动或其他涉及政府实体的协调工作;

b)第三方服务内容不够清晰、明确,或仅承诺“尽一切努力完成交易”;

c)请求与其同行业类似产品或服务的供应商具有明显差异的商业条款,例如过高的佣金、服务费、巨大的折扣、大额预付款、高额差旅费、要求企业支付第三方应自行承担的企业管理费用等;

d)采用不正常的支付模式或财务安排,例如请求通过多个账户支付或海外支付,或采用非常规方式在正常业务流程之外支付(例如以现金支付或通过合同之外的第三方支付),或明确表示其将无法就某些费用提供发票;

e)第三方会向其他主体(包括但不限于政府实体机构或政府官员)提供礼品、招待或其他利益,并由企业承担费用;

f)第三方无正当理由拒绝提供企业就交易进行日常合规审核所需的全部或部分交易信息,或者提供虚假信息;

g)无正当理由拒绝签署或要求修改企业标准的反腐败条款,或拒绝签署《反腐败合规声明》。】

A.4.8.4.尽职调查方式

开展尽职调查的方式包括但不限于进行公开信息核查、获取企业征信报告、发放调查问卷、实地考察、聘请背景调查机构等。企业可根据业务特点以及与第三方之间的关系,选取部分或全部调查方式开展常规或高风险尽职调查。

【注:例如,常规尽职调查方式可包括下列(1)-(2)或(1)-(3)项,高风险尽职调查方式可包括如下(1)-(4)或(1)-(5)项。以下示例供参考:

a)公开信息核查:通过公开渠道核查第三方是否曾经涉及任何贿赂、腐败或其他违反职业准则的行为;

b)企业征信报告:向具有资质的服务提供商获取公司基本信息报告,并甄别出可能存在潜在风险的信息/问题;

c)尽职调查问卷:向第三方发放调查问卷,问卷的设置应足以使相关负责人员了解与第三方相关的事项,以便对腐败风险做出合理评估。该等事项包括第三方的组织结构与所有权结构、第三方与其他各方间现存的商业关系的性质、第三方与政府官员的联系,以及第三方与政府官员之间往来的频繁程度等;

d)实地访谈/考察:针对第三方的管理人员/业务人员进行询问,以核实第三方业务的合法性/真实性,并梳理任何涉及潜在风险的问题;以及

e)背景调查机构:聘请独立的第三方调查机构对第三方进行背景调查,以确认其是否曾经实施过任何贿赂、腐败或其他违反职业准则的行为。】

A.4.8.5.向第三方支付报酬

向第三方支付的报酬应与市场公允价格一致。选择对第三方支付报酬的

方式,应尽量减少产生腐败贿赂风险的可能。

【注:对第三方支付报酬,企业可考虑:

a)以支票或银行电汇的方式支付,避免以现金支付;

b)收款方必须是提供货物或服务的第三方,而不能是任何其他实体或个人;若指定第三方以外的实体或个人为收款方,企业应要求第三方提供合理理由并进行核实;以及

c)第三方必须向企业提交其收取报酬的正式发票或正式收据。】

A.4.8.6. 与第三方的协议

不得在未与第三方签署书面正式协议的情况下与之建立商业关系。与第三方签订的协议中应全面载明第三方拟提供的货物或服务、费用标准、拟支付报酬的金额,以及其他实质性的条款与条件。

A.4.8.7. 反商业贿赂条款及反腐败合规声明

企业应与第三方签订反商业贿赂协议,或在与第三方签订的业务协议中包含反商业贿赂条款。针对高风险第三方,企业应尽最大努力促使所有的高风险第三方至少每年一次向企业提交由其正式签署的《反腐败合规声明》。

【注:反商业贿赂条款或声明应载明的合规内容可包括:

a)声明第三方将遵守与反腐败相关的全部法律法规及企业的反腐败相关政策,且其将不会向任何政府官员、HCP或其他相关人士给予或承诺给予任何财物,以期为企业获取或保项业务,或谋取其他不正当优势;

b)当第三方知悉任何显示其可能违反了与反腐败相关的法律法规、企业政策的信息时,该第三方应将该等信息及时向企业汇报;

c)如果企业合理确信,第三方已违反了企业的反腐败相关政策,或已使企业可能遭受违反反腐败相关法律的重大风险,则企业有权立刻终止与第三方的协议。】

A.4.9. 商业贿赂风险定期评估

A.4.9.1. 总体原则

企业应建立科学、系统的商业贿赂风险评估程序,以识别、分析、评价和处置风险,并定期评审风险评估程序及评估结果的有效性。

A.4.9.2. 评估对象

评估范围可以包括对新增合作伙伴、业务协议、第三方管控、资助/赞助事项、费用报销及其他可能存在潜在腐败贿赂风险的领域。

【注:第三方管控方面的风险评估可结合参见本规范第4.8节“第三方管控”的内容进行。】

A.4.9.3. 评估频率及评估方式

全面评估应至少每年进行一次。在发生风险警示情形的情况下,可针对特定事项启动抽查评估程序。评估方式可包括抽查评估和全面评估。

【注:风险警示因素可包括内部举报、外部举报、新闻媒体报道、行业消息、政府部门执法风向变动及法律法规新变化等。】

A.4.9.4. 评估程序

A.4.9.4.1. 风险识别

进行风险识别应综合考虑各项因素的影响,应识别的内容包括涉及人员、发生时间、发生地点、风险诱因、可能引发的结果等。

【注:可能影响风险识别的因素包括但不限于:

a)可适用的法律法规及规范性文件的要求;

b)互动交流活动类型;

c)业务获取方式;

d)涉及人员所在部门;

e)新增项目、交易、活动或供应商;

f)对商业伙伴的了解程度;

g)利益相关方;以及

h)行业或商业惯例等。】

A.4.9.4.2. 风险分析及评价

针对所识别出的风险,应结合现行法律法规、公司内部规范等,结合恰当的风险评价标准,以划分所识别风险的等级。

【注:进行风险分析可考虑的因素包括但不限于:风险性质、风险发生的可能性、风险的影响程度等。】

A.4.9.4.3. 风险处置

企业可根据不同风险等级制定不同的风险管控措施,包括针对涉及人员的调查或处置、是否启动内部调查、是否诉诸法律程序等,且应根据企业环境、法律法规的变化,对风险管控措施进行定期评审和修改。

【注:识别风险及确定风险等级后,应根据交易、项目、活动或业务关系的风险和性质采取合适的措施。例如,风险等级为中等以上且可能造成较大范围影响的情况下:

a)如果是已经开展的交易、项目、活动或业务关系,争取尽快终止、停止、暂停或撤销交易、项目、活动或业务关系;

b)如果是拟进行的新交易、项目、活动或业务关系,则考虑延迟或不再继续。】

A.4.10. 合规培训

A.4.10.1. 总体原则

企业应建立与其规模相适应的合规培训制度,常态化开展合规培训,以确保企业相关部门及员工理解、遵循企业合规目标和要求。

A.4.10.2. 培训对象

企业合规培训对象应涵盖企业全体员工,针对核心管理人员及风险较大的业务部门员工等,应进行重点培训。

A.4.10.3. 培训内容

合规培训的一般内容应包括国家法律法规、行业准则、企业合规制度等,针对企业核心管理人员及风险较大的业务部门员工的培训,还应该结合其岗位职责、常见业务风险点、实践案例等进行重点培训。

A.4.10.4. 培训方式

合规培训的开展可通过线上线下形式进行,除了常规讲座分享之外,还可以结合合规测试、案例分享等形式开展。

A.4.11. 举报及内部调查

A.4.11.1. 总体原则

企业应建立举报及内部调查制度,加强内部合规管理,及时制止和纠正企业及员工各种不当行为,依法保护举报人的合法权益。

A.4.11.2. 举报方式

鼓励企业设立举报专用电话或专用邮箱。举报人可以采用电话、手机短信、信函、电子邮件、当面举报等方式举报。匿名举报应被允许。

A.4.11.3. 对举报者保护和奖励

企业应保护举报人的人身权利、财产权利、工作权利、名誉权利和其他合法权益。对经过调查核实的举报案件,鼓励企业根据案件性质对举报人员给予相应的奖励。

A.4.11.4. 内部调查

企业应建立内部调查制度,针对举报事项或企业定期评估中发现合规风险事项进行调查。内部调查可由企业自行开展或者聘用第三方专业机构开展。

【注:内部调查制度应明确启动内部调查的条件、具体调查程序、负责部门等。】

A.4.11.5. 补救措施及整改

内部调查结束后,企业应根据调查结论对违规人员、第三方等做出相应处理,包括惩处措施、管控措施等。

针对内部调查中所发现的公司内部管控漏洞应及时进行整改,通过修订相关政策、完善相关程序、加强培训等措施,加强企业内部合规管理。

附　录　B
(规范性附录)
反　垄　断

B.1. 适用主体范围

B.1.1. 药品上市许可持有人(MAH)

B.1.2. 原料药生产和销售企业

B.2. 规范性引用文件

《中华人民共和国反垄断法》

《国务院关于经营者集中申报标准的规定》

《禁止垄断协议行为的暂行规定》

《禁止滥用市场支配地位行为暂行规定》

B.3. 术语和定义

下列术语和定义适用于本附录。

总则的术语和定义适用于本附录。

B.3.1. 经营者(Undertaking)

经营者是指从事商品生产、经营或者提供服务的自然人、法人和其他组织。

B.3.2. 相关市场(Relevant Market)

相关市场是指经营者在一定时期内就特定商品或者服务(以下统称商品)进行竞争的商品范围和地域范围。在反垄断执法实践中,通常需要界定相关商品市场和相关地域市场。

B.3.3. 相关商品市场(Relevant Product Market)

相关商品市场,是根据商品的特性、用途及价格等因素,由需求者认为具有较为紧密替代关系的一组或一类商品所构成的市场。这些商品表现出较强的竞争关系,在反垄断执法中可以作为经营者进行竞争的商品范围。

B.3.4. 相关地域市场(Relevant Geographic Market)

相关地域市场,是指需求者获取具有较为紧密替代关系的商品的地理区域。这些地域表现出较强的竞争关系,在反垄断执法中可以作为经营者进行竞争的地域范围。

B.3.5. 市场支配地位(Dominant Market Position)

经营者在相关市场内具有能够控制商品价格、数量或者其他交易条件,或者能够阻碍、影响其他经营者进入相关市场能力的市场地位。

B.3.6. 横向垄断协议(Horizontal Monopoly Agreements)

横向垄断协议是指具有竞争关系的经营者达成固定或者变更商品价格、限制商品的生产数量或者销售数量、分割销售市场或者原材料采购市场、限制购买或者限制开发新技术和新产品、联合抵制交易等的垄断协议。

B.3.7. 纵向垄断协议(Vertical Monopoly Agreements)

纵向垄断协议是指经营者与交易相对人达成固定向第三人转售商品的价格、限定向第三人转售商品的最低价格等的垄断协议。

B.3.8. 评估截止日(Assessment Due Date)

评估截止日是指评估机构完成评估工作的日期。

B.4. 风险点与风险指标

B.4.1. 反垄断合规制度设计

企业总体合规制度设计要求参见总则。在此基础上：

B.4.1.1. 合规部门或合规负责人

B.4.1.1.1. 企业应应设有合规部门或合规负责人[1]，合规部门或合规负责人负责竞争合规事宜(可为专人或由具有合规风险识别能力的人员兼任，不要求该岗位一定为专职，但需确保公司有管理人员/工作人员负责合规管理相关事宜)。

B.4.1.1.2. 建议合规部门或合规负责人积极参与企业经营决策和业务运营，企业为合规部门或合规负责人设置其向企业管理层汇报的通道，并指定管理层专人负责听取反垄断事宜的汇报。

B.4.1.1.3. 建议合规部门或合规负责人与公司内其他具有合规管理职能的监督部门(如审计部门、监察部门等)建立明确的合作和信息交流机制，以便及时发现竞争合规问题。

B.4.1.1.4. 建议企业就反垄断合规建立相应的合规管理制度，涵盖内部决策审批流程和办事指南，明确合规部门或合规负责人参与企业经营决策和业务运营的事项范围和处理流程，特别是就下述 4.2 ~ 4.8 中业务部门应向合规部门或合规负责人报备、审批事项及其他合规部门或合规负责人应当参与的事项明确操作规范和违规责任。

B.4.1.1.5. 合规部门或合规负责人持续关注国内和业务所涉国家(地区)反垄断法发展动态。如有新动态可能影响企业商业模式或商业安排，及时向企业管理层提供竞争合规建议。

B.4.1.2. 反垄断合规指引

B.4.1.2.1. 企业应当制定反垄断合规指引，建议包含下文第 4.3 ~ 4.8 部分所述基本风险点，并结合企业自身规模、市场行情等实际情况识别重点风险。

B.4.1.2.2. 建议反垄断合规指引定期更新，并且在法律法规发生重大变化

[1] 如法务部或法务在公司负责竞争合规事宜，则本规范中所指的合规部门或合规负责人及相应的职责可对应到法务部或法务。

或企业发生违法行为等情况下进行必要的更新。

B.4.1.3. 内部咨询举报制度

B.4.1.3.1. 建议企业设立收集对于企业商务政策的投诉和反馈意见的渠道,指定专人负责,并维护上述联络人与合规部门或合规负责人、企业管理层的持续沟通渠道。

B.4.1.3.2. 建议企业对内部设立奖惩机制,以鼓励企业员工发现并举报反垄断违规行为,惩处违规行为人,将竞争合规责任纳入企业岗位职责和员工绩效考核评价体系。

B.4.1.3.3. 建议企业制定针对竞争违规行为和举报事件的内部调查方案。

B.4.1.4. 法律顾问

B.4.1.4.1. 建议企业聘用反垄断法律顾问或可为反垄断事宜提供法律咨询的常法顾问。

B.4.1.4.2. 建议企业利用法律顾问,定期了解反垄断领域在医疗行业的立法新规定或执法新动向。

B.4.2. 反垄断合规制度执行

企业总体合规制度执行要求参见总则。在此基础上:

B.4.2.1. 合规部门或合规负责人工作考核

企业应当定期考核合规部门或合规负责人的履职情况和工作成果,确定合规部门或合规是否履行了反垄断合规职责。

B.4.2.2. 反垄断合规指引

B.4.2.2.1. 企业应当通过电子邮件、纸质文件、内网链接等方式及时向公司全体员工发布反垄断合规指引。

B.4.2.2.2. 建议企业设立回执流程,要求员工阅读反垄断合规指引后,以点击同意或签字同意等方式表明“已阅读并理解了反垄断合规指引”。

B.4.2.3. 风险自查

建议企业定期开展反垄断合规内部自查,梳理重点风险领域,并制定风控方案。

B.4.2.4. 反垄断合规培训

建议企业定期开展反垄断合规培训,请合规部门或合规负责人针对近期企业发展开展培训,或邀请外部法律顾问进行培训。

B.4.2.5. 咨询通道

建议合规部门或合规负责人开放咨询通道,及时为业务部门和员工提供反垄断合规咨询意见。

B.4.2.6. 内部审计

在内部审计中了解业务部门是否按照公司反垄断合规制度向合规负责人报备、审批,以及合规负责人的工作流程和成果。

B.4.3. 与竞争者的日常沟通

B.4.3.1. 企业不得与竞争者达成下列任何一类协议

B.4.3.1.1. 固定或变更商品价格

固定或变更商品价格的表现形式包括但不限于:

a)固定或者变更价格水平、价格变动幅度、利润水平或者折扣、手续费等其他费用;

b)约定采用据以计算价格的标准公式;

c)限制参与协议的经营者的自主定价权。

B.4.3.1.2. 限制商品的生产数量或者销售数量

限制商品的生产数量或者销售数量的表现形式包括但不限于:

a)以限制产量、固定产量、停止生产等方式限制商品的生产数量,或者限制特定品种、型号商品的生产数量;

b)以限制商品投放量等方式限制商品的销售数量,或者限制特定品种、型号商品的销售数量;

c)通过其他方式限制商品的生产数量或者销售数量。

B.4.3.1.3. 分割销售市场或者原材料采购市场

原材料包括企业生产经营所必须的技术和服务

分割销售市场或者原材料采购市场的表现形式包括但不限于:

a)划分商品销售地域、市场份额、销售对象、销售收入、销售利润或者销售商品的种类、数量、时间;

b)划分原料、半成品、零部件、相关设备等原材料的采购区域、种类、数量、时间或者供应商。

B.4.3.1.4. 限制购买新技术、新设备或者限制开发新技术、新产品

限制购买新技术、新设备或者限制开发新技术、新产品的表现形式包括但不限于:

a)限制购买、使用新技术、新工艺;

b)限制购买、租赁、使用新设备、新产品;

c)限制投资、研发新技术、新工艺、新产品;

d)拒绝使用新技术、新工艺、新设备、新产品。

B.4.3.1.5. 联合抵制交易

联合抵制交易的形式包括但不限于:

a)联合拒绝向特定经营者供应或者销售商品;

b)联合拒绝采购或者销售特定经营者的商品;

c)联合限定特定经营者不得与其具有竞争关系的经营者进行交易。

B.4.3.2. 企业实施下列行为需高度谨慎,并向企业合规部门或合规负责人咨询、审批或报备

B.4.3.2.1. 企业与竞争者拟签订任何协议(包括但不限于联合销售、联合采购、联合研发、战略合作等)前应当事先咨询企业合规部门或合规负责人是否具有违法风险,并在签订协议前经由企业合规部门或合规负责人审批。

B.4.3.2.2. 企业参与行业协会组织的会议或其他有竞争者参与的会议需高度谨慎,应当要求主办方提供相关议程及内容,事先咨询企业合规部门或合规负责人该行为是否具有违法风险。

B.4.3.2.3. 企业与竞争者通过书信、电子邮件、即时通信、电话、短信、会议等形式沟通价格、成本、数量、库存量、交易条件、交易对象、销售市场、限制新技术新产品等与竞争有关的敏感信息(“竞争性敏感信息”)需高度谨慎,并事先咨询企业合规部门或合规负责人。

B.4.3.2.4. 企业应当在收集市场情报时识别来源并留存记录。

B.4.3.2.5. 建议企业审慎对外发布商品调价、成本等竞争性敏感信息,并在发布前咨询企业合规部门或合规负责人。

B.4.3.2.6. 当竞争者有意讨论竞争性敏感信息时,企业应当明确拒绝或者离开,及时向企业合规部门或合规负责人报告。

B.4.4. 参与投标

B.4.4.1. 企业不得就投标项目与其他投标者进行沟通。

B.4.4.2. 如果企业在投标过程中应招标方要求与其他参与投标的竞争者一同参加会议,需有企业合规部门或合规负责人工作人员陪同,并遵循第 4.3.2 项所列相关要求。

B.4.5. 联合销售和联合采购

如果企业与其他竞争者进行联合促销、联合销售或者联合采购:

B.4.5.1. 应当就联合促销、联合销售或者联合采购的目的和相关安排事先咨询企业合规部门或合规负责人,明确相关安排是否具有违法风险,并在获得合规部门或合规负责人审核后再执行。

B.4.5.2. 不得通过联合促销、联合销售,或者联合采购协议达成或实际效果上实现第 4.3.1 项所列各类横向垄断协议。

B.4.5.3. 如果通过联合促销、联合销售或者联合采购协议收集到其他竞争者的相关信息,建议由企业合规部门或合规负责人审阅并判断该等信息的获取是否为必需且合规。

B.4.6. 行业标准和技术标准

如果参与行业协议或其他组织机构制定的行业标准或技术标准,或签订标准化协议,需事先咨询企业合规部门或合规负责人相关安排是否具有违法风险。

B.4.7. 与上游或下游企业的业务往来

B.4.7.1. 企业纵向价格限制风险防范

企业不得通过协议或其他方式(包括但不限于折让、回馈、成本分摊等激励措施,或胁迫、延迟或取消供货等处罚措施)固定经销商向第三人转售商品的价格,或限定经销商向第三人转售商品的最低价格。

但是,在企业参加国家集中采购情形下,企业就经国家药品监督管理部门批准、在中国大陆地区上市的集中采购范围内的药品与公立医疗机构直接确定采购价格、签订带量购销合同,并由经销商根据该价格向医院配送供应相关药品的行为可不适用上述禁止性规定。

【金杜注:基于当前实践和政策背景,我们不认为此类安排属于反垄断违法

行为,因此在此做出除外规定。该除外规定需根据法律发展和执法实践情况及时更新。】

B.4.7.2. 企业滥用市场支配地位风险防范

B.4.7.2.1. 企业市场支配地位的评估

企业应当定期自行评估自身所经营的各项产品和服务所处的相关市场的竞争情况和自身市场份额,如符合下列情形之一,则可能被推定为具有市场支配地位,需识别为高风险领域:

a)企业自身市场份额超过50%;

b)企业与另一个竞争者市场份额合计达到三分之二;

c)企业与另两个竞争者市场份额合计达到四分之三的情况;或者

d)企业市场力量显著,且商业争议频发的领域。

B.4.7.2.2. 禁止滥用市场支配地位行为

对于第4.7.4.1项确定的企业被推定具有市场支配地位的领域,企业应当对自身经营策略给予充分关注,不得无正当理由设置不合理的交易条件,禁止出现下列情形:

a)以不公平的高价销售商品或者以不公平的低价购买商品;

b)没有正当理由,以低于成本的价格销售商品;

c)没有正当理由,拒绝与交易相对人进行交易;

d)没有正当理由,限定交易相对人只能与其进行交易或者只能与其指定的经营者进行交易;

e)没有正当理由搭售商品,或者在交易时附加其他不合理的交易条件;

f)没有正当理由,对条件相同的交易相对人在交易价格等交易条件上实行差别待遇。

B.4.7.2.3. 企业市场支配地位的自评

除上述各项情况之外,企业需自我评估其是否有较强的能力控制市场、其他经营者对其是否有较强依赖。如果企业经营的产品存在企业控制市场能力强、其他经营者对企业依赖程度强的情况,需识别为中高风险领域。

B.4.7.2.4. 企业潜在风险领域的自评

企业应当对其所掌握的专有知识产权和获取的独家资质、独家许可等进行统一登记管理,基于对上述资源的占有情况评估、确定风险等级。

B.4.7.3. 企业经营行为法律风险评估和合规记录

出现下列情形之一时,企业应当将企业合规部门或负责人纳入相关事宜内部转签流程,事先咨询企业合规部门或合规负责人或取得审批。并且,企业应当就相关相关决策的考量因素或决策流程形成书面记录。

a)企业对外签订商务协议(包括但不限于经销、销售、采购、许可、特许等协议);

b)制定销售政策,包括制定和发布定价、调价政策;

c)通过协议或其他形式(包括但不限于设定销售目标、提供折扣返利等)设定排他性安排;

d)在收到交易相对人交易要约时计划拒绝合作;

e)就同一产品或服务向两个以上条件相似的交易相对人提出显著不同的交易条件;

f)通过协议或其他方式将同款或不同产品搭配销售;

g)其他可能涉及重大反垄断风险的事项。

B.4.7.4. 经销商管理制度法律风险评估

出现下列情形之一时,企业应当将企业合规部门或负责人纳入相关事宜内部转签流程,事先咨询企业合规部门或合规负责人或取得审批。

a)企业与经销商签订协议;

b)制定和发布经销商管理政策、奖惩制度;以及

c)通过协议或其他方式对经销商经营自主权的施加限制,包括但不限于地域限制、客户限制。

B.4.8. 并购重组和设立合营企业所涉及的经营者集中申报义务

B.4.8.1. 经营者集中事先申报义务

企业对外开展并购交易时,应当主动评估是否触发经营者集中申报义务。经营者集中达到国务院规定的申报标准的,经营者应当事先向国务院反垄断执法机构申报,未申报的不得实施集中。

构成经营者集中的并购交易形式包括:

a)经营者合并;

b）经营者通过取得股权或者资产的方式取得对其他经营者的控制权；

c）经营者通过合同等方式取得对其他经营者的控制权或者能够对其他经营者施加决定性影响。

经营者集中达到下列标准之一的，经营者应当事先申报：

a）参与集中的所有经营者上一会计年度在全球范围内的营业额合计超过100亿元人民币，并且其中至少两个经营者上一会计年度在中国境内的营业额均超过4亿元人民币；

b）参与集中的所有经营者上一会计年度在中国境内的营业额合计超过20亿元人民币，并且其中至少两个经营者上一会计年度在中国境内的营业额均超过4亿元人民币。

B.4.8.2. 内部流程完善

在企业开展收购兼并或设立合营企业时，应由公司合规部门或合规负责人或外部律师事先评估相关交易触发经营者集中申报的情况。企业应将该评估结论列为企业内部并购交易立项的前提条件。

B.5. 评估打分方式

B.5.1. 评估形式和期限

本评估中，评估机构将针对评估对象的产品范围和业务模式出具草拟问题清单、文件清单、访谈提供等，评估对象据此提供文件或抽样文件、问题清单书面答复并在现场访谈（如有）中回答享有问题。评估机构还可能根据前期工作进一步独立进行调查，并基于合理审慎的执业标准进行评估。

评估机构出具的文件清单、问题清单以及评估对象据此提供的书面答复和文件，评估机构制作并由评估对象确认的访谈记录（如有），以及评估机构独立调查形成的材料等所有据此开展评估的文件均应留存纸质或电子版底稿，并由评估机构和评估对象各自保留不少于【3年】。

具体文件清单、问题清单、访谈清单（如有）由各评估机构根据评估对象的实际情况自行拟定，但评估期间应不少于评估截止日之前的【2年】或上一次评估的评估截止日至本次评估的评估截止日（以较短者为准），并且涵盖评估对象在评估期间涉及第4部分各项风险点的全面情况。

B.5.2. 评估方法和抽样标准

为开展评估，评估机构应审查评估对象的各类制度文本、政策文件、协议、会议记录和其他书面记录。对于制度文本、政策文件(包括但不限于销售政策、定价政策、经销商管理政策)、经营策略分析(包括但不限于市场竞争报告、产品定位策略、企业市场力量评估)等企业内部文件,评估对象应全面如实地提供评估期间内有效的版本。

对于协议、沟通记录、业务信息记录,鉴于数量众多,评估机构应根据评估对象特点初步确定抽样文件清单,评估对象应根据抽样文件清单提供评估期间内生成的文件。评估机构应审阅全部抽样文件。

评估机构应审阅的抽样文件应不低于以下标准:

B.5.2.1. 协议文本抽样标准

企业与竞争者签订书面协议的情况通常数量有限。如果上述书面协议数量不超过 10 份,评估对象应提供所有协议文本。

如果与竞争者签订的书面协议数量超过 10 份,评估对象应对书面协议进行分类和数量统计。通常而言,书面协议的类型包括但不限于联合销售、联合采购、联合研发、战略合作等。鉴于不同类型的书面协议涉及反垄断法律风险的程度不等,评估机构可自行拟定适当比例对各个类型书面协议进行抽样,但应保证每一类型书面协议抽样数量不少于 2 份。

企业与上游供应商与下游经销商、下游客户签订书面协议的情况更为常见。如果上述书面协议数量不超过 10 份,评估对象应提供所有协议文本。

如果与上述非竞争关系的合作伙伴签订的书面协议数量超过 10 份,评估对象应对书面协议按照合作伙伴类型和协议事项进行分类和数量统计。通常而言,书面协议的类型包括但不限于经销、销售、采购、许可、特许协议。鉴于不同类型的书面协议涉及反垄断法律风险的程度不等,评估机构可自行拟定适当比例对各个类型书面协议进行抽样,但应保证每一类型书面协议抽样数量不少于 2 份。

B.5.2.2. 沟通记录(包括会议记录)抽样标准

企业与竞争者通过包括但不限于书信、电子邮件、即时通信、电话、短信、会议等形式沟通价格、成本、数量、库存量、交易条件、交易对象、销售市场、限制新技术新产品等与竞争有关的敏感信息("竞争性敏感信息")的,沟通形式和数量繁杂,难以全部审阅。评估机构评估该项风险时需很大程度依赖问卷、访谈

情况和抽样调查情况,因此,评估对象应尽其所知尽量提供相关沟通记录,并满足:

a)提供所有有竞争者出席的会议的相关信息,包括但不限于会议主题、时间、地点、参会人员、会议邀请函、会议纪要等;

b)提供抽样选取的10份市场情报记录(要求提供记载该市场情报的完整文件);

c)提供抽样选取的5名与竞争者有沟通联系的人员的电子邮件记录或其他可获得的沟通记录。

企业与上游供应商与下游经销商、下游客户的沟通形式、内容和数量繁杂,难以全部审阅。评估对象应尽其所知尽量提供相关沟通记录,并满足:提供抽样选取的5名与下游经销商、5名与下游客户有沟通联系的业务人员的电子邮件记录或其他可获得的沟通记录。

B.5.3. 风险点分类

所有风险点按潜在影响分为关键合规风险指标(标注"★")和一般合规风险指标。

B.5.4. 计算方式与评估结果

B.5.4.1. 计算方式

风险得分=(各合规风险点分值之和/适用的条款的总分)×100

(按上述公式计算完成后,四舍五入保留至小数点后1位)

B.5.4.2. 合格标准

评估对象在符合以下条件时,评估为合格:

a)所有关键合规风险指标均得分;并且

b)风险得分大于等于70分。

B.5.4.3. "适用"的判断

本规范中的条款可根据其实质内容分为肯定性和禁止性。禁止性条款即禁止或一般禁止评估对象为特定行为,肯定性条款为允许或原则上允许评估对象为特定行为(但可能要施加某些限制)。本规范中明确标明"不得""禁止""一般禁止""不应"或类似用语的为禁止性条款外,其余均为肯定性条款。

就本规范第5章"打分评估方式"而言,"适用"指根据评估对象的书面陈述、文件和独立调查，如评估对象有本规范某一/某些肯定性条款允许的行为/情形，则视为该等条款“适用”于该评估对象。为避免疑义，就本规范中禁止、一般禁止的条款而言，如评估对象无该等条款禁止、一般禁止的行为/情形，依然视为该等禁止、一般禁止条款“适用”于该评估对象。

如相应条款“适用”于评估对象，则风险得分中相应的风险分值之和、“适用的条款的总分”中包括该等条款/风险点的实际得分、单项总分，但考核评分表“评分细则”一栏另有规定的除外。

B.5.4.4. 评估处理及建议

如在评估过程中发现关键风险指标不合规，评估机构将就本次针对企业的评估出具评估报告，注明企业涉及重大合规风险，本次评估不合格。

附　录　D
(规范性附录)
产 品 推 广

D.1. 适用主体范围

D.1.1. 药品上市许可持有人或医疗器械注册人(Market Authorization Holder/MAH)

D.1.2. 医药产品生产企业

D.1.3. 进口医药产品代理机构(视同生产企业)

D.1.4. 医药产品经营企业

D.1.5. 药品或医疗器械合同销售组织(Contract Sales Organization/CSO)、医药产品商业流通企业

D.1.6. 境外药品上市许可持有人境内代理人

D.2. 规范性引用文件

下列文件对于本规范的应用是必不可少的。凡是注日期的引用文件，仅注日期的版本适用于本规范。凡是不注日期的引用文件，其最新版本(包括所有的修改)适用于本规范。

《中华人民共和国商标法》

《中华人民共和国广告法》
《中华人民共和国著作权法》
《中华人民共和国药品管理法》
《中华人民共和国反不正当竞争法》
《中华人民共和国药品管理法实施条例》
《医疗器械监督管理条例》
《药品、医疗器械、保健食品、特殊医学用途配方食品广告审查管理暂行办法》
《互联网广告管理暂行办法》
《药品流通监督管理办法》
《处方药与非处方药分类管理办法(试行)》
《处方药与非处方药流通管理暂行规定》
《关于进一步加强非处方药说明书和标签管理的通知》
《关于在药品广告中规范使用药品名称的通知》
《国务院办公厅关于印发药品上市许可持有人制度试点方案的通知》
《广播电视广告播出管理办法》

D.3. 术语和定义

总则中的术语和定义,以及下列术语和定义适用于本规范。

D.3.1. 医药产品生产制造企业

指生产和制造医药产品的专营企业或者兼营企业。

D.3.2. 药品(Pharmaceutical Product)

是指用于预防、治疗、诊断人的疾病,有目的地调节人的生理机能并规定有适应症或者功能主治、用法和用量的物质,包括中药、化学药和生物制品等。

D.3.3. 医疗器械(Medical Device)

是指直接或者间接用于人体的仪器、设备、器具、体外诊断试剂及校准物、材料以及其他类似或者相关的物品,包括所需要的计算机软件;其效用主要通过物理等方式获得,不是通过药理学、免疫学或者代谢的方式获得,或者虽然有这些方式参与但是只起辅助作用;其目的是:

a)疾病的诊断、预防、监护、治疗或者缓解;

b)损伤的诊断、监护、治疗、缓解或者功能补偿;

c)生理结构或者生理过程的检验、替代、调节或者支持;

d)生命的支持或者维持;

e)妊娠控制;

f)通过对来自人体的样本进行检查,为医疗或者诊断目的提供信息。

D.3.4. 医药产品(Pharmaceutical and Medical Device Product)

是指包括药品(含疫苗)和医疗器械(含设备、耗材)等医疗相关产品。

D.3.5. 医药企业(Pharmaceutical and Medical Device Enterprise)

是指包括但不限于药品/医疗器械上市许可持有人(MAH)、药品/医疗器械合同研究组织(CRO)、药品/医疗器械合同生产组织(包括CMO、CDMO)、药品/医疗器械合同销售组织(CSO)、药品或医疗器械商业流通等企业的合称。

D.3.6. 药品上市许可持有人/医疗器械注册人(Market Authorization Holder/MAH)

就药品行业而言,是指取得药品注册证书的企业或者药品研制机构等。就医疗器械行业而言,取得备案凭证或者医疗器械注册证的,为医疗器械注册人。

D.3.7. 境外药品上市许可持有人境内代理人(Local Deputy of a Foreign Market Authorization Holder)

指取得我国药品注册证书或医疗器械注册证书/备案凭证的境外持有人依法指定,代表其履行法律法规规定的药品上市许可持有人/医疗器械注册人义务的中国境内企业法人。

D.3.8. 医药产品经营企业

指经营医药产品的专营企业或者兼营企业。

D.3.9. 处方药

凭执业医师和执业助理医师处方方可购买、调配和使用的药品。

D.3.10. 非处方药

由国家药品监督管理部门公布的,不需要凭执业医师和执业助理医师处方,消费者可以自行判断、购买和使用的药品。

D.3.11. 推广

由药品/医疗器械上市许可持有(申请)人、药品/医疗器械生产企业、药品/医疗器械经营企业、境外药品上市许可持有人境内代理人、CSO、医药产品商业流通企业通过各种方式(包括互联网),以促进其医疗器械/药品的处方、推荐、供应、用于病人或为病人自用等为目的,针对医疗卫生专业人士和其他受众所进行的或组织、赞助的任何行为或活动。

D.3.12. 广告代言人

为推销商品或者服务,自行或者委托他人设计、制作、发布广告的自然人、法人或者其他组织以外的,在广告中以自己的名义或者形象对商品、服务作推荐、证明的自然人、法人或者其他组织。

D.3.13. 医疗机构

由医疗卫生专业人士组成的机构,或提供医疗服务、和/或进行医疗研究的机构。

D.3.14. 医疗卫生专业人士

医疗、牙科、药剂或护理领域中的专业人员,或其他任何在其专业活动中可能开具药品处方或推荐、采购、供应药品或将药品用于病人的人员。

D.3.15. 医药代表

代表药品/医疗器械上市许可持有人在中国境内从事药品/医疗器械信息传递、沟通、反馈的专业人员。

D.3.16. 医学互动交流

向医疗机构、专业学会及协议或医疗卫生专业人士提供、从其获得或与之交流医学和/或科学信息的活动。

D.3.17. 互联网广告

通过网站、网页、互联网应用程序等互联网媒介,以文字、图片、音频、视频或者其他形式,直接或者间接地推销商品或者服务的商业广告,包括:

a)推销商品或者服务的含有链接的文字、图片或者视频等形式的广告;

b)推销商品或者服务的电子邮件广告;

c)推销商品或者服务的付费搜索广告;

d)推销商品或者服务的商业性展示中的广告,法律、法规和规章规定经营者应当向消费者提供的信息的展示依照其规定;

e)其他通过互联网媒介推销商品或者服务的商业广告。

D.3.18. 推广辅助用品

用于医药产品推广的非现金价值物品。不包括推广资料。

D.3.19. 作品

包括以下形式创作的文学、艺术和自然科学、社会科学、工程技术等作品：

a)文字作品；

b)口述作品；

c)音乐、戏剧、曲艺、舞蹈、杂技艺术作品；

d)美术、建筑作品；

e)摄影作品；

f)电影作品和以类似摄制电影的方法创作的作品；

g)工程设计图、产品设计图、地图、示意图等图形作品和模型作品；

h)计算机软件；

i)法律、行政法规规定的其他作品。

D.3.20. 注册商标

经商标局核准注册的商标。包括商品商标、服务商标和集体商标、证明商标。

集体商标，是指以团体、协会或者其他组织名义注册，供该组织成员在商事活动中使用，以表明使用者在该组织中的成员资格的标志。

证明商标，是指由对某种商品或者服务具有监督能力的组织所控制，而由该组织以外的单位或者个人使用于其商品或者服务，用以证明该商品或者服务的原产地、原料、制造方法、质量或者其他特定品质的标志。

D.4. 主要风险点

D.4.1. 制度和历史

D.4.1.1. 制度

应建立并实行内部产品广告和推广活动审核制度，并有内部广告和推广的流程。

D.4.1.2. 历史

申请日前【两年】内未受到两次（含本数）行政处罚或被判决有罪，或承担民事责任。

D.4.2. 特定要求

D.4.2.1. 广告申请人：医药产品生产企业、经营企业或代理人

D.4.2.1.1. 广告批准文号申请人

药品或医疗器械注册证明文件或者备案凭证持有人及其授权同意的医药产品生产企业、医药产品经营企业为广告申请人;申请人可以委托代理人办理药品或医疗器械广告审查申请。

D.4.2.1.1.1. 医药产品生产企业

具有合法资格,得到注册证明文件或备案凭证持有人授权同意的医药产品生产企业可作为申请人,申请取得广告批准文号。

D.4.2.1.1.2. 医药产品经营企业

具有合法资质,得到注册证明文件或备案凭证持有人授权同意的医药产品经营企业可作为申请人,申请广告批准文号。

D.4.2.1.1.3. 代理人

如受到具有合法资质的申请人委托,代理人可代理进行药品或医药器械广告审查申请。例如,进口医药产品代理机构可被授权进行进口医药产品广告批准文号的申请。

D.4.2.1.2. 审批机构

国家市场监督管理总局负责组织指导药品和医疗器械的广告审查工作;各省、自治区、直辖市市场监督管理部门、药品监督管理部门负责药品和医疗器械的广告审查,依法可以委托其他行政机关具体实施广告审查。

D.4.2.1.2.1. 国产医药产品

药品的广告审查申请应当依法向医药产品生产企业等广告主所在地广告审查机关提出;医疗器械广告审查申请应当依法向医药产品生产企业所在地广告审查机关提出。

D.4.2.1.2.2. 进口医药产品

药品的广告审查申请应当依法向医药产品生产企业或者进口代理人等广告主所在地广告审查机关提出;医疗器械的广告审查申请应当依法向医药产品生产企业或者进口代理人所在地广告审查机关提出。

D.4.2.2. 上市许可前的信息交流

D.4.2.2.1. 禁止为上市后推广药品

在医药产品生产企业获得国家药品监督管理部门颁发的药品/医疗器械批

准文号或进口药品/医疗器械注册证书/进口医疗器械备案之前,不得从事为在中国使用该医药产品而进行的推广活动。

对药品/医疗器械获得批准文号或进口药品/医疗器械注册证书/进口医疗器械备案之前信息交流的禁止并不妨碍在遵守各项法律法规和行政规章的前提下开展的医药产品同情使用项目。医药产品生产企业和进口医药产品代理机构应努力确保有关医药产品同情使用项目的信息交流活动不演变为某个未获得上市许可的医药产品的推广活动。

D.4.2.2.2.研发信息的交流

本规范第4.2.2.1条规定的禁止不应影响科学界及公众对科学和医学发展动态的充分知情权。它既不限制对医药产品的科学信息作充分适当的沟通,包括通过专业的科学或大众媒体以及在专业的科学交流会议上公布有关医药产品的科研结果,也不限制应相关法律、法规、准则或规章的要求或号召向利益相关人士和其他人公开披露医药产品信息。

医药产品生产企业和进口医药产品代理机构可在国际科学大会或座谈会上通过展台或直接分发给与会者的方式推广某个/些尚未在会议所在国获得生产或进口许可、或虽获得生产或进口许可但许可的内容和条件与其他国家有所不同的医药产品,但还须同时满足以下几项条件:

a)会议所在国的法律允许进行此种推广活动;

b)会议本身应当是真正意义上的国际科学会议,大多数讲者和与会者应来自会议所在国以外的国家;

c)尚未在会议所在国注册的医药产品推广材料(不包括推广辅助用品)应包含该医药产品已在哪些国家获得上市许可的适当说明,同时清楚声明该医药产品尚未在会议所在国获得上市许可;

d)如医药产品推广材料中包含会议所在国之外的其他国家批准的医药产品处方信息(适应症、警告等),则推广材料应清楚声明该医药产品在全球各国所获得的上市许可的内容和条件有所不同。

在医药产品获得生产或进口许可前,与医疗卫生专业人士的互动交流,无论以口头或书面形式进行,均应由医药产品上市许可持有人医学部人员进行或在医疗卫生专业人士的监督下进行。

D.4.2.3. 超适应症推广

D.4.2.3.1. 一般禁止

涉及药品的宣传,应当以国家药品监督管理部门核准的说明书为准,不得进行扩大的宣传。药品广告涉及药品名称、药品适应症或者功能主治、药理作用等内容的,不得超出说明书范围。

涉及医疗器械的宣传,应当以药品监督管理部门批准的注册证书或者备案凭证、注册或者备案的产品说明书内容为准。医疗器械广告涉及医疗器械名称、适用范围、作用机理或者结构及组成等内容的,不得超出注册证书或者备案凭证、注册或者备案的产品说明书范围。

D.4.2.3.2. 学术交流例外

药品上市许可持有人就药品说明书之外的信息与医疗卫生专业人士的互动交流,无论以口头或书面形式进行,均应由上市许可持有人医学部人员进行或在医疗卫生专业人士的监督下进行。

D.4.3. 通用要求

D.4.3.1. 一般广告要求

D.4.3.1.1. 广告明确性要求

广告中对医药产品的性能、功能、产地、用途、质量、成分、价格、生产者、有效期限、允诺等有表示的,应当准确、清楚、明白。

广告中表明推销的医药产品附带赠送的,应当明示所附带赠送商品或者服务的品种、规格、数量、期限和方式。

法律、行政法规规定广告中应当明示的内容,应当显著、清晰表示;药品和医疗器械广告中应当显著标明的内容,其字体和颜色必须清晰可见、易于辨认,在视频广告中应当持续显示。药品和医疗器械广告应当显著标明广告批准文号。

D.4.3.1.2. 广告引证要求

广告使用数据、统计资料、调查结果、文摘、引用语等引证内容的,应当真实、准确,并表明出处。引证内容有适用范围和有效期限的,应当明确表示。

不得使用虚构、伪造或者无法验证的科研成果、统计资料、调查结果、文摘、引用语等信息作证明材料。

引证内容应避免引起误导。

D.4.3.1.3. 专利标识要求

广告中涉及专利产品或者专利方法的,应当标明专利号和专利种类。

D.4.3.1.4. 禁止代言人

医药产品广告不得利用广告代言人作推荐、证明。

D.4.3.1.5. 避免绝对化用语

在广告中应避免使用“国家级”、“最高级”、“最佳”等用语。

D.4.3.1.6. 互联网广告要求

D.4.3.1.6.1. 可识别性

互联网广告应当显著标明“广告”,使消费者能够辨明其为广告。

D.4.3.1.6.2. 不影响正常使用

利用互联网发布、发送广告,不得影响用户正常使用网络。在互联网页面以弹出等形式发布的广告,应当显著标明关闭标志,确保一键关闭。

不得以欺骗方式诱使用户点击广告内容。

未经允许,不得在用户发送的电子邮件中附加广告或者广告链接。

D.4.3.2. 药品广告要求

D.4.3.2.1. 药品广告的认定

凡利用各种媒介或者形式发布的广告含有药品名称、药品适应症(功能主治)或者与药品有关的其他内容的,为药品广告。

D.4.3.2.2. 可发布广告的药品范围

D.4.3.2.2.1. 允许类

非处方药可发布广告;

除本规范第D.4.3.2.2.2条规定的药品外,处方药可在国务院卫生行政部门和国家药品监督管理部门共同指定的医学、药学专业刊物上作广告。

D.4.3.2.2.2. 禁止类

下列药品不得发布广告:

a)麻醉药品、精神药品、医疗用毒性药品、放射性药品、药品类易制毒化学品,以及戒毒治疗的药品;

b)军队特需药品、军队医疗机构配制的制剂;

c)医疗机构配制的制剂;

d)依法停止或者禁止生产、销售或者使用的药品;以及

e)法律、行政法规禁止发布广告的情形。

D.4.3.2.3. 药品广告的审查

D.4.3.2.3.1. 处方药

处方药广告均应经过省、自治区、直辖市药品广告审查机关审批。但处方药在指定的医学药学专业刊物上仅宣传药品名称(含药品通用名称和药品商品名称)的,无需审查。

D.4.3.2.3.2. 非处方药

非处方药广告均应经过省、自治区、直辖市药品广告审查机关审批。但非处方药仅宣传药品名称(含药品通用名称和药品商品名称)的,无需审查。

D.4.3.2.4. 取得药品广告批准文号

药品的广告审查申请应当依法向医药产品生产企业或者进口代理人等广告主所在地广告审查机关提出。申请药品的广告审查,应向广告主所在地的广告审查机关提出,并依法提交《广告审查表》、与发布内容一致的广告样件,以及下列合法有效的材料:

a)申请人的主体资格相关材料,或者合法有效的登记文件;

b)产品注册证明文件或者备案凭证、注册或者备案的产品标签和说明书,以及生产许可文件;

c)广告中涉及的知识产权相关有效证明材料;

d)经授权同意作为申请人的医药产品生产、经营企业,还应当提交合法的授权文件;委托代理人进行申请的,还应当提交委托书和代理人的主体资格相关材料。

D.4.3.2.5. 药品广告的内容要求

D.4.3.2.5.1. 不得超出说明书范围

药品广告的内容应当以国务院药品监督管理部门核准的说明书为准。药品广告涉及药品名称、药品适应症或者功能主治、药理作用等内容的,不得超出说明书范围。

D.4.3.2.5.2. 符合经批准的药品广告内容

经批准的药品广告,在发布时不得更改广告内容。药品广告内容需要改动的,应当重新申请药品广告批准文号。

D.4.3.2.6. 处方药广告的发布媒介

D.4.3.2.6.1. 专业期刊

处方药只能在国务院卫生行政部门和国家药品监督管理部门共同指定的医学、药学专业刊物上发布广告。

D.4.3.2.6.2. 禁止面向公众

处方药不得在大众传播媒介发布广告或者以其他方式进行以公众为对象的广告宣传。

禁止利用互联网发布处方药的广告。

D.4.3.2.6.3. 禁止变相发布广告

不得利用处方药的名称为各种活动冠名进行广告宣传;不得使用与处方药名称相同的商标、企业字号在医学、药学专业刊物以外的媒介变相发布广告,也不得利用该商标、企业字号为各种活动冠名进行广告宣传。

广播电台、电视台、报刊音像出版单位、互联网信息服务提供者不得以介绍健康、养生知识等形式变相发布药品广告。

不得以赠送医学、药学专业刊物等形式向公众发布处方药广告。

D.4.3.2.7. 非处方药广告的发布媒介

除专业性医药报刊外,非处方药经审批还可以在大众传播媒介发布广告,但针对未成年人的大众传播媒介除外。

D.4.3.2.8. 药品广告的标识

D.4.3.2.8.1. 药品广告

药品广告中应当显著标明药品的广告批准文号以及禁忌、不良反应。

D.4.3.2.8.2. 非处方药广告

除上述要求外,非处方药广告必须同时显著标明非处方药专用标识(OTC)。

D.4.3.2.9. 药品广告的忠告语

D.4.3.2.9.1. 处方药

处方药广告应当显著标明“本广告仅供医学药学专业人士阅读”。

D.4.3.2.9.2. 非处方药

非处方药广告应当显著标明“请按药品说明书或者在药师指导下购买和使用”。

D.4.3.2.10. 药品广告标识和忠告语的形式要求

D.4.3.2.10.1. 药品广告标识

药品的通用名称、药品广告批准文号、药品生产批准文号的字体和颜色必须清晰可见、易于辨认,在视频广告中应当持续显示。

在文字广告以及电视广告的画面中,药品商品名称的字体以单字面积计,不得大于药品通用名称所用字体的1/2。

产品文字型注册商标的字体以单字面积计不得大于通用名称所用字体的1/4。

D.4.3.2.10.2. 忠告语

忠告语的字体和颜色必须清晰可见、易于辨认,在视频广告中应当持续显示。

D.4.3.2.11. 药品广告关于药品功效的禁止性规定

D.4.3.2.11.1. 总体规定

药品广告有关药品功能疗效的宣传应当科学准确,应当宣传和引导合理用药,不得直接或者间接怂恿任意、过量地购买和使用药品,不得含有下列内容:

a)表示功效的断言或者保证,如含有“无效退款”、“保险公司保险”等保证内容的;

b)说明治愈率或者有效率;

c)与其他药品的功效和安全性进行比较的;

d)违反科学规律,明示或者暗示可以治疗所有疾病、适应所有症状、适应所有人群,或者正常生活和治疗病症所必需等内容;

e)表示安全性的断言或保证,比如含有“安全无毒副作用”、“毒副作用小”等内容的,含有明示或者暗示中成药为“天然”药品,因而安全性有保证等内容的;

f)含有明示或者暗示该药品为正常生活和治疗病症所必需等内容的,如含有“热销、抢购、试用”“家庭必备、免费治疗、免费赠送”等诱导性内容,怂恿消费者任意、过量使用药品的内容；

g）引起公众对所处健康状况和所患疾病产生不必要的担忧和恐惧，或者使公众误解不使用该药品会患某种疾病或加重病情的；

h）含有评比、排序、推荐、指定、选用、获奖等综合性评价内容的；

i）法律、行政法规规定不得含有的其他内容。

D.4.3.2.11.2. 非处方药规定

非处方药广告不得利用公众对于医药学知识的缺乏，使用公众难以理解和容易引起混淆的医学、药学术语，造成公众对药品功效与安全性的误解。

D.4.3.2.12. 药品广告对未成年人的保护

广告不得损害未成年人的身心健康；在针对未成年人的大众传播媒介上不得发布药品广告；药品广告不得在未成年人出版物和广播电视频道、节目、栏目上发布。

D.4.3.2.13. 药品广告使用他人名义或者形象等

D.4.3.2.13.1. 医疗机构、专业人士、消费者

药品广告不得含有利用科研单位、学术机构、行业协会或者专家、学者、医师、药师、临床营养师、患者等的名义和形象作证明的内容。

D.4.3.2.13.2. 国家机关

药品广告不得使用或变相使用国家机关和国家机关工作人员的名义或形象；

不得使用或者变相使用中华人民共和国的国旗、国歌、国徽，军旗、军歌、军徽；

不得含有军队单位或者军队人员的名义、形象，不得利用军队装备、设施从事广告宣传。

D.4.3.2.13.3. 医疗服务

药品广告不得含有医疗机构的名称、地址、联系办法、诊疗项目、诊疗方法以及有关义诊、医疗（热线）咨询、开设特约门诊等医疗服务的内容。

D.4.3.2.14. 限制赠送

处方药和非处方药不得采用有奖销售、附赠药品或礼品销售等销售方式。

药品生产、经营企业不得以搭售、买药品赠药品、买商品赠药品等方式向公

众赠送处方药或者甲类非处方药;

药品广告不得含有免费治疗、免费赠送、有奖销售、以药品作为礼品或者奖品等促销药品内容。

D.4.3.2.15. 特定药品的特殊要求

禁止播出治疗恶性肿瘤、肝病、性病或者提高性功能的药品的广播电视广告;

电影、电视剧剧场或者节(栏)目不得以治疗皮肤病、癫痫、痔疮、脚气、妇科、生殖泌尿系统等疾病的药品作冠名。

在6:30至7:30、11:30至12:30以及18:30至20:00的公众用餐时间,不得播出治疗皮肤病、痔疮、脚气、妇科、生殖泌尿系统等疾病的药品广告。

D.4.3.3. 医疗器械广告要求

D.4.3.3.1. 通过一定媒介和形式发布的广告含有医疗器械名称、产品适用范围、性能结构及组成、作用机理等内容的,为医疗器械广告。

D.4.3.3.2. 可发布广告的医疗器械范围

D.4.3.3.2.1. 禁止发布

下列医疗器械不得发布广告:

a)戒毒治疗的医疗器械;

b)依法停止或者禁止生产、销售或者使用的医疗器械;

c)法律、行政法规禁止发布广告的情形。

D.4.3.3.2.2. 暂停发布

省级以上人民政府食品药品监督管理部门责令暂停生产、销售、进口和使用的医疗器械,在暂停期间不得发布涉及该医疗器械的广告。

D.4.3.3.3. 医疗器械广告的审查

医疗器械广告应当经医疗器械生产企业或者进口医疗器械代理人所在地省、自治区、直辖市人民政府医疗器械广告审查部门审查批准,并取得医疗器械广告批准文件。

D.4.3.3.4. 医疗器械广告的内容要求

D.4.3.3.4.1. 真实性要求

医疗器械广告应当真实合法,不得含有虚假、夸大、误导性的内容。

D.4.3.3.4.2. 不得超出注册证书/备案凭证/说明书的范围

医疗器械广告的内容应当以药品监督管理部门批准的注册证书或者备案凭证、注册或者备案的产品说明书内容为准。医疗器械广告涉及医疗器械名称、适用范围、作用机理或者结构及组成等内容的，不得超出注册证书或者备案凭证、注册或者备案的产品说明书范围。

D.4.3.3.4.3. 符合经批准的医疗器械广告内容

医疗器械广告内容必须与批准文件一致。

D.4.3.3.5. 医疗器械广告的发布媒介

D.4.3.3.5.1. 禁止变相发布广告

广播电台、电视台、报刊音像出版单位、互联网信息服务提供者不得以介绍健康、养生知识等形式变相发布医疗器械广告。

D.4.3.3.6. 医疗器械广告的标识

医疗器械广告中应当显著标明医疗器械广告批准文号。

D.4.3.3.7. 医疗器械广告的忠告语

a)推荐给个人自用的医疗器械的广告，应当显著标明"请仔细阅读产品说明书或者在医疗卫生专业人士的指导下购买和使用"。

b)医疗器械产品注册证明文件中有禁忌内容、注意事项的，广告中应当显著标明"禁忌内容或者注意事项详见说明书"。

D.4.3.3.8. 医疗器械广告标识和忠告语的形式要求

应当在医疗器械广告中显著标明的内容，其字体和颜色必须清晰可见、易于辨认，在视频广告中应当持续显示。

D.4.3.3.9. 医疗器械广告关于功效的禁止性规定

医疗器械广告中均不得包含下列情形：

a)表示功效、安全性的断言或者保证，如"无效退款、保险公司保险"内容的；

b)说明治愈率或者有效率的；

c)与其他医疗器械的功效和安全性或者其他医疗机构比较的；

d)违反科学规律，明示或者暗示可以治疗所有疾病、适应所有症状、适应所有人群，或者正常生活和治疗病症所必需等内容；

e)表示安全性的断言或保证,比如含有“安全无毒副作用”、“毒副作用小”等内容的;

f)含有明示或者暗示该医疗器械为正常生活和治疗病症所必需等内容的,如含有“热销、抢购、试用”“家庭必备、免费治疗、免费赠送”等诱导性内容,怂恿消费者任意使用医疗器械的内容;

g)引起公众对所处健康状况和所患疾病产生不必要的担忧和恐惧,或者使公众误解不使用该药品会患某种疾病或加重病情的;

h)含有评比、排序、推荐、指定、选用、获奖等综合性评价内容的;

i)法律、行政法规规定不得含有的其他内容。

D.4.3.3.10. 医疗器械广告对未成年人的保护

a)广告不得损害未成年人的身心健康;

b)在针对未成年人的大众传播媒介上不得发布医疗器械广告。医疗器械广告不得在未成年人出版物和频道、节目、栏目上发布。

D.4.3.3.11. 医疗器械广告使用他人名义或形象等

D.4.3.3.11.1. 医疗机构、专业人士、消费者

医疗器械广告不得含有利用科研单位、学术机构、行业协会或者专家、学者、医师、药师、临床营养师、患者等的名义和形象作证明的内容。

D.4.3.3.11.2. 国家机关

医疗器械广告不得使用或变相使用国家机关和国家机关工作人员的名义或形象;

不得使用或者变相使用中华人民共和国的国旗、国歌、国徽,军旗、军歌、军徽;

不得含有军队单位或者军队人员的名义、形象,不得利用军队装备、设施从事广告宣传。

D.4.3.3.11.3. 医疗服务

医疗器械广告中不得含有医疗机构的名称、地址、联系办法、诊疗项目、诊疗方法以及有关义诊、医疗(热线)咨询、开设特约门诊等医疗服务的内容。

D.4.3.4. 推广活动要求

D.4.3.4.1. 药品冠名

D.4.3.4.1.1. 处方药

不得以处方药名称或者以处方药名称注册的商标以及企业字号为各种活动冠名。

D.4.3.4.1.2. 非处方药

以非处方药商品名称为各种活动冠名的,可以只发布药品商品名称。

D.4.3.4.2. 比较

D.4.3.4.2.1. 一般禁止

不得贬低其他生产经营者的商品或者服务。

不得编造、传播虚假信息或者误导性信息,损害竞争对手的商业信誉、商品声誉。

D.4.3.4.2.2. 学术交流

对两种不同药品的比较式表述仅可针对有对应性和可比性的内容进行,且应加以充分的实证。在可以进行比较式表述的情况下,比较式表述应不引起误解。

D.4.3.4.3. 活动礼品

D.4.3.4.3.1. 文字要求

在允许提供相应物品的情形下:

a)作为样品向医疗机构提供的产品应明确标为样品,以防止被用于销售等不当用途;

b)医学样品必须附有产品特性的明细;

c)在医药企业自办会议或第三方会议中,可提供仅带有公司标识的笔和笔记本;

d)为提高医疗或病患服务的医用物品、信息及教育物品可以带有公司名称而不可带有产品名称,除非产品名称对于患者正确使用该医用物品而言是必须的。

D.4.3.4.3.2. 发放范围

免费样品的接收应为医疗机构和医院科室,而非医疗卫生专业人士个人。

禁止向医疗卫生专业人士提供用于处方药推广的推广辅助用品。在满足“最小价值”和“最少数量”的前提下,医药企业仅可在推广非处方药时向医疗卫生专业人士提供与其执业工作相关的推广辅助用品。

在医药企业自办会议或第三方会议中,在满足“最小价值”和“最少数量”的前提下,可以在推广非处方药时提供仅带有公司标识的笔和笔记本。

“最小价值”应解释为每件物品的价值不得超过人民币 100 元。

D.4.3.5. 推广与知识产权

D.4.3.5.1. 著作权

应保护作品相关权利人的著作权,不得有以下侵权行为:

a)未经著作权人许可,发表其作品的;

b)未经合作作者许可,将与他人合作创作的作品当作自己单独创作的作品发表的;

c)没有参加创作,为谋取个人名利,在他人作品上署名的;

d)歪曲、篡改他人作品;

e)剽窃他人作品;

f)未经著作权人许可,以展览、摄制电影和类似摄制电影的方法使用作品,或者以改编、翻译、注释等方式使用作品的,或者复制、发行、表演、放映、广播、汇编、通过信息网络向公众传播其作品的;

g)使用他人作品,应当支付报酬而未支付的;

h)未经出版者许可,使用其出版的图书、期刊的版式设计的;

i)未经表演者许可,复制、发行录有其表演的录音录像制品,从现场直播或者公开传送其现场表演,或者录制其表演的;

j)未经录音录像制作者许可,复制、发行、通过信息网络向公众传播其制作的录音录像制品的;

k)未经许可,播放或者复制广播、电视的;

l)未经著作权人或者与著作权有关的权利人许可,故意避开或者破坏权利人为其作品、录音录像制品等采取的保护著作权或者与著作权有关的权利的技术措施的;

m)未经著作权人或者与著作权有关的权利人许可,故意删除或者改变作品、录音录像制品等的权利管理电子信息的；

n)其他侵犯著作权以及与著作权有关的权益的行为。

D.4.3.5.2. 商标权

药品广告中不得使用未经注册的商标。

在使用注册商标的过程中，不得自行改变注册商标、注册人名义、地址或者其他注册事项。

不得将未注册商标冒充注册商标使用。

注册商标的专用权，以核准注册的商标和核定使用的商品为限。

D.4.3.5.3. 其他权利

未取得专利权的，不得在广告中谎称取得专利权。

禁止使用未授予专利权的专利申请和已经终止、撤销、无效的专利作广告。

D.4.3.6. 医药代表推广

D.4.3.6.1. 医学互动交流

D.4.3.6.1.1. 与医疗卫生专业人士在医疗机构当面沟通

医药代表可以与医疗卫生专业人士在医疗机构当面沟通，沟通的主要目的是传递医药产品相关信息，协助医疗卫生专业人士合理用药，收集、反馈药品临床使用情况和药品不良反应信息；逐步提高医学交流活动的透明度，提升监管机构及公众对医药企业及整个行业的信任度。遵循的主要原则有：

a)医药代表在与医疗卫生专业人士和医疗机构交往时，以交换科学信息为宗旨，以服务患者为目的。这些交往活动都应建立在符合良好的道德标准基础之上；

b)应由药品上市许可持有人或其医药代表向医疗机构提出申请，获得医疗机构批准同意后方可进行；

c)内容着重包含有关医药企业产品、科学交流或医学教育，不得有超产品适应症的推广内容；

d)如需提供适当的附随性餐饮以及提供推广辅助用品或医学相关物品，须遵循本规范第4.3.6.2条“招待、推广辅助用品和医学相关物品”的相关原则；

e)不可以直接或者间接进行、承诺或授权贿赂支付，亦不得提供除本规范第4.3.6.2条“招待、推广辅助用品和医学相关物品”允许范围之外的任何有价值的物品或服务给医疗卫生专业人士,使得他们做出任何行为或者决策以帮助医药企业谋取不正当利益或谋取交易机会或竞争优势;以及

f)当面沟通传递的医学信息以及提供的学术资料,须遵循本规范第4.3.6.3条“推广信息与推广资料”的相关原则。

D.4.3.6.1.2.学术会议及讲座

医药代表可以通过举办学术会议及讲座进行学术推广。除了需要遵循本规范第4.3.6.1.1款当面沟通的原则外,还需要遵循如下原则:

a)举办学术会议及讲座的地点应适当且以有助于实现其科学、教育及会议本身的目的为宗旨。应避免选择主要以旅游休闲、娱乐度假知名的地点或铺张奢侈的地点举办互动交流活动(但可以选择被公认为商业中心的首都和其他大都会城市);不得提供任何娱乐活动;

b)会议期间,可以发生适当的劳务费、场租费用、住宿费、交通费、餐费、邮寄费、印刷费等费用;以及

c)学术会议及讲座中涉及聘用医疗卫生专业人士提供讲演、主持或者主席服务的,需遵循本规范第4.3.6.3条“聘请医疗卫生专业人士提供咨询或其他服务”的相关原则。

D.4.3.6.1.3.提供学术资料

医药代表可以通过提供学术资料向医疗卫生专业人士传递医药产品相关信息、协助医疗卫生专业人士合理用药。遵循的主要原则有:

a)提供学术资料的原则须遵循本规范第4.3.6.3条“推广信息与推广资料”的要求;

b)学术材料本身应具备较高的学术质量,提供准确、充分、平衡且在适应症范围内的产品陈述,对产品的优势与风险做合理陈述。同时不得侵犯他人的合法权益;以及

c)医药代表提供的学术资料应该经过医药企业严格而审慎的审批后,方可使用。

D.4.3.6.1.4.通过互联网或电话会议与医疗卫生专业人士沟通

医药代表通过该等形式的沟通是区别于传统的与医疗卫生专业人士当面沟通的方式。除了遵循本规范第4.3.6.1.1款当面沟通的原则外,还需要遵循

以下原则：

a）确定受众是医疗卫生专业人士并确保获得相关的知情同意并授权后，再开展相关活动；

b）禁止向患者直接推广处方药；以及

c）通过互联网以及电话会议收集到的个人信息，需要严格保密，不得未经医疗卫生专业人士授权披露给第三方或者用作他用。

D.4.3.6.1.5. 其他形式

医药代表还可通过医疗机构同意的其他形式与医疗卫生专业人士沟通。

D.4.3.6.2. 招待、推广辅助用品和医学相关物品

D.4.3.6.2.1. 禁止情形

医药代表在与医疗卫生专业人士交往中，可以适当提供招待、推广辅助用品和医学相关物品，但不得提供任何与工作无关的个人物品，并且不得向医疗卫生专业人士支付任何好处费：

在以下情况下，不得提供招待、推广辅助用品或医学相关物品：

a）有理由被视为对医疗卫生专业人士施加影响，使其行使官方权力、职责或职能以获取不正当利益或谋取交易机会或竞争优势；

b）用来刺激处方、供应、管理或采购医药企业的产品；加入或保持产品在处方目录中；或者对医药企业产品开具特定数量的处方；

c）提供感谢物品，作为采购医药企业产品或服务的直接回馈；

d）向医疗卫生专业人士的配偶、其他家庭成员或利益相关者提供招待或物品（但该等人员自身有资格接受该等招待或物品的除外）；以及

e）祝贺个人或其家庭成员的生日、婚礼、出生、毕业等。

D.4.3.6.2.2. 提供招待

为医疗卫生专业人士提供的招待必须合理、适度，且应附属于相关的业务活动。出于以下目的的业务活动方可提供招待：

a）向医疗卫生专业人士提供产品或治疗领域的信息；

b）讨论学术或类似的医疗卫生话题，或提供科学教育；或

c）其他需要大量时间讨论的、与业务有关的合法事务。

特定类型的招待应当遵循以下规定:

a)餐饮:可以提供适当的、合理的酒水、饮料、点心、水果及正餐。一般而言,招待的费用不应超过医疗卫生专业人士通常的自付费用标准。餐饮招待不得安排在旅游景点或文化遗产/文化旅游点,不可以提供高档酒水和香烟。

b)交通:可以提供合理的交通安排并支付费用,包括:乘坐的交通工具所产生的税金及附加费用及强制购买的旅行保险费(如因购买低价机票而必须一同购买的保险费)。

c)住宿:可以提供合理的住宿安排并支付适当的费用,包括房费(含税款和早餐),但不包含私人消费支出性质的杂费,如小酒吧、客房服务、健身场所花费等私人消费支出。

D.4.3.6.2.3. 提供推广辅助用品、医学相关用品

在遵守本规范第4.3.4.3条"活动礼品"的前提下:

a)可向医疗卫生专业人士提供单价与总价均低价值且有限数量的、与其工作相关的推广辅助用品。禁止提供的推广辅助用品包括便利贴、鼠标垫、日历等。

b)可以向医疗卫生专业人士提供价值适当的医学相关用品:包括:

1)不超出日常执业工作范围且有助于其实现医疗和病患服务的医用物品,但单个医用物品的价值不得超过人民币500元;以及

2)帮助医疗卫生专业人士或其患者学习疾病及其治疗手段的信息或教育物品(前提是这类物品主要用于教育目的且不具有额外价值)。例如用于教育用途的教材、医学书籍或解剖模型等。

c)提供的医学相关用品不得用于补偿医疗机构日常业务开支。应当由医疗卫生专业人士或其雇主自行承担费用的日常执业工作物品包括听诊器、手术手套、血压计、针头等。

D.4.3.6.3. 聘请医疗卫生专业人士提供咨询或其他服务

D.4.3.6.3.1. 主要原则

医药企业可以聘请医疗卫生专业人士在其举办的学术会议及讲座上担任讲者或提供其他劳务。医疗卫生专业人士可因其所提供的专业服务获得相应报酬。遵循的主要原则有:

a)讲课费或其他劳务费的支付必须基于合法的业务需求,不得出于以下目

的进行讲课或其他劳务的安排：

1）诱导医疗卫生专业人士处方、推荐、采购、供应和/或使用任何药品；

2）鼓励或奖励讲者在过去、现在和将来使用或支持医药企业产品；

3）影响临床试验的结果；

4）向客户或处方决策者施加不当影响；或

5）做出为医药企业谋求不正当利益的决定。

b）讲者的人选应根据其专业知识和/或经验而确定。

c）向讲者支付的讲课费或其他劳务费不得超过所提供劳务的市场公允价值，医药企业应在内部规章制度中列明具体费用标准。

d）与讲者的劳务关系必须通过书面合同的形式确定，以明确其权利及义务。

D.4.3.6.3.2. 公司政策

医药企业应就如何选择和聘用医疗卫生专业人士制订公司政策，包括但不限于：

a）对相关医疗卫生专业人士的遴选标准；

b）所聘医疗卫生专业人士在服务提供前应经过资格验证，其专业技能及资质应当达到其所提供的咨询或其他服务的要求；以及

c）在一定时间内对某个特定医疗卫生专业人士的聘用次数或支付金额予以合理限定。

D.4.3.6.4. 推广信息与推广材料

D.4.3.6.4.1. 医药代表向医疗卫生专业人士或者医疗机构提供的学术资料中的推广信息应当清楚、易理解、准确、客观公正和高度完整，通常包含以下信息：

a）药品名称（通常为药品的商品名）；

b）药物活性成分［应使用经批准的名称（如有）］；

c）制药公司或者药品代理公司的名称及地址；

d）药品审批信息（药品批准文号/药品上市许可持有人批准文号）；

e）推广资料有效日期的截止时间；

f）处方信息概要，包括已经批准的一项或者多项适应症，用法用量，以及对

禁忌症提示和副作用的简要说明;以及

g)如果援引某一出版物的内容,在推广资料上必须明确标注其出处。

D.4.3.6.4.2.推广信息不应通过曲解、夸大、过分强调、忽视或其他方式误导相对人。

D.4.3.6.4.3.药品推广信息应能通过对已经批准的药品说明书或科学证据的引用而得到证实。当医疗卫生专业人士提出提供上述实证资料时,医药企业应该提供。

D.4.3.6.4.4.药品推广信息应与国家药品监督管理部门批准的药品信息相一致。不得涉及超出说明书以外的信息。

D.4.3.6.4.5.电子版推广材料(包含音像制品)应遵守与上述印刷形式推广资料相同的各项要求,就与药品有关的网页而言:

a)制药公司的名称以及推广所针对的受众应一目了然;

b)推广内容应适合于其所针对的受众;

c)其制作(内容、链接等)对其所针对的受众而言应适当、清晰;以及

d)应符合中国法律法规的各项规定。

D.4.3.6.4.6.医药企业对推广资料的制作需有严格、专业的审批流程,及时更新推广资料的内容。

D.4.3.6.5.市场调研

市场调研应以了解医疗卫生专业人士、医疗机构及患者的需求为目的,最终旨在提高医疗水平、造福患者。医药企业在市场调研活动中须遵循的主要原则包括但不限于:

a)不得以直接或间接方式收集医院、科室或医生的处方信息,无论付费与否;

b)尊重患者隐私,未经患者书面许可及药品上市许可持有人授权,不得收集、保存、披露、传输或使用受法律保护的患者个人信息、患者病历资料;涉及人口健康信息和人类遗传资源信息的,其收集和传输应当遵守相关法律法规的规定;

c)在市场调研中如涉及对医疗卫生专业人士或医疗机构进行访谈或信息收集并对其付费,支付的费用应与其提供的服务相符,并符合市场公允价值;在

任何情况下支付费用不应形成对处方的激励或回馈；

d)医药企业应建立相应机制以监控及处理市场调研中可能收集到的不良反应信息；

e)不得收集竞争对手非公开的价格信息；以及

f)不得借市场调研为名，收集商业秘密。

D.4.3.6.6. 与医疗机构的互动

D.4.3.6.6.1. 学术活动资金支持

医药企业可以对医疗机构（或其他事业单位、社会团体、基金会等）开展的学术活动提供资金支持。这种资金支持必须基于公益目的或合法的商业目的，绝不能以获取不当商业利益为目的。医药企业在提供捐赠或赞助时应注意的原则包括但不限于：

a)医药企业应谨慎选择支持的项目，以确保项目具有高度的科学价值。医药企业不应对具有娱乐性质的项目提供资金支持；以及

b)资金应直接支付给机构的法人单位而非其部门、科室或个人。

D.4.3.6.6.2. 禁止以捐赠形式进行推广

医药企业可以对医疗机构（或其他事业单位、社会团体、基金会等）提供资金支持，以帮助该机构开展医学教育活动或科学研究活动，从而促进卫生行业的科学发展、提高医疗卫生专业人士的诊疗水平，最终惠及广大病人。

捐赠项目应为公益性质，企业通常不获得任何直接商业回报（例如展台、冠名权等），也不应影响项目的内容和形式。绝不能通过捐赠项目变向的向医疗机构或利益相关的个人输送利益，以换取商业利益。

医药企业可以对非营利性医疗机构（或其他事业单位、社会团体、基金会等）作出以下公益事业捐赠：

a)用于医疗机构患者医疗救治费用减免；

b)用于公众健康等公共卫生服务和健康教育；

c)用于卫生计生人员培训和培养；

d)用于卫生计生领域学术活动；

e)用于卫生计生领域科学研究；

f)用于卫生计生机构公共设施设备建设；以及

g)用于其他卫生计生公益性非营利活动。

医药企业应建立完善的公益捐赠项目风险管理机制,包括但不限于:

a)建立独立的审批机制。通常捐赠项目的审批不应局限在业务部门内部;

b)应该与机构的法人单位签订协议,协议应明确资金的目的、金额及用途;

c)捐赠必须由受赠单位统一接受,任何部门和个人不得私自接受捐赠;资金应直接支付给机构的法人单位而非其部门、科室或个人;

d)医药企业财务应该准确的对费用进行记账;

e)无论是何种性质的捐赠财产,均需要保证该财产的来源合法,医药企业有权对其作出处分,在该捐赠财产上没有权利争议;

f)对于用于卫生计生人员培训和培养、卫生计生领域学术活动和科学研究等方面的捐赠,医药企业不得指定受赠单位具体受益人选;

g)在捐赠物为货币的情况下,医药企业应采用银行转账方式汇入受赠单位的法人银行账户;以及

h)捐赠协议中对于管理费的提取应当符合法律法规的规定或限制。

D.4.3.6.6.3. 赞助

医药企业可以对医疗机构(或其他事业单位、社会团体、基金会等)开展的学术活动提供赞助,并获得合理的商业回报,例如公司品牌或产品推广的机会等。赞助所得的商业回报应明确列示在双方协议中,赞助的金额应符合市场公允价值。

D.4.3.6.6.4. 资助医疗卫生专业人士参加第三方会议

严禁向医疗卫生机构内设部门和医生个人直接提供参会资助。

对参会医疗卫生专业人士的选择应基于学术领域、学术水平和学术需求等因素,严禁出于商业目的选择参会人员,严禁将资助与提供商品(服务)挂钩。

严禁提供附有影响公平竞争条件的资助。

差旅安排应有严格的审批和管控流程,严禁资助医疗卫生专业人士旅游或变相旅游。

D.4.3.6.7. 样品

医药企业可以向医疗机构提供少量的免费样品,目的是为了使医疗卫生专业人士熟悉药品的使用,从而更好的服务于患者。

样品的使用：

a)绝不能以引诱患者使用产品为目的；

b)不能以开具药品处方或推荐、采购、供应药品或采用任何产品或以市场准入作为目的；

c)也并非用于患者援助项目(见本规范第4.3.6.8条“患者援助项目”)。

除遵守本规范第4.3.4.3条“活动礼品”的规定外，医药企业在样品使用中应注意的原则还包括但不限于：

a)样品的提供应满足最小数量的原则，即每个样品不得大于市场上特定产品的最小包装量或达成熟悉药品目的所需的最小用量；

b)样品应该由有相关资质的机构配送；

c)样品的使用应仅局限在已审批的适应症之内；以及

d)企业在样品的申请、配送、验收等环节应建立相应的流程和控制，包括保留相关的文件记录。

D.4.3.6.8.患者援助项目

患者援助项目的目的在于帮助因家庭贫困原因而不能得到及时治疗的患者，使患者得到更足够和有效的医学治疗，提高患者生存质量，延长生存期，减少家庭和社会的负担。

医药企业可以支持有资质的慈善机构发起的患者援助项目，为慈善机构提供免费药品。

严禁医药企业以搭售、买药品赠药品、买商品赠药品等方式向公众赠送处方药或者甲类非处方药；严禁医药企业以有奖销售、附赠药品或礼品销售等销售方式向公众提供处方药、非处方药。

医药企业也不能通过患者援助项目来收集患者的个人信息，或向患者进行产品推销。

D.4.3.6.9.患者教育

医药企业可以支持、协助医疗机构(或其他事业单位、社会团体、基金会等)开展患者教育，以帮助患者获得相关疾病知识，保持正确的疾病预防及管理的习惯。

在患者教育项目中，医药企业可以应要求提供相关科学信息，但不得以获得患者个人信息、或以直接对患者进行产品推销为目的而以任何形式接触患者。

可以为患者提供适当的患者教育物品,但应遵守本规范第 4.3.4.3 条“活动礼品”的规定。